城市流动人口家庭的社会服务需求研究：

以上海市为例

潘鸿雁　著

人民出版社

责任编辑:孟令堃

策划编辑:王艾鑫

装帧设计:朱晓东

图书在版编目(CIP)数据

城市流动人口家庭的社会服务需求研究:以上海市为例/

潘鸿雁 著. —北京:人民出版社,2018.8

ISBN 978-7-01-019464-6

Ⅰ.①城… Ⅱ.①潘… Ⅲ.①城市人口-流动人口-社会服务

-需求-研究-中国 Ⅳ.①D669.3

中国版本图书馆 CIP 数据核字(2018)第 133541 号

城市流动人口家庭的社会服务需求研究:以上海市为例

CHENGSHI LIUDONG RENKOU JIATING DE SHEHUI FUWU XUQIU YANJIU:YI SHANGHAI SHI WEI LI

潘鸿雁 著

人 民 出 版 社 出版发行

(100706 北京市东城区隆福寺街 99 号)

北京中兴印刷有限公司印刷 新华书店经销

2018 年 8 月第 1 版 2018 年 8 月北京第 1 次印刷

开本:710 毫米×1000 毫米 1/16 印张 19.00

字数:283 千字

ISBN 978-7-01-019464-6 定价:57.00 元

邮购地址:100706 北京市东城区隆福寺街 99 号

人民东方图书销售中心 电话:(010)65250042 65289539

序

在我面前有作者潘鸿雁的两本著作，其一是《国家与家庭的互构：河北翟城村调查》，为国家"十一五"重点图书出版规划的"中国乡村考察报告"系列之一，2008 年由上海人民出版社出版；其二是前几天收到的《城市流动人口家庭的社会服务需求研究：以上海市为例》电子文本，由人民出版社出版。2002 年，我主持"中国乡村考察报告"系列选题，潘鸿雁的《国家与家庭的互构：河北翟城村调查》纳入其中。没想到，作者对流动人口家庭的调查研究坚守了十多年，有两本专著问世，真令人高兴。

十多年来，作者先在基层进行华北农村流动人口家庭调查研究，之后，将关注的视线转移到了顶端，而且是上海这座超大型城市，但研究的对象还是流动人口家庭。这是作者学术上的执着追求，也是对流动人口群体人文情怀的一种牵挂。

同样是流动人口家庭，但前后研究的视角和出发点不同。作者的前书是从农村的视角研究外出务工人员，以河北翟城村为例，考察了华北农村农民普遍外出打工后对自身家庭的影响，带来了华北农村家庭结构以及家庭关系的变迁。作者提出了"非常规核心家庭"概念，并从社会互构论的理论视角深刻阐述了华北农村家庭关系的变迁，体现了作者对三农问题的人文关怀。2010 年 11 月，该书获得第四届中国农村发展研究专著奖（又被誉为"杜润生奖"）。

近几年，作者以生活其中的上海这座超大城市为例，从城市的视角，再次考察流动人口家庭的生活和需求。十多年间，中国发生了很大的变化，尤其是中国农村地区，城乡一体化进程加快，基础设施日益完善，基本公共服务均等化拓展，但农村外出打工的脚步依然频频，农村空心化、空巢化的局面没有改变，越来越多的农民成为流动人口群体。只不过，他们中大部分人越来越多地以家庭的方式进入城市，流动儿童和流动老人规模不断增长，这些日益增多的家庭定居在中小城镇和大城市，带来了中国城镇化水平的提高和社会的稳定；但他们中还有一部分人，依然在农村与城市之间"摇摆"，既没有在农村生活和扎根，也没有在城市定居和融入。所谓"流动但不定居""定居但不融合"的流动人口现象还相当普遍。因而，在新型城镇化的背景下，作者实证调查研究和综合分析流动人口家庭的社会权—社会服务需求变化和社会服务均等化的实现途径，将他们的需求表达与政府的供给回应联系起来，指出政府在对待流动人口家庭的社会服务需求及为其提供社会服务中存在的问题，并提出统筹解决的相应对策，很有自己的见解。

作者从超大型城市的视角研究流动人口群体，观察他们的生活，感受他们的喜怒哀乐，这完全不同于以往农村视角的研究。后者看到的是他们不完整的、非常规的家庭，看到的是农村的空心化和空巢化。从超大型城市的视角研究流动人口群体，又不同于中小城镇，后者更加关注如何吸引流动人口群体，如何促进他们的城市融入。超大型城市对于流动人口群体而言，既吸引又排斥；流动人口群体对于超大型城市而言，既需要又挤压。超大城市和流动人口群体之间是一种相互吸引、相互博弈、相互适应的关系。这些既给作者提供了研究的新视角、新方向，也带来了研究的难度。

作者以流动人口家庭这一群体（非个体）为研究对象，综合运用问卷调查和个案访谈的方法，既揭示了超大型城市流动人口家庭的基本生活、社会分化和社会服务需求与供给状况，又挖掘了超大型城市流动人口家庭的矛盾心理：排斥与认同，为政府有关部门制定合理的、切实可行的流动人口管理服务政策提供了建设性意见，有助于构建新的社会服务制度模型。同时，将流动人口家庭的社会服务作为核心的研究内容，有利于拓展和丰富社会服务研究的理论体系，同时为社会服务研究提供实证案例。通观全书，如能对选择的不同类型的个案尽可能多做面对面的访谈，获得的深度资料会更丰富、更有价值，更有助于对现行流动人口政策和问题的分析，以及提出相应的对策建议。

无疑，作者的研究在新时代的背景下具有重要的现实意义。我国提出乡村振兴战略和新型城镇化战略同步实施，"两条腿"并行。在促进社会公平正义，在"弱有所扶"的人文关怀中来认识、界定和处理流动人口问题，在制定政策时应充分重视和考虑流动人口的社会服务需求，解决好他们的生存和发展问题，逐步提高他们的社会保障和改善民生水平，为他们编织一张社会"安全网"，扩大他们享受基本公共服务的范围，让他们能够"体面劳动""活得有尊严"（作者语）。这应是作者坚持流动人口家庭研究的初衷吧。

是为序。

刘豪兴

2018 年 3 月 31 日于复旦中心村

目录

第一章 导论

第一节 研究背景

一、问题的提出

社会服务是新时期推进社会管理和社会建设的现实话题和重要抓手。党的十六大以来，社会服务的概念在党的重大文献中多次提到，《中共中央关于构建社会主义和谐社会若干重大问题的决定》中明确强调：要以"增强社会服务功能和提高社会管理，依法办事能力为重点，大力加强基层政权建设"，要"深入开展城乡社会志愿服务活动，建立政府服务、市场服务相衔接的社会志愿服务体系"。将社会服务列入"十二五"规划，则标志着政府将社会服务付诸行动，《规划》首次提出和明确了"十二五"乃至今后一段时期内我国发展社会服务的重点任务、基本目标和保障工程，是今后政府部门和整个社会开展社会服务的重要政策依据。[①] 2017年我国《"十三五"推进基本公共服务均等化规划》将基本社会服务列入第八章，提出建立完善基本社会服务制度，为城乡居民提供相应的物质和服务等兜底帮扶，重点保障特定人群和困难群体的基本生存权与平等参与社会发展的权利。社会服务的提出引起了实践工作者和理论工作者的热切关注，流动人口的社会服务问题也由此进入关注的视野。

[①] 王秀江：《完善和发展社会服务的几点思考》，《中国民政》2013年第2期。

2014 年年末我国流动人口达到 2.53 亿人，其中，农业转移人口约 2.2 亿人，城城之间流动人口约 7000 万人。[①] 2014 年是流动人口的拐点，从 2010 年到 2014 年，流动人口从 2.21 亿上升至 2.53 亿，2014 年至 2016 年，流动人口从 2.53 亿降到 2.45 亿。"流动人口规模之大、数量之多、影响之深远，使其成为中国社会的一个重要群体及社会结构的重要一极，也成为政府工作和改善民生的重点人群"。[②] 随着经济社会的剧烈变迁，以及人口代际更替和生命历程发展，流动人口正显示出一些新的特点，如流动人口越来越多地以家庭的方式进入城市，流动儿童和流动老人规模不断增长，流动人口家庭化会使其消费行为发生变化，进而影响流入地社会经济发展；[③] 流动人口的居留稳定性增强，融入城市的愿望强烈，半数以上流动人口有今后在现居住地长期居留的意愿，处于城市化进程中的常住化阶段；由生存型向发展型迈进；流动人口中劳动年龄人口比重不断下降，45 岁以上的流动人口占全部流动人口比重为 12.9%；大专及以上文化程度的流动人口比例不断提高；流动人口子女在现居住地出生的比例不断上升；在人口的空间分布上，"十三五"时期，人口继续向沿江、沿海、铁路沿线地区聚集，等等。这些新变化使得城市流动人口[④]政策及学术研究都面临新的思考。因此，本书正是在这样一种背景下研究城市流动人口家庭的社会服务需求问题。

二、研究意义

本书研究的实践意义在于：第一，适应中国人口流动形势和特点的变

---

①　白剑峰：《我国流动人口达 2.53 亿》，《人民日报》2015 年 11 月 12 日。

②　潘鸿雁：《从"民工荒"透视城市流动人口：管理与服务：问题与对策》，《天府新论》2011 年第 4 期。

③　李争：《〈流动人口发展报告 2017〉：我国流动人口规模为 2.45 亿人 总量连续两年下降》，《新民晚报》2017 年 11 月 10 日。

④　本课题的"城市流动人口"主要是指在流入地上海居住半年以上的非沪籍外来常住人口，他们中绝大多数是农民工。

化，适时提出"流动人口家庭的社会服务需求"这一研究主题。该主题更加突出了政府的服务理念和人文关怀，以及将流动人口作为人口管理的一个有机部分，甚至是区域规划、国家发展战略层面给予考虑的系统论思想及政策导向。

第二，能否满足流动人口家庭的社会服务需求涉及政府的治理水平和能力。城市流动人口家庭的社会服务需求是他们在流入地城市生活和工作中产生的服务需要，是他们对流入地城市的期望。这种服务需求是否得到关注和满足，直接决定了流动人口家庭对流入地城市的认同和融入，宏观上和客观上影响着我国城市化的进程，直接和间接地影响着农村和城市社会的稳定与和谐，因而也关系到政府的治理水平和治理能力。

第三，在实证调查的基础上将流动人口家庭的社会需求进行分类和排序，有助于深入、系统、全面地理解流动人口社会服务需求的现状以及差异；调查数据可以补充和丰富国家卫计委的流动人口动态监测数据；实证调查的结果也可以为政府相关部门制定切实可行的政策提供学理支撑与政策建言。本书将综合运用多学科的研究成果，通过实证分析从政府、社会和社区等角度提出促进流动人口家庭融入城市及其流动人口管理和服务的合理化对策建议，有助于政府从宏观和微观层面因地制宜、科学统筹地制定相应的政策，推进公共服务均等化进程。

本书研究的理论意义在于：第一，将流动人口家庭作为研究和分析的对象，在一定程度上弥补了以往关于流动人口研究的"个体化"倾向；第二，将流动人口家庭的社会服务作为核心的研究内容有利于拓展和丰富社会服务研究的理论体系，同时为社会服务研究提供实证素材；第三，从城市的视角对流动人口家庭的社会服务需求进行系统的综合性的调查分析研究，提出流动人口家庭社会服务需求的差异性与多样性，并运用社会分层理论来对流动人口家庭内部的阶层化及其社会服务需求的差异性进行实证分析，为政府制定合理的切实可行的流动人口管理和服务的政策提供理论依据，有助于构建新的社会服务制度模型。

第二节 研究方法的运用

为了深入而客观地进行研究，本书将统计调查、实地研究和文献研究相结合，以问卷调查为主，深度访谈和查阅文献为辅的方式收集资料，并对资料进行定量和定性分析。

本书将实地研究的地点放在上海，是因为：其一，上海是全国特大城市之一，同时也是流动人口问题和老龄化问题同时并显的城市，流动人口问题直接影响着上海市的经济社会发展，成为上海市政府制定经济社会发展决策的关键因素。了解这一地区流动人口的发展变化，对于把握我国流动人口的整体动向具有重要的价值；其二，上海是全国经济发展水平最高的城市，肩负着"五个中心"，即国际经济中心、国际金融中心、国际航运中心、国际贸易中心，以及科创中心的战略定位及"创新驱动、转型发展"的重任，举世瞩目，因而其人口政策也备受国内外关注；其三，上海在全国城市中第二个实行居住证积分制政策，它的经验和教训对于其他城市制定流动人口政策具有借鉴意义；其四，是出于个人研究的便利。本人已在上海生活和居住了 10 年左右，对于上海具有一定的了解，同时，本人所在单位上海市委党校是上海市领导干部的教育培训基地，具有优越的学员资源，加之本人在上海市政府部门挂职一年，具有在全市开展问卷调查的便利基础。

本书的具体方法包括问卷法、文献法、个案法。

一、问卷法

问卷法的运用主要集中在第三章和第四章，即对上海市流动人口家庭的生活工作状况和家庭结构状况，以及流动人口家庭的社会服务需求状况做一总体把握和了解。

对上海市徐汇、闵行、松江等城区外来人口集中居住和工作的 10 个社区 1000 户流动人口家庭，从职业及职业收入、居住状况、政治参与、社会交往、就医看病、家庭生活及娱乐、子女教育、社区归属感等方面进行调查，力图客观反映当前进城农民工在城市社区的生存状况和社会服务需求。

本书将上海市 17 个区县分为四大类：核心城区、中心城区、近郊区、远郊区，然后从中选取流动人口较多、相对能够代表本城区的平均发展水平的 4 个典型城区：静安区、徐汇区、闵行区、松江区。然后依据流动人口在核心城区、中心城区、近郊区和远郊区的分布比例（4.2%、12.5%、53.4%、29.9%），在上述 4 个城区分别抽取流动人口家庭户 40、125、535、300，总计 1000 户。

之后，依据城市化发展的程度，将全市的街道、镇分为完全城市化类、快速城市化类和未城市化类，在 4 个城区按照上述发展类别主观选取 1—3 个代表性街道、镇，在每个街道、镇按照等距抽样的方法随机抽取 3 个居委会，在每个居委会按照简单随机抽样的方法抽取流动人口家庭户。

松江区主观选取 3 个街道、镇，分别是方松街道、新桥镇、泖港镇；在每个街道、镇按照等距抽样各抽取 2 个居（村）委会，分别是兰桥、紫东新苑、场东、春申、曙光（村）、泖港（居），共计 6 个居（村）委会，然后再按照简单随机抽样的方式在每个居（村）委会各抽取 50 户流动人口家庭，共计 300 户。

徐汇区主观选取 3 个街道、镇，分别是华泾镇、康健街道和枫林街道；在每个街道、镇按照简单随机抽样的方法各抽取 1 个居（村）委会，分别是：沙家浜、紫荆园、徐汇苑，共计 3 个居委会，然后再按照简单随机抽样的方式在每个居（村）委会各抽取 42 户流动人口家庭，共计 125 户。

闵行区主观选取 3 个街道、镇，分别是虹桥镇、华漕镇、古美街道；在华漕镇按照等距抽样各抽取 4 居（村）委会：纪王居委、鹭山村、杨家巷村、王泥浜村；在虹桥镇按照等距抽样抽取 3 个居（村）委会，分别是：上虹新村居委会、古北虹苑居委、龙柏四村居委，在古美街道按照等距抽样抽取 3 个居（村）委会，分别是：古美一居、古龙五居、平吉一居。共计 10（村）委会，然后再按照简单随机抽样的方式在每个居（村）委会各抽取 50 左右的流动人口家庭，共计 535 户。

静安区主观取一个街道江宁路街道，按照简单随机抽样的方式抽取一个居委会：淮安居委会，然后再按照简单随机抽样的方式在此居委会抽取 40 户流动人口家庭。

二、文献法

文献法贯穿运用于全书。首先是充分利用国内机构和学者所做的前期调查成果，即对 2010 年第六次全国人口普查资料、2006 年复旦大学人口研究所进行的关于上海农民工及本市居民的抽样调查，2012 年上海市计生委对流动人口的监测调查，2003 年上海市第七次流动人口抽样调查的调查资料和数据，以及国家卫计委同本人所在单位上海市委党校签订的数据交换协议规定的有效期为 2 年的相关流动人口动态监测数据深入挖掘，进行文本和数据的定性和定量分析，主要是对流动人口家庭结构、生活状况、流动人口家庭的社会服务需求及满意度等有关信息进行数据比较分析；其次是对国内外关于基本公共服务均等化、流动人口社会服务等方面的研究成果及相关政策文件进行深度分析，便于比较和提出合理化的对策建议。

三、个案法

个案法是深入流动人口家庭或者是其工作场所，进行深度访谈和观察。本书在上述 10 个社区抽样选出 30 户不同类型（包括不同职业、不同收入）的流动人口家庭做深度访谈，主要是弥补问卷调查中的信息不全面、不清楚、不深入等缺陷，同时进一步了解不同层次的流动人口家庭的生存现状和社会服务需求的差异性，以及对未来的规划和打算，特别是在上海实行人口调控政策之后这些家庭对政策的态度及居留意向。

第三节 研究成果梳理及其评价

一、文献综述

国内外关于流动人口的研究文献汗牛充栋，它们从不同的学科、不同的视角对流动人口的产生、流动过程、影响、发展趋势、管理与服务等作了大量的阐述。但对流动人口，特别是流动人口家庭的社会服务需求的专门研究还比较少，这是因为：其一，流动人口作为中国社会结构新的一员，总是徘徊在城市与农村之间，长期居留城市的意向不明显，家庭式流动不多，故城市和农村都没有将流动人口家庭纳入服务范围；其二，在以往的政策视角下及以往的学术研究中，流动人口总是被置于社会安全的消极影响因素中加以考量、限制、管理和约束，流动人口家庭的社会服务需求常常不被重视或者是忽视。因此，这一方面使得本书的研究颇具难度，但另一方面也凸显了本书研究的价值。本书试图在有限的资料基础上，梳理和评述已有的研究成果，通过实证调查和分析，将此方面的研究进一步推进。本书对文献的梳理和评述采用循序渐进的方式，从社会服务、社会权等概念入手，进而涉及两者的关系，最后延伸到流动人口的社会服务。

(一) 关于"社会服务"的内涵

无论是在我国，还是在国际学术领域，"社会服务"作为一个概念范畴，始终未能形成共识。社会服务的实践起源较早，始于1834年英国修订的《贫困法》，这标志着近代国家开展社会服务的开始，此后欧美国家经历了100多年的社会服务实践的发展历程。"社会服务"作为一个学术词汇被提出来，则是在1951年，由英国伦敦政治经济学院行政学系的理查德·蒂特姆斯（Richard Titmuss）教授首次提出，他认为"社会服务就是救济贫困"。此后，在一些国际组织的政策文件中，也都对"社会服务"

作了界定。如国际劳工组织将社会服务定义为针对大多数脆弱群体的需求和问题所进行的干预。脆弱群体包括因暴力、贫困、家庭瓦解、身体和精神残疾、年老而受到影响的人。服务项目包括康复、家庭帮助服务、收养服务、照料服务，以及由社会工作者或相关职业提供的其他支持服务。而世界卫生组织的定义是：针对那些由于年龄、贫困、失业、健康状况恶化和残疾等，在购物、住房、交通、自我照料和他人照料等方面需要公共援助的人，所提供的社会支持性的服务和项目。可见，他们都将社会服务的内涵框定为对弱势群体提供的支持性服务和项目，目的是提高这些人的生存状况，实现社会融合，维护社会公平，因而社会服务具有社会福利的性质。①

在国际学术领域，各国的学者根据本国的实践经验，从不同的角度对社会服务的内涵、范围和领域做出解释，如英国社会科学家蒂特姆斯、英国伯明翰大学的尼古拉斯·迪金教授，以及美国芝加哥大学的学者、日本学者等。② 尽管各国学者未能就此达成一致，但他们都提出社会服务的核心要素：社会服务的主体、社会服务的客体、社会服务的内容、社会服务的性质、社会服务的方式、社会服务的功能等。③ 围绕这些核心要素，形成了一些纷争和不同的观点。比如，社会服务的主体是政府、市场还是社会？社会服务的客体是全体社会成员还是弱势群体？社会服务的内容是针对弱势群体的社会福利、社会救助和公益性服务还是针对全体成员的以增进社会福利为目的的民生保障服务？社会服务的性质是福利补救型的还是适度普惠型？这些纷争产生的现实基础在于：各国国情不同、所处的发展阶段不一致、经济发展水平存在差异，以及社会价值观的影响等。但从他们的论述中也可以大致归纳出一些共性特征：社会服务的对象一定都包括那些社会处境不利的人群；社会服务是政府的一种政策干预，政府是社会服务的责任主体之一；社会服务具有一定的福利性质，等等。

---

① 李兵：《国外社会服务发展历程及其启示》，《中国民政》2011 年第 3 期。
② 王然：《社会服务的国际借鉴与中国实践》，《中国民政》2011 年第 8 期。
③ 倪明胜：《社会服务概念辨识与路径优化》，《江西社会科学》2012 年第 2 期。

关于社会服务的纷争延伸到国内，我国的学者也加入到探讨的行列，并根据国内社会服务的实践经验进行解释。在我国，社会服务与民政部门渊源甚深，民政部门曾组织了若干次关于社会服务理论和实践成果的探讨，推动了社会服务在我国的深入研究和实践推进。随着民政部门提出民政事业社会化、社会福利适度普惠化以来，各地纷纷进行了颇具特色的探索和实践，社会服务的内涵和范围也发生了很大变化，由此形成了学者不同的观点和见解。可以达成共识的是：社会服务是经济社会发展到一定阶段的产物，社会服务的成长是随着经济社会的发展而不断形成，是随着中国特色社会主义事业总体布局的科学定位而深化丰富，社会服务是我国社会政策的重要组成部分，其实质是有效推进对社会资源和社会机会的合理化配置。① 而对社会服务的不同观点的梳理也大致可归为两大类，即广义的社会服务和狭义的社会服务。广义的社会服务包括政府、企事业单位、社会组织等主体为全社会提供的以"方便民生、服务社会"为共同特征的所有服务性活动，包括以售后服务为主要代表形式的经济型服务、以社区服务为主要代表形式的方便生活型服务、以志愿者活动为主要代表形式的义务型服务，以"110"为主要代表形式的职能扩展型服务；狭义的社会服务是指为改善和发展社会弱势成员的生活福利而提供的社会救济、社会保障、社会保险、社会福利等一些具体的服务性内容。② 如我国《国家基本公共服务体系"十二五"规划》明确列出了"十二五"时期政府提供的基本社会服务：为城乡困难群体提供最低生活保障和专项救助；为农村五保对象提供吃、穿、住、医、葬方面的生活照顾和物质帮助；为自然灾害受灾人员提供救助；为城市生活无着落的流浪乞讨人员提供救助；为残疾人、孤儿、精神病人等特殊群体提供福利服务；为老年人提供基本养老服务；为优抚安置对象提供优待抚恤和安置服务；为城乡居民免费提供婚姻登记服务；为身故者提供基本殡葬服务。"基本社会服务"成为国家基本

---

① 本刊编辑部：《社会服务是民政政策理论研究的重大关切》，《中国民政》2011 年第 3 期。
② 谢庆奎：《机构改革背景下的社会服务》，《中国民政》，2010 年第 6 期；张金花：《对我国社会服务理论与实践的考察》，《河北学刊》2003 年第 3 期。

公共服务的一个重要领域。

广义的社会服务是个大概念，其范围和所指要比公共服务宽泛。① 而狭义的社会服务是公共服务的一种，按联合国政府职能分类体系，政府公共服务一般包括四个方面：普通公共服务与公共安全、社会服务（包括教育事务和服务、健康事物和服务、社会保障和福利、住房、供水、文化等方面）、经济服务（包括燃油和电力、农林牧渔、交通运输与通信等）、未按大类划分的支出等。② 公共服务着眼于整体人口的福祉提升，是宏观聚焦，而社会服务侧重于弱势群体的一定需求的满足，是微观问题和项目。③ 社会服务是基本公共服务的范围，是政府应该提供的。构建社会服务体系是基本公共服务体系建设的有机组成部分，共同的目标是使人人都享受到经济增长的福利。④ 我们看到，无论是广义的社会服务还是狭义的社会服务，其核心交集圈都在公共服务上。在大多数时候，社会服务与社会性公共服务、公共社会服务等概念往往被频繁交替使用，其内容所指大同小异。其实，公共服务与社会服务比较的前提是区别狭义还是广义的社会服务。

就社会服务在我国发展的趋势来看，随着社会福利由补缺型向适度普惠型的过渡，福利对象由特殊群体向所有公民延伸，广义的社会服务研究将更具有意义。从这个角度而言，公共服务与社会服务的相同点在于：都以道义、慈善、平等为价值基础，都表现出对人的关怀，都是为了维护社会公正，促进社会融合和社会发展，实现人的全面发展；都强调政府的主导作用，但不排斥其他主体的参与；使用服务的费用都由付费和免费两种方式等；⑤ 内涵都具有阶段性、层次性、区域性等动态变迁的特征；⑥ 都

---

① 郑杭生：《从社会学视角看社会服务》，《中国民政》2011 年第 5 期。
② 唐铁汉等：《公共服务的理论演变与发展过程》，《新视野》2005 年第 6 期。
③ 李程伟：《加强公共服务与社会服务具有现实紧迫性》，《中国民政》2010 年第 6 期。
④ 白景明：《构建社会服务体系，使人人享受到经济增长的福利》，《中国民政》2010 年第 6 期。
⑤ 李兵：《国外社会服务发展历程及其启示》，《中国民政》2011 年第 3 期。
⑥ 淮建军等：《公共服务研究：文献综述》，《中国行政管理》2007 年第 7 期。

是政府的一种政策干预。当然，两者使用的语境不同，公共服务强调兼顾效率和公平，而社会服务主要强调社会效益；对于公共服务研究主要是从福利经济学和公共行政学的学科视角进行，而对于社会服务的研究更多地体现为社会学、社会工作的学科视角。此外，社会服务是在我国处于社会转型的加速期提出的，我国正面临着社会建设和社会管理的战略重任，以及服务型政府建设等，因而社会服务也就被赋予了新的内涵和功能。社会服务与社会保障、社会服务与社会政策、社会服务与公共服务、社会服务与社会建设、社会服务与社会管理都将成为这一领域近期及今后研究的新话题。

（二）关于社会权与社会服务

实现普遍人权是社会服务的价值基础。联合国 1948 年通过的《世界人权宣言》把享有社会服务提升到人权的高度，在第二十五条写道："每个人，包括自己与其家属，都享有健康和适当生活水准的权利，包括食物、衣服、住宅、医药照顾与必需的社会服务。"①

人权是公民权的道德基础。人权与公民权不同，人权相对抽象，只有被特定的政治共同体认可之后，才能上升为这个政治共同体的公民权利。2001 年中国九届全国人大常委会第 20 次会议通过关于批准《经济、社会、文化权利国际公约》的决定，意味着我国政府对公认人权要求的认同。2004 年中国十届人大一次会议通过的宪法修正案中第一次增加了"国家尊重和保护人权"的内容，表明我国与国际社会人权价值原则的进一步契合，并为我国政府社会服务的实践奠定了宪法基础。②

社会权是公民权的重要组成部分。关于公民权（Citizenship）③ 的研究已有较多著述，但这一命题的社会学表述来自英国著名社会学家马歇尔（T. H. Marshall），他认为："公民权是一种地位，一种共同体的所有成员都享有的地位，所有拥有这种地位的人，在这一地位所赋予的权利和义务上都是平等的。"[①] 同时，他在对公民权的历史分析中发现，公民权所包含的权利经历了从基本的法律权利（18世纪），到政治权利（19世纪），最后到社会权利（20世纪）的发展过程。作为公民权的重要组成部分，社会权是作为基本的法律权利和政治权利的又一个必要的补充和前提而出现和发展起来的。

简单地说，社会权就是享有社会服务的权利，社会服务是社会权利的外在表现。马歇尔指出，"社会权利"意指"从某种程度的经济福利与安全到充分享有社会遗产并依据社会通行标准享受文明生活的权利等一系列权利，与这一要素紧密相连的机构是教育体制和社会公共服务体系。"[②] 根据马歇尔的表述，社会权利有多种表现形式，包括获得维持生计的收入、拥有工作、获得健康服务、享受基本的义务教育、拥有满足基本需要的住房等，其中最显著的是教育和社会服务。有学者进一步认为，社会保障所直接对应和满足的是公民的社会权利，即社会保障是公民的基本社会权利。如果说公民的社会权利属于基本功能需要，那么社会保障制度就是为满足这种需要而产生的功能事项，所谓社会保障就是保障公民的基本权利。[③] 由此可以看出，社会服务的内容包括居住、就业、医疗卫生、教育、社会保障等。美国学者苏黛瑞（Dorothy J. Solinger）在对中国进行实地调查之后，进一步认为，现代公民权问题由两个方面构成：第一是社会成员资格或身份的问题，即归属于某个共同体的问题；第二是资源分配的问题。前者决定后者，即归属于哪个共同体就决定了获得资源的多寡。[④] 即社会权利是社会成员对社会资源的合理占有，是国家对所有社会成员承

　　① ［英］T. H. 马歇尔、安东尼·吉登斯等：《公民身份与社会阶级》，郭忠华、刘训练编，江苏人民出版社2008年版，第23页。
　　② ［英］T. H. 马歇尔、安东尼·吉登斯等：《公民身份与社会阶级》，郭忠华、刘训练编，江苏人民出版社2008年版，第11页。
　　③ 王小章：《公民权视野下的社会保障》，《浙江社会科学》2007年第3期。
　　④ 王小章：《从"生存"到"承认"公民权视野下的农民工问题》，《社会学研究》2009年第1期。

诺的一种服务底线。

社会权利的获得是双方博弈的结果。社会权利的形成在真正意义上改变了公民权的性质，即代表了平等性。因此，对社会权－社会服务的考察具有独特的价值，是对某一群体地位及处境的有效体现。一种观点认为，公民权及其社会权的获取逻辑是"自上而下"的被赋予的过程，政府发挥了主要作用。[①] 也有一种观点认为，公民权（包括社会权）的演变并不是一个自然发展的过程，而是一个群体之间有意识的、公开的斗争过程，[②]是一种"自下而上"经由社会斗争而争取来的权利。公民权的实质体现的是相对于特定共同体的承认与排斥的关系，在我国集中表现为城市群体与流动人口群体之间的承认与排斥的关系，且这一关系是在各种力量的博弈中不断变化发展着的。

（三）关于流动人口的社会权－社会服务研究

针对流动人口的研究，已经从"生存—经济"模式进入到"身份—权利"模式，权利（尤其是市民权）作为研究流动人口问题的视角被普遍认同和使用，并且被作为推动流动人口问题解决的更为有利的工具。通过对已有的研究文献进行梳理和分析后发现，对流动人口群体的社会权－社会服务的研究主要是从两个视角开展：一是从农村的视角。一些学者认为，农民流动引起家庭结构变化，出现了"农民工分居的家庭模式"，或者叫"留守家庭"等。由此，夫妻情感与性的问题、教育子女问题、家庭养老问题等都凸显出来，这些问题呼唤着人们对留守儿童的教育服务需求、留守妇女的精神服务需求、留守老人的养老服务需求等的重视和关注。为此，有学者提出以"基本公共服务均等化"的思路和手段逐渐缓解乃至最终解决农村留守群体这一社会经济发展中的"过渡性"问题，还有学者提出建立农村社区支持系统（李强，2003；周伟文，2002；唐钧，2008）。

---

① 王春福：《公民身份与城市外来人口公共服务的供给——基于杭州市外来人口调查的分析》，《浙江社会科学》2010 年第 11 期。

② ［美］苏黛瑞：《在中国城市中争取公民权》，王春光、单丽卿译，浙江人民出版社 2009年版，第 311 页。

二是从城市的视角。一些学者在考察了流动人口的城市生活实践后，得出：从总体来看，由于户籍制度及城乡二元社会结构的存在，流动人口仍处于过渡城市化阶段，他们居住、工作、生活在城市却无法获得城市居民身份和权利，他们在城市中的市民权（包括组织权、社会保障权、发展权、话语权等）存在缺失（王桂新，2008；陈印芳，2005；王春光，2006）。尽管通过近些年的努力，流动人口受到的社会服务有所改善，但距"均等化"的供给目标还有一定差距，社会权利状况还存在较多问题（王春福，2010；方涛，2008）。其中，流动人口就业是最显性的问题，与流入地市民相比，他们的就业权不完整，在部门进入、职业获得和收入等方面都存在一定的城市排挤（原新、韩靓，2009；田丰，2010；王海宁、陈媛媛，2010；李骏、顾燕峰，2011；章元、高汉，2011），因此他们多以非正规就业为主（李强、唐壮，2002；Li Qiang，2003；Wan Xiangdong，2008）。并且他们在城市的劳动与就业过程中，正常的权益常受到侵害（高文书，2006；蔡群等，2007；蔡禾、李超海、冯建华，2009；吴炜、朱力，2011）。流动人口家庭的居住需求基本上被阻隔在主流的住房分配体制之外，人均住房使用面积和住房质量上都表现得更低（王汉生，2002）；流动人口子女的教育不公，教育需求难以得到满足，他们在城市中的教育处于边缘化和分割状态，教学条件、师资水平、资金投入等都比较差，教育权得不到维护（韩嘉玲，2001；江立华，2006；樊香兰、马丽，2008；谢建社、牛喜霞、谢宇，2011；李新伟、石玲，2006）。流动人口的社会保障制度已经走向"碎片化"，由于流动人口获得社会保障的渠道和制度模式不完善，社会保障资源的种种分割成为其"内在市民化"过程中的障碍，导致"流动但不定居，定居但不融合"的现象（郑秉文，2008；邓大松，2007）。在传统社区的"政府单向制约式"治理结构下，以管理为主要方式的计划生育工作对流动人口群体的约束力十分有限，在缺乏互动的机制下，计划生育宣传教育和服务无法真正落实到流动人口家庭（刘传江，2003）。流动人口的精神生活贫乏，还不能像城镇居民那样真正享有文化娱乐、体育休闲服务，政府对他们的职业技能培训方面力度还不够大，等等。这直接影响到流动人口的城市融入，其社会认同处于"内卷化"状态（童星，2008；王春光，2010）。

　　社会权是公民的一项基本权利，城乡居民理应平等地、无差别地享有社会服务。然而上述研究表明，流动人口家庭在流入地城市远未获得这种平等的待遇。对造成流动人口在城市中权益缺失的原因，主要围绕两个方面进行解释：其一是制度性因素，即国家通过户籍制度、就业制度、社会保障制度等形构出了一个城乡分割的二元结构空间，投射在"市民－农民"身份上，锁定了社会服务在城乡之间不平等、不公平的分配，并由于农民进入城市而延伸到了城市内部，形成了市民群体与流动人口群体之间的社会权利不平等。在这种表象背后，依赖于地方政府与市民共同行为与逻辑的支撑，以"发展主义"为价值追求的地方政府，在经营城市的过程中，被自身利益和地方利益所引导，构成对其他群体的排斥、阻碍与剥夺（王春光，2001；陈映芳，2005；郑广怀，2005；谢桂华，2007；许叶萍、石秀印，2011）；市民们则在日常生活中将这种对流动人口的排斥以"话语建构和符号化"的方式进行传递，从而在文化、符号和象征等层面塑造一种无形结构，实现对农民工身份的分类生产（陈映芳，2005；赵晔琴，2007；王建民，2008）。其二是非制度因素。提供多少公共服务是由制度性因素决定的，而对已有的公共服务能够享有到怎样的水平，非制度因素是关键，即流动人口的权利意识和争取权利的能力，它们又会受到流动人口自身素质，包括年龄、受教育水平、职业、经济收入、在城市居留时间的影响（杨昕，2008）。尽管流动人口在城市中地位低下、权益受损，但他们并没有表现出太多不满情绪和抗争行为，而是成为"沉默"的群体（赵晔琴，2008），这或是因为他们缺少发言权和影响力（王春光，2006），或是因为他们期望低、权利意识缺乏、自我认同高所造成（李培林、李炜，2007），又或者因为他们根据城市中的情境，产生了一种关系性适应策略（张友庭，2008）和"拒斥性认同"（陈黎，2010）。即便是有维权的意识，但多数人却不愿意通过劳动监察、劳动仲裁以及诉讼等合法方式解决劳动争议，有的甚至选择了暴力手段或极端方式来维护自己的合法权益，如跳楼、爬塔吊等（柏颜春，2016）。

二、研究成果评价

本书关注的对象是城市流动人口家庭，他们是流动人口中举家迁移到城市中的一部分，或定居于城市，或打算定居于城市，他们是城市中的"新移民家庭"，是相对于城市居民家庭的另一个群体，是传统民政社会服务无法辐射到的对象，又是在现实城市生活中存在困难最多、最需要帮助的一类群体。但在以往的研究中，流动人口家庭往往是被忽略的，或者是被淹没在流动人口群体的研究中。随着流动人口家庭化迁移的趋势不断凸显，关注流动人口家庭的社会服务需求也就提上了日程，他们的社会服务需求同他们的家庭结构、所处的家庭生命周期及家庭收入等密切相关，因而更加体现出家庭的整体发展需求。

在社会服务的内涵界定上，本人更加偏重和认同王思斌教授所指出的，社会服务是一种社会福利服务，是由政府和社会力量向民众特别是困难群体提供的福利服务及过程。这其中大尺度普惠的福利服务就是公共服务，它向所有人开放，而小范围的福利服务面向困难群众，具有排他性。[①] 社会服务一方面以满足全体社会成员的基本公共服务（如义务教育、基础医疗卫生、基本社会保障、环境保护、公共安全等）为重点，另一方面为老年人、残疾人、流浪儿童等弱势群体提供福利性社会服务以及个性化服务。[②] 流动人口家庭是城市中的"新二元"，某种程度上是既不隶属于城市，也不隶属于农村的特殊群体，因此，无论是广义的社会服务，还是狭义的社会服务，都将作为重要的服务对象。而且就功能来看，两者都发挥了经济型、政治型和社会型的功能，具体为：促进国民收入再

[①]   王思斌：《对社会服务的理解》，《中国民政》2011 年第 5 期。
[②]   倪明胜：《社会服务概念辨识与路径优化》，《江西社会科学》2012 年第 2 期。

分配、为国家政治制度提供可持续的稳定机制、体现和谐社会的价值取向。[①] 从这个角度而言，本书所研究的社会服务的内涵和范围跟基本公共服务比较一致，本书重点关注的是政府主导下的社会服务供给，包括：教育、住房、医疗卫生、就业、计生、养老、文化等社会服务。

在流动人口的社会权研究方面，本书认为，社会权的获得有两种路径：一种是"自上而下"的赋予，一种是"自下而上"的争取。前者如国家通过户籍制度改革、实行城乡基本公共服务均等化来逐步赋予城乡居民平等的权力和待遇；后者如农民工通过正式或非正式的途径进行的维权等。综观之前的研究，研究者主要将其中的问题归结为两方面：具有自利性的城市（政府和市民）与缺乏自觉性的流动人口。这种分析通过将社会情境及其主体进行简化，最终对现状及其成因获得了一种总体消极的结论。显然，出于追求公平正义的研究预设，研究忽略了以下一些现象和问题：（1）一些地方政府的努力事实上改善了流动人口在城市中的社会服务及权益状况（李浩昇，2008；王春福，2010）。但这种改变的动因是什么？是主动的，或者是被动的？是结构性的，或是内生性的？并且又将会把流动人口的社会权益引向何方？（2）马歇尔发现，在宏观层面市场通过政治途径影响社会权的发展。而苏黛瑞通过对我国 20 世纪 90 年代初的农民工考察，发现市场经济作为一项重要的变量，在微观层面改变着农民工在城市中的市民权状况。但是近 20 年过去了，对这一因素的关注却少有涉及。（3）经过 30 多年的发展，流动人口群体出现了分化和变化。在新生代农民工中，已经呈现出对工作和生活追求"自我满足"和"自我表达"的倾向（王春光，2001；谭深，2004；卢秉利、匡立波，2007；许传新、许若兰，2007），同时，他们的民主意识和权利意识也在提高（李培林、田丰，2011）。这预示着流动人口群体对社会服务需求的增强，并且由此将影响他们的行为表达。但是，他们的"获取"行为能否事实上改变他们的社会权状况？

---

① 民政部政策研究中心课题组：《关于社会服务功能作用与体系建设的探析》，《中国民政》2011 年第 7 期。

　　本书试图在上述研究的基础上，在新型城市化的背景下，以上海为例，实证调查研究和综合分析特大城市流动人口家庭的社会权－社会服务需求变化，将他们的需求表达与政府的供给回应联系起来考察特大城市全面调控人口背景下社会服务均等化的实现，微观且综合反映农民工社会权的结构变化，指出政府在对待流动人口家庭的社会服务需求及为其提供社会服务中存在的问题，并提出统筹解决的相应对策。

第二章 流动人口的基本状况和社会分化情况[①]

第一节 流动人口的基本生活状况

根据前文所述，本书的问卷调查是在上海四个城区，即静安区、徐汇区、闵行区、松江区进行。在选择好调查街道和居委会后，在社区民警、居委会的帮助下设立调查点，对调查员进行统一的培训后，委派其到所辖区域中以调查问卷形式进行整群抽样的入户调查。共调查流动人口家庭1000户，获得826份有效问卷，有效率32.6%。本次调查对象应符合三个条件：年龄在16岁及以上；在流入地居住6个月及以上；跨省、市流动。

一、流动人口基本状况

（一）性别大致均衡

从流动人口的性别看，在所有被调查者及其家人中（1877人），男性占比52%，女性占比为48%。男女性别比为108：100，显示男女性别比基本均衡。2000年以后，流动人口男女性别比经历了下降又上升的过程，但就2010年的113.5的比例而言，[②] 本次调查中男性的比例稍低。

---

① 本章已刊发在：潘鸿雁、陈国强，《上海市流动人口的基本状况和社会分化》，《科学发展》2016年第5期。

② 中国人口出版社编：《中国流动人口发展报告2013》，中国人口出版社2013年版，第5页。

见图 2—1。

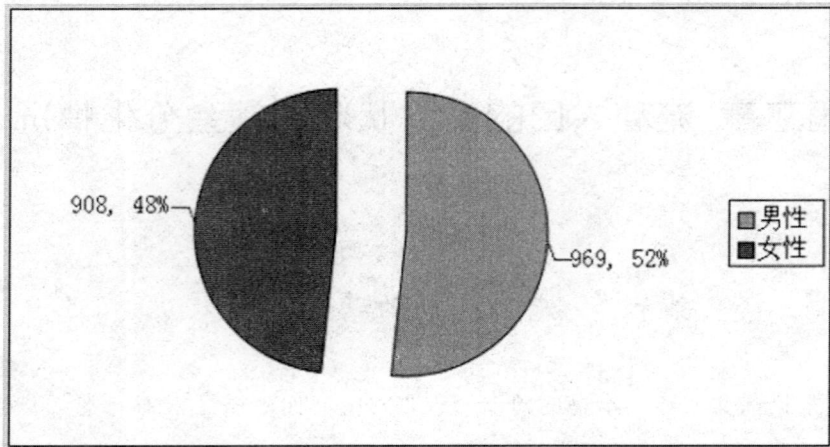

图 2—1　上海市流动人口性别比图

　　在过去 20—30 年间，人口流动经历了一个从社会型流动向经济型流动，继而由体力型劳务输出，再向技术服务型劳务输出的过程。伴随着这个过程，大量女性加入到流动劳动力大军，加之更多流动人口的举家流动选择，使女性流动人口迅速增长，男女性别比趋于均衡。[①] 本次的调查结果虽显示男女性别比仍稍偏高，但好于当前流动人口性别比上升趋势。考虑到上海是我国先行发展的现代化大都市，这就意味着随着发展水平提高，流动人口的性别比可能会重新趋于均衡。

（二）青少年及儿童占有较大比例

　　从流动人口的年龄分布看（见表 2—1），在 1740 个有效回答中，年龄最小的不到 1 岁，最大的 90 岁，显示了较大的年龄跨度。0—15 岁占 12.5％，16—60 岁占 83.7％，61 岁及以上占 3.8％。（在 930 位有效被调查者中，年龄主要集中在 18—40 岁之间，这个年龄段的流动人口占全部流动人口的 66％。其中 18—30 岁的占比 31％，30—40 岁之间的占比

－－－－－－－－－－

① 段成荣等：《改革开放以来我国流动人口变动的九大趋势》，《人口研究》2008 年第 6 期。

35％，40—60 岁之间的占比 34％，平均年龄 44 岁左右，以青壮年为主。这一年龄分布预示，当前上海流动人口集中于"二、三代"，且基本为劳动人口。）进一步分析年龄分布的社会特征可以发现，一方面流动人口中学龄儿童和少年占比较高，而老年人口占比较低，这也反映流动人口在迁移过程中往往携带子女，而将父母留在当地。另一方面青年人口（15—25 岁）具有较高比例，占 11.8％。较多研究都发现，这些人群大部分已经离开学校，但尚难就业，他们不愿返回农村，但又难以融入当地社会，成为重要的社会问题。[①]

表 2—1　上海市流动人口不同年龄段分布表

年龄组	频率	百分比（％）	累积百分比（％）
0—15 岁	218	12.5	12.5
16—60 岁	1457	83.7	96.2
61 岁及以上	65	3.8	100.0
总计	1740	100.0	

（三）生活基础较好

流动人口的生活基础主要体现在流动人口的健康状况和婚姻状况上。从流动人口的健康状况看（见表 2—2），在 1863 个有效回答中，表示"健康"的达到 99.1％。这与流动人口以健康为基础，进行打工赚钱的总体特征是相吻合的。但是值得注意的是，另外仍有 17 个个案存在各种问题，健康状况并不理想。

表 2—2　上海市流动人口健康状况表

健康状况	频率	百分比（％）	累积百分比（％）
健康	1846	99.1	99.1
身体残疾	2	0.1	99.2

---

① 王同信、翟玉娟主编：《深圳新生代农民工调查报告》，中国法制出版社 2013 年版，第 43—69 页。

健康状况	频率	百分比（%）	累积百分比（%）
长期患病	7	0.4	99.6
不能自理	2	0.1	99.7
其他	6	0.3	100.0
总计	1863	100.0	

从流动人口的婚姻状况看（见表2—3），在1834个有效回答中，已婚的有1443人，占78.7%；未婚的有333人，占18.1%；其余情况的占3.2%，这显示了较高的已婚率。尤其是，如果与达到法定婚龄（如以20周岁以上为准）的1494人相比较，已婚率更高。这一情况为流动人口奠定了较好的生活基础，也为社会奠定了稳定基础。

表2—3 上海市流动人口婚姻状况表

婚姻状况	频率	百分比（%）	累积百分比（%）
已婚	1443	78.7	78.7
未婚	333	18.1	96.8
丧偶	12	0.7	97.5
离异	9	0.5	98.0
其他	37	2.0	100.0
总计	1834	100.0	

（四）高中及以上学历者较多

教育程度是反映流动人口文化素质的重要内容，对流动人口本人及其流入地的发展都具有重要作用。根据国家人口计生委于2009年7月在全国重点地区实施的流动人口监测试点调查数据显示，劳动年龄（16—59周岁）流动人口平均受教育年限为9.9年，其中，86.9%接受过初中及以上教育。[①] 本研究的结果基本与此一致，以998位被调查者（受访对象年龄在16—73周岁之间）进行比较，学历为初中的占比最多为45.8%，其

---

① 国家人口计生委流动人口服务管理司：《中国流动人口生存发展状况报告——基于重点地区流动人口监测试点调查》,《人口研究》2010年第1期。

次是高中/中专的占比 21.4％，大专及本科占比为 20.5％，最少的是研究
生占比为 1.7％。总体上看，接受过初中及以上教育的达到 89.4％，略高
于全国的平均水平。上海市"六普"数据显示，外来常住人口中 70％的
文化程度是初中及以下，达到大专及以上的仅 14.1％。而此次被调查的
流动人口中，大专及以上学历者达到 22.2％，远高于"六普"数据。当
然，也可能是由于"六普"统计的年龄较为广泛，而本次调查者以 16 岁
以上的流动人口群体为主。

（五）就业状况不容乐观

　　流动人口做出迁移行为后，如果其无法获得稳定的就业收入，将直接
影响到在流入地基本生活的维持。因此，流动人口的失业问题会比户籍人
口的失业问题更为重要。从本次调查的流动人口就业情况看（见表 2—
4），在 1841 个有效回答中，在职的有 1235 人、料理家务的有 82 人，占
劳动人口（16—60 岁，1457 人）的 90.4％。因此尽管数据显示，流动人
口主观认为失业和无业的人数为 92 人（占比 5％），但实际的失业/无业
的情况还要严重一些。

表 2—4　上海市流动人口就业状况表

就业状况	频率	百分比（％）	累积百分比（％）
在职	1235	67.1	67.1
失业/无业	92	5.0	72.1
离退休	90	4.9	77.0
料理家务	82	4.4	81.4
在校学生	83	4.5	85.9
学龄前儿童	92	5.0	90.9
其他	167	9.1	100.0
总计	1841	100.0％	

注：表中的"失业/无业"主要是被访者的主观认识，与统计口径中的"失业"不同。

　　在就业保障方面，在选择在职的被调查者中，有 56％的人与单位签
订了劳动合同，有 44％的人没有签订劳动合同（见图 2—2），将近占了一

半。在选择签订合同期限的被调查者中，又有 54.5％的人是签订 1 年的
短期合同，其次是 2 年和 3 年的，分别占比为 16.0％和 11.3％。有些是
用工单位不想与流动人口签订劳动合同，这样可以减少用工的成本，但是
流动人口的劳动权益无法得到很好的保障。当然，也有一些流动人口本身
并不想签订劳动合同，因为他们进城打工的目的就是多赚钱，如果签了劳
动合同会限制他们寻找更高收入的职业。但也由此带来了个人及家庭在城
市生存的风险，以及影响到家庭关系。在参加社会保险方面，与本地市民
已普遍参与社会保险相比，他们总体参保率较低。

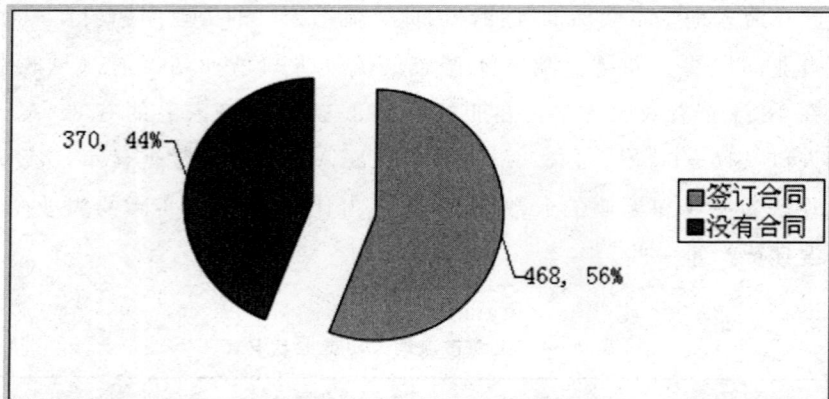

图 2－2 上海市在职流动人口签订合同情况图

二、人口流动特征趋势

在本次调查中，流动人口基于个体的一些情况与现有的一些调查结果
总体是吻合的。除此以外，流动人口在流动过程中也显现出一些群体的
特征：

（一）"城一城"流动明显增多

在流动模式上，以往明显的"乡一城"流动开始向出现一部分"城一

城"流动转变。在本次所有被调查者及其家庭成员中，拥有非农业户口者有33%，拥有农业户口者为67%（见图2-3），即来自于农村的外来人口较多，乡城流动仍是人口流动的主要形式，但"城—城"流动已占有相当的比例，这一比例远高于国家计生委在五城市调查的数据——20%的比例①。人口流动呈现就近化趋势，流动人口流出最多的省是安徽和江苏。这与国家计生委五城市的调查数据相同：在上海的流动人口中，有52.1%来自于安徽和江苏。这一流动模式的转变具有重要的社会意义：一方面，流动人口群体的变化已不再受城乡结构的束缚，而是进一步表现为受区域结构的约束。因此，他们与当地人之间的差异具有了双重维度，即城乡差异和区域差异。另一方面，由于土地、社会保障等制约因素的弱化，将进一步增强流动人口长期迁移的意愿。

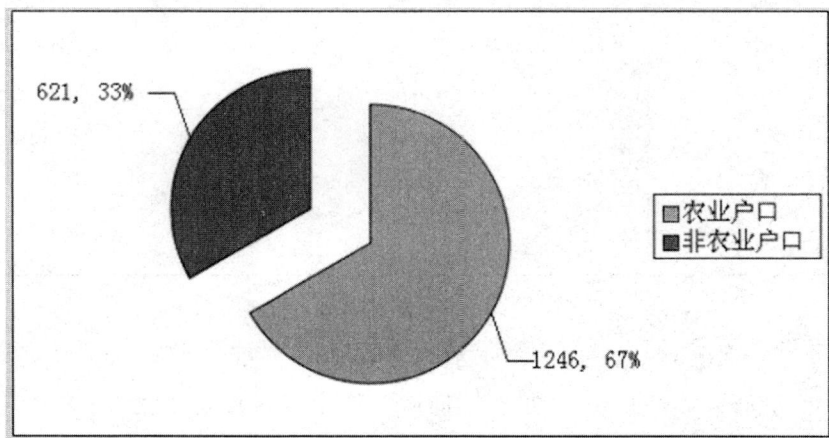

图2-3　上海市流动人口户籍性质图

（二）呈现迁移长期性

所谓迁移的长期性，即流动人口在某个迁入地的时间变长、定居倾向增强。根据国家计生委五城市数据显示，劳动年龄人口中平均在现居住地

---

① 国家人口计生委流动人口服务管理司：《中国流动人口生存发展状况报告——基于重点地区流动人口监测试点调查》，《人口研究》2010年第1期。

停留时间为 5.3 年，有一半的人停留时间超过 4 年，18.7％的人停留时间超过 10 年，只有 18.2％的人在最近 1 年内流入到现居住地，显示流动人口的迁移频率降低。本次调查结果更甚于这一情况（见表 2—5）。即使以全年龄段衡量，在 1651 个有效的流动人口及其家庭成员的回答中，平均来沪时间为 7.6 年，超过 10 年的流动人口 368 人，占 22.3％，超过 50％以上的流动人口来沪已 5 年以上，而来沪不到 1 年的仅占 4.3％。

表 2—5　上海市流动人口迁入时间表

迁入时间	频率	百分比（%）	累积百分比（%）
不到 1 年	71	4.3	4.3
1 年	202	12.2	16.5
2 年	163	9.9	26.4
3 年	166	10.0	36.4
4 年	132	8.0	44.4
5 年	128	7.8	52.2
6—10 年	421	25.5	77.7
10 年以上	368	22.3	100.0
总计	1651	100.0	

上海市被普遍认为是一个生活成本较高的都市，比如 2013 年 7 月，上海市房价以 28672 元/平方米的价格稳居全国百城房价之首。[1] 但是与这种情况相比，流动人口并没有在短期内呈现逃离之势。相反，流动人口在上海长期居住的倾向更为显著。

（三）流动家庭化显著

现有研究都指出，流动人口越来越呈现出举家迁移的态势。[2] 本次调查也基本支持了这一观点（见表 2—6）。在本次被调查者中，显示只是以

---

① 《2013 年 7 月中国房地产指数系统百城价格指数报告》，中国指数研究院，2013 年。
② 国家人口计生委流动人口服务管理司：《中国流动人口生存发展状况报告——基于重点地区流动人口监测试点调查》，《人口研究》2010 年第 1 期。

被调查者个人流动的占所有样本的 41.6%，其余以各种家庭形式（包括夫妻家庭、核心家庭和主干家庭）流动的占 56.7%，家庭化迁移较为显著。其中夫妻家庭和核心家庭是主体，占比为 51.2%，而主干家庭只占 5.5%，这进一步支持了流动人口在迁移过程中"带小不带老"的特点。

表 2—6　流动人口的家庭类型①

家庭类型	频率	百分比（%）	累积百分比（%）
单人家庭	417	41.6	41.6
夫妻家庭	315	31.4	31.4
核心家庭	199	19.8	19.8
主干家庭	55	5.5	5.5
其他	17	1.7	1.7
合计	1003	100	100

从理论上分析，流动人口在某个迁入地居住时间越长，他们就越倾向于举家迁移，由此综合显现出他们的迁移意愿更为强烈。表 2—7 显示了不同类型流动人口家庭的平均迁移时间，进一步通过方差分析发现，不同类型流动人口家庭的类型与迁移时间存在较为显著差异（$p < 0.05$）。但两者之间又不完全是线性相关的，即流动人口的迁移时间越长并不意味着其家庭结构越复杂。对这一结果的解释是，一方面当前流入地政府的一些公共服务均等化努力改变了流动人口迁移的行为选择，比如一些首次来沪的流动人口会因为当地教育机会的开放而选择携带子女一同迁移；另一方面流动人口长时间的迁移可能并不是其永久迁移意愿的真实显露，因为户籍制度始终是流动人口较难逾越的"坎"。比如华东师范大学人口研究所黄晨熹教授以苏州市为例，对流动人口居留意愿的特征及其影响因素进行了总结和分析。结果显示，城市因素尤其是政府户籍政策对流动人口的居留

———————

① 流动人口的"家庭类型"是指流入到本地（上海）的流动人口所构成的家庭结构，以下皆为此意。

意愿产生最显著影响。当然，影响流动人口居留意愿的还有其他因素，如稳定的工作、自有住房、与本地居民正常的社会关系、享受同等公共服务的权利等。[①]

　　随着迁移时间增长，流动人口群体对其中的困难会感受更为深刻，也更能客观地看待自己的行为进而调整选择适合整个家庭发展的理性行为。

表 2—7　不同类型的流动人口家庭的平均迁移时间

家庭类型	N	均值	标准差	标准误
单人家庭	408	7.9951	7.11471	0.35223
夫妻家庭	305	9.2164	9.06151	0.51886
核心家庭	194	8.6134	7.91667	0.56838
主干家庭	53	9.1887	7.7882	1.06979
其他	17	3.7059	2.39178	0.58009
合计	977	8.4893	7.94346	0.25413

第二节　流动人口的社会分化及其影响因素

　　学术界关于社会分层的研究已有丰硕的著述，但研究者对于阶层分化的标准却存在不同的认识。[②] 在流动人口领域，研究者一般集中于制度因素（如户籍制度）和非制度因素（如职业、收入、住房等）对流动人口社会分化的影响。[③] 本次调查则选取了教育程度、职业和收入分别对调查数据进行分层分析。

一、流动人口呈现全面社会分化

　　流动人口群体（主体为农民工群体）作为中国社会结构的一个重要群

---

①　许光：《流动人口的社会分层与社会保护》，《当代社科视野》2010 第 7—8 期。
②　李强：《试析社会分层的十种标准》，《学海》2006 年第 4 期。
③　赵晔琴、孟兆敏：《流动人口的社会分层与居住质量》，《人口与发展》2012 年第 5 期。

体，在形成初期具有高度的同质性：拥有农业户口、离土不离乡、受教育程度不高、主要投身于工业生产的相关体力劳动中、收入差异不大，等等。但是，经过 20 多年的发展，流动人口群体已经日益分化。比如，在居留意愿方面流动人口群体分化为落地生根型、落叶归根型和漂泊无根型；在收入方面分化为高收入和低收入人群；在教育程度方面分化为高素质人群和低素质人群；在身份认同方面分化成自我认同为新市民及自我认同为外来人员，等等。本次调查也反映出这方面的一些变化，流动人口呈现较为全面的社会分化。

（一）教育分化

流动人口的受教育程度总体在逐渐提高，但同时他们内部也出现了一些分化。这种分化的结果大致也会反映在收入分化和职业分化上。在此只对"教育程度"单独进行分类比较。如在表 2—8 所列的三种受教育类型中，"小学及以下"者占 11.4％，"初中及高中"（包括中专和职校技校）者占 67.2％，"大专及以上"占 21.4％。这一构成与流动人口的职业构成基本吻合。与 2005 年上海市的流动人口文化构成相比，当时小学及以下文化者为 22.93％，初中及高中文化者为 67.26％，大专及本科文化者为 9.32％。[1] 这也意味流动人口的分化是全面的，他们中的部分或许已经全方位进入社会的上层，不仅从事具有丰厚报酬的高层次职业，而且接受了较高的教育。因此，他们的诉求也可能会相应产生新的变化。

表 2—8 流动人口受教育程度的分化情况

教育程度	频率	百分比（％）	累积百分比（％）
小学及以下	114	11.4	11.4
初中—高中	671	67.2	78.6
大专及以上	213	21.4	100.0
合计	998	100.0	

① 左学金等：《上海流动人口的变动趋势与现状特征分析》，2011 年，豆丁网。

（二）职业分化

职业及其地位是社会层级分化的重要标志，仇立平曾就各种职业的收入、权力和声望评价进行综合排名，从高到低依次形成了这样七类职业：国家机关、党群组织、企业、事业单位负责人，办事人员与有关人员，专业技术人员，商业从业人员，生产、运输设备操作人员及有关人员，服务人员，农、林、牧、渔、水利业生产人员。[①] 本调查参照这一分类，并根据流动人口的特点重新进行综合，形成了如表 2-9 中所列的五种职业类别并加以比较。在所有在职的被调查者中，国家社会企业管理人员占 5.6％、办事人员占 8.2％、专业技术人员占 10.1％、商业从业人员占 35.8％、农业工业从业人员占 40.3％。与 2000 年上海市流动人口的职业结构相比，当时各类专业技术人员以及机关事业单位人员均不超过 5％，而农业工业从业人员合计超过 50％，[②] 大多数流动人口从事的是脏、苦、累职业。因此，这一调查结果具有特殊的意义：一方面，从事工农业和服务业的群体仍然是流动人口的主体，共计占 76.1％，即体力劳动仍是流动人口主要的从业方式，也是这一群体的主要就业特征。需要注意的是，其中有 13.8％的"无固定职业者"也被纳入"农业工业从业人员"中，而真正属于产业工人和农业劳动者的分别只有"23.4％"和"3.1％"，这显示出流动人口更为积极的就业倾向，同时这一职业分布也是同上海产业结构的调整，即"退二进三"相适应的。值得关注的是，一部分流动人口获得了较高的职业地位，在所有被调查者中从事国家社会企业管理人员、办事人员和专业技术人员者占到了 23.9％。这就改变了以往流动人口处于低端职位、低端产业的面貌。

[①] 仇立平：《职业地位：社会分层的指示器》，《社会学研究》2001 年第 3 期。
[②] 左学金等：《上海流动人口的变动趋势与现状特征分析》，2011 年，豆丁网。

表 2—9　　**流动人口职业分化情况**

职业类型	频率	百分比（％）	累积百分比（％）
国家社会企业管理人员	51	5.6	5.6
办事人员	75	8.2	13.8
专业技术人员	92	10.1	23.9
商业从业人员	327	35.8	59.7
农业工业从业人员	368	40.3	100.0
合计	1003	100.0	

（三）收入分化

2013 年上海市最低工资为 1620 元，2012 年上海市职工月平均工资 4692 元，考虑到流动人口的收入普遍低于流入地居民收入的情况，我们将收入选项从低到高分成了三组，分别是低收入组（1000 元以下）、中等收入（1000—4000 元）、高收入（4000 元以上）。从表 2—10 中可以发现，在 932 个有效样本中，低收入群体占 5.9％，中等收入群体占 74.9％，高收入群体占 19.2％。与 2005 年相比，当时流动人口的月均收入为 1319.42 元，其中 500 元以下者占比为 7.12％，月收入在 1500 元以上者占比为 17.97％，绝大多数流动人口月收入在 500—1500 元之间。[①] 如果说 2005 年流动人口群体内部的收入差距还较小，那么今天流动人口群体在收入上已出现较大的分化。中等收入的流动人口群体占据绝对的优势，此外，还出现了一个较高收入的流动人口群体。尤其是月收入在 8000 元以上者占到了 4.8％的比例。这与流动人口中出现一部分获得较高职业地位的群体是相对应的。这一结果具有一些特殊的意义：首先，中等收入群体成为流动人口的主体，这构成了流动人口群体内部较为稳定的结构基础，避免了两极分化。尽管这种"中等"的水平还偏低（50％以上的样本集中在 2000—4000 元之间），但对于维持流动人口的正常生活，乃至于保持社会的稳定，仍然具有积极的意义；其次，流动人口中仍然有一部

---

① 左学金等：上海流动人口的变动趋势与现状特征分析，2011 年，豆丁网。

分人处于较低的收入状况，这样的收入水平对保障他们基本的生活较为困难，在城市的社会救助和社会支持系统难以辐射到他们的情况下，这一部分群体就成为流入地政府和社会共同关注的对象，以及管理的重点；再次，现有研究认为不同的收入水平所产生的需求是不同的。[①]因此，随着一部分流动人口收入的增长，他们的需求也必然会发生变化。

表 2—10　流动人口收入分化情况

收入分组	频率	百分比（%）	累积百分比（%）
低收入	55	5.9	5.9
中等收入	698	74.9	80.8
高收入	179	19.2	100.0
合计	932	100.0	

表 2—11　家庭类型与职业类型的相关性分析

		家庭类型	职业类型
家庭类型	斯皮尔曼等级相关系数	1.000	−.065*
	显著性（双侧）		.041
	样本数量	1003	1003
职业类型	斯皮尔曼等级相关系数	−.065*	1.000
显著性（双侧）		.041	
样本数量		1003	1003

注：* $p < 0.05$

　　流动人口群体的社会分化是否会显示在家庭结构层面呢？即家庭结构类型是否与流动人口群体的社会分化相关联呢？由于数据所限，本书只分析了家庭结构类型与职业类型之间的相关性，如表 2—11。家庭结构类型

　　① 冯婷婷：《城镇居民不同收入阶层的基本需求及边际消费倾向研究》，《中国人口·资源与环境》2012 年第 8 期。

依据复杂程度划分为个人、夫妻家庭、核心家庭、主干家庭和其他，职业类型从职业地位由高到低区分为国家社会企业管理人员、办事人员、专业技术人员、商业从业人员和农业工业从业人员。数据显示，两者的斯皮尔曼等级相关系数（Spearman's rho）达到－0.065，且具有显著性（$p <$ 0.05）。这说明家庭结构类型与职业类型存在不完全负相关性，也即家庭结构类型越复杂，其成员获得的职业层次越高。对这一现象的解释可能是，由于家庭成员在沪获得了较好的职业，其做出举家迁移的行为所能承受的压力相对越小，这种压力包括生活成本、家庭其他成员的就业选择，等等。因为较好的职业往往意味着较高的收入。随着流动人口举家迁移的增多，层级分化的意义也变得多样。事实上，家庭层面的层级分化影响将大于个体层面的层级分化。因为前者一旦发生，分化的格局将变得更加坚固。

因此，正如当前的一些研究所发现的，流动人口不再是具有高度同质性的群体，他们内部正在分化，且这种分化是多方面和多层次的，从而形成了一个明显独立于城市主体分层结构之外的流动人口群体的内部分层体系。流动人口所拥有的社会资源及其占据的职业位置的双重差异是其产生一次分化的根源，这些社会资源包括生产资料、资金、技术、知识、劳动力和社会关系等要素，这些要素又以不同的社会活动方式形成财富，而人们拥有财富的多少在很大程度上决定了其在群体或社会中的位置从而形成不同的群体。[1]

本研究在调查分析后得出：流动人口群体出现农业与非农户籍的分化、短期迁移与长期迁移的分化、个人与家庭在教育、职业、收入等方面的层级分化等。这些分化的出现预示着流动人口的社会服务需求和行为方式会呈现多样性发展，这为做好流动人口的服务与管理工作奠定了基础。

---

[1] 牛喜霞、谢建设：《农村流动人口的阶层化与城市融入问题探讨》，《浙江学刊》2007年第6期。

二、户籍对社会分化的影响

对于流动人口群体的分化，现有研究认为户籍制度、居住证制度等具有重要作用。这一发现的意义在于，要在流动人口的服务与管理中，减少制度的影响与分割，从而减弱流动人口分化中的不公平性。[①] 李骏等也指出，户籍的影响包括户口类别与户口所在地。[②] 本研究参照这一观点，简要分析探究户口性质、户口登记地和居住证办理情况对流动人口在职业和收入层级分化中的影响。

（一）户籍对流动人口的职业获得具有重要影响

表2—12是对流动人口的户口性质与职业类型之间的关联性进行分析。户口性质包括农业户口和非农业户口两类，职业类型同上五类。流动人口在不同性质户口上的职业分布频数如表2—12所示，对户口性质与职业类型的关联性进行Pearson卡方检验显示，不同户口性质的流动人口在职业类型分布上存在显著差异（p<0.001）。因此，可以认为"是否农业户口"对流动人口的职业获得具有重要影响，"非农户口"更有利于流动人口获得较高层次的职业。换句话说，在流动人口的职业获得上，户口性质比区域差异影响更大。考虑到流动人口中出现的一部分"城—城"迁移类型，"乡—城"迁移仍然是需要关注的突出问题。

---

① 赵德余、彭希哲：《居住证对外来流动人口的制度后果及激励效应——制度导入与阶层内的再分化》，《人口研究》2010年第6期。
② 李骏、顾燕峰：《中国城市劳动力市场的户籍分层》，《社会学研究》2011年第2期。

表 2－12　流动人口户口性质与职业类型

		职业类型					
		国家社会企业管理人员	专业技术人员	办事人员	商业从业人员	农业工业从业人员	合计
户口性质	农业户口	26	25	37	253	291	632
	非农户口	25	66	38	71	74	274
合计		51	91	75	324	365	906

表 2－13 是对流动人口户口登记地与职业类型的关联性进行分析。其中户口登记地包括本市和外地两类，职业类型同上五类。流动人口在不同性质户口登记地上的职业分布频数如表 2－13 所示，对户口登记地与职业类型的关联性进行 Pearson 卡方检验显示，不同户口登记地的流动人口在职业类型分布上存在显著差异（$p < 0.001$）。值得注意的是，与户口登记地为外地的流动人口相比，户口登记地为本市的流动人口获得较高职业地位的比例相对更低，对这一结果的可能解释是，愿意做出流动行为的上海市本地居民的自身素质和条件都不高，不利于他们获得较好的职业。而户籍为上海市以外的居民中却存在着一批高素质人才，尽管受户籍限制，但他们仍然能在劳动力市场中寻找到好的职位，获得发展。然而，这只是本书的一个假设，需要进一步求证。这一结果显示，在职业分化上，城乡问题与区域问题是同时存在的，且都具有重要意义。

表 2－13　流动人口户口登记地与职业类型

		职业类型					
		国家社会企业管理人员	专业技术人员	办事人员	商业从业人员	农业工业从业人员	合计
户口登记地	本市	3	6	2	15	62	88
	外地	49	86	73	311	304	823
合计		52	92	75	326	366	911

表 2－14 是对流动人口居住证办理情况与职业类型的关联性进行分析。其中居住证办理情况包括已办居住证和未办居住证两类，职业类型同上五类。居住证办理情况不同的流动人口的职业分布频数如表 2－14 所

示，对居住证办理情况与职业类型的关联性进行 Pearson 卡方检验显示，不同户口登记地的流动人在职业类型分布上存在显著差异（p＜0.01）。可以认为，流动人口办理居住证对他们获得较好的职业具有正向影响。但值得注意的是，不同于"户籍"与"户籍所在地"等先赋因素，居住证办理往往晚于流动人口的职业获得（因为上海居住证办理中，就业情况是其中衡量的一项重要内容），即流动人口先获得职业，后取得居住证。因此，居住证与职业获得之间关联性的现实意义并不突出。

表 2—14　流动人口居住证办理与职业类型

		职业类型					
		国家社会企业管理人员	专业技术人员	办事人员	商业从业人员	农业工业从业人员	合计
居住证办理情况	已办	43	66	59	260	222	650
	未办	6	20	14	51	82	173
合计		49	86	73	311	304	823

（二）户籍对流动人口收入具有重要的影响

表 2—15 是对流动人口的户口性质与收入之间的关联性进行分析。其中户口性质包括农业户口和非农户口两类，收入包括低收入（1000 元以下）、中等收入（1000—4000 元）、高收入（4000 元）三类。流动人口在不同户口性质上的收入分布频数如表 2—15 所示，对居住证办理情况与收入的关联性进行 Pearson 卡方检验显示，不同户口登记地的流动人口在收入分布上存在显著差异（p＜0.001）。这一结果的现实意义是，是否为"农业户口"对流动人口的收入高低具有重要影响，且"非农户口"的流动人口容易获得较高的收入。

这种影响与户籍对职业获得的影响具有同质性，进一步说明户籍在流动人口层级分化中的特殊作用。尽管数据显示流动人口的分化在多维度出现，但是"户籍"所产生的政治与社会意义更为突出，因为人为地加剧了社会的不公平。

表 2—15 流动人口户口性质与收入的相关性分析

		收入			合计
		低收入	中收入	高收入	
户口性质	农业户口	44	517	74	635
	非农户口	11	176	103	290
合计		55	693	177	925

表 2—16 是对流动人口的户口登记地与收入的关联性进行了分析。流动人口的户口登记地与收入分布频数如表 2—16 所示，对户口登记地与收入的关联性进行 Pearson 卡方检验显示，结果并不显著（p＞0.10）。这说明流动人口是否是本地人对他们收入多少没有显著影响。

表 2—16 流动人口户口登记地与收入

		收入			合计
		低收入	中收入	高收入	
户口登记地	本市	4	75	11	90
	外地	51	618	168	837
合计		55	693	179	927

表 2—17 是对流动人口的居住证办理情况与收入的关联性进行分析。结果反映，流动人口是否办理居住证与他们收入关联并不显著（p＞0.10）。与上述情况相同，流动人口收入获得（伴随职业获得）往往先于居住证取得，因此，两者相关性的意义本来就不强。

表 2—17 流动人口居住证办理与收入

		收入			合计
		低收入	中收入	高收入	
居住证办理情况	已办	38	491	135	664
	未办	13	127	33	173
合计		51	618	168	837

　　综合以上分析，流动人口在职业、收入上的分化受到户籍的影响比较明显。户籍制度作为制度导入的一个重要功能是将原来自发的社会分化正式化和固定化，并赋予不同阶层的人群以更为清晰的身份标签和一个可视的清晰的阶层梯度。[①] 同时，这种影响更多体现在城乡维度，而较少体现在区域维度。因此，城乡分割对流动人口在城市中的生活和发展的制约仍是深刻的。

---

① 赵德余、彭希哲：《居住证对外来流动人口的制度后果及激励效应——制度导入与阶层内的再分化》，《人口研究》2010 年第 6 期。

第三章 流动人口家庭的社会服务供给及其需求状况

随着我国发展水平的提高以及发展理念的更新，如何保障流动人口家庭在城市中获得同等权利，日益成为各界普遍关心的问题。社会服务是其中的一项重要内容，是政府为促进人的全面发展所提供的公益性的支持与服务活动。社会服务与流动人口家庭的生活息息相关，流入地政府是否关注流动人口家庭的社会服务需求，流动人口家庭能否便捷地享受到流入地政府提供的社会服务，都将直接影响他们对城市的认同及社会融入。国家基本公共服务体系"十二五"规划中明确规定，以输入地政府管理为主，加快建立农民工等流动人口基本公共服务制度，逐步实现基本公共服务由户籍人口向常住人口扩展。十八届三中全会《决定》亦提出，稳步推进城镇基本公共服务常住人口全覆盖，并明确列出了时间表为2020年。上海市流动人口家庭的社会服务状况如何呢？本章将在问卷调查和访谈的基础上对当前上海市流动人口家庭的社会服务供给现状、流动人口家庭的主观感受（满意度）以及社会服务需求进行分析。

第一节 流动人口家庭的社会服务供给现状

如导论中所述，社会服务主要包括教育、医疗、文化、体育、社区建设、卫生与计生、劳动就业、社会保障等，与2012年《国家基本公共服务体系"十二五"规划》对基本公共服务的界定范围大致一致，与2016年国家层面颁布和正式实施的《居住证暂行条例》中关于居住证持有人提供的基本公共服务基本相同。本书侧重于选择与流动人口家庭的日常生活密切相关的几个方面：教育、医疗、养老、计生、就业、文化娱乐等服务，通过考察流动人口家庭获取这些社会服务的便利性以及流动人口家庭使用社会服务设施的状况来分析城市流动人口家庭社会服务的供给现状。

一、流动人口家庭获取社会服务的便利性

社会公共资源配置状况是社会服务的基础和前提。近几年，尤其是十八大以来，各地政府都在努力推进"公共服务均等化"，公共资源也逐步下沉和扁平化。上海市各区、街道致力于打造的"×分钟"公共服务圈，在客观上促进了公共资源的重新配置，基本构筑起一张比较健全的社会服务网络，这为流动人口家庭获得相关服务创造了条件。

（一）学前教育机构和义务教育机构分布较为广泛

在所有"流动人口步行 15 分钟所能达到的教育机构"的回答中，学前教育及义务教育机构占比基本在 50% 以上，以幼儿园的比例最高，为84.9%。高中、成人和职业教育机构占比较低，均未超过 15%（见表 3－1）。这说明基础教育资源在基层分布较为广泛，流动人口家庭无论居住生活在何处，都能在较短时间内到达。同时，也说明：流动人口比较重视子女教育。如前一章所述，0－15 岁的儿童占被调查者的 12.5%，即拥有相当的比例，流动人口为了让子女能够便捷地享受教育资源，必然选择距离这些教育机构较近的地方居住。且随着国家倡导的流动人口子女义务教育属地化工作的推进，更强化了流动人口对子女教育问题的关注。此外，这一现象也与不同学段教育资源数量相关。随着学段的提升，教育资源数量客观上也在相应减少。

表 3－1　流动人口家庭步行 15 分钟能到达教育机构的情况

公共资源类型	步行 15 分钟是否可以达到以下设施			
	是	占比（%）	否	占比（%）
托儿所	231	72.6	87	27.4
幼儿园	303	84.9	54	15.1

公共资源类型	步行15分钟是否可以达到以下设施			
	是	占比（%）	否	占比（%）
小学	277	77.6	80	22.4
中学	156	49.5	159	50.5
高中	41	14.2	248	85.8
成人教育和职业教育机构	43	14.9	246	85.1

（二）医疗服务机构分布呈现以社区为中心的服务网络

在卫生服务机构的分布中，超过 60% 的流动人口家庭都能在15分钟内到达社区卫生服务中心和社区卫生服务点（见表 3—2）。总体显示以社区为主体的基层卫生服务资源网络已基本形成，一方面缓解了市级医院的就医压力，另一方面也确实方便了居民就近就医。同时，超过八成（83.8%）的流动人口家庭"到最近医疗单位的时间"在半小时以内，反映他们获取医疗资源时间空间上的便利性。流动人口的主观认识也证实了这点，他们对到最近医疗单位是否便利的回答上，有 67.1% 的人感觉是"方便"和"非常方便"的。

表 3—2 流动人口家庭步行15分钟能达到的医疗服务机构的情况

公共资源类型	步行15分钟是否可以达到以下设施			
	是	占比（%）	否	占比（%）
社区卫生服务中心	580	63.3	336	36.7
社区卫生服务点（居委卫生室）	570	77.4	166	22.6
综合医院	246	32.2	519	67.8

（三）文化娱乐体育设施分布差异较大

在 12 类文化娱乐体育设施中，流动人口家庭表示能在步行15分钟内到达的比例差异较大，其中露天公共活动场所、影剧院（场）、公共绿地均超过 50%，后两者甚至接近 80%。而图书馆（室）、社区文化活动中心、社区学校、游泳池、舞厅等均不足 20%（见表 3—3）。这一方面与资源的真实配置相关，流动人口家庭到达相关文化娱乐体育设施总体并不便利，许多设施在个体基本活动空间内并不完善；另一方面也与流动人口的关注度相关。流动人口家庭成员的认知与上海市构筑的基层文体服务网络之间或许存在偏差，这种偏差包括流动人口对当前文体服务不感兴趣、对文体服务信息不了解，流动人口没有太多闲暇时间去关心文体娱乐。

表 3—3 流动人口家庭步行 15 分钟能到达的文化娱乐体育设施的情况

公共资源类型	步行 15 分钟是否可以达到以下设施			
	是	占比（%）	否	占比（%）
体育场所	152	20.0	608	80.0
健身房	349	45.0	427	55.0
社区健身点	369	46.4	427	53.6
露天公共活动场所	412	53.2	363	46.8
图书馆（室）	126	16.6	632	83.4
社区文化活动中心	130	16.7	649	83.3
社区学校	122	16.1	637	83.9
影剧院（场）	668	77.9	190	22.1
科技站	152	20.0	608	80.0
游泳池	126	16.6	632	83.4
舞厅	122	16.1	637	83.9
公共绿地	668	77.9	190	22.1

总体上看，在流动人口家庭已知的相关公共服务资源中，教育、医疗的相关资源大多都较便利，而文体娱乐的相关资源则便利性较差。这与近年来上海转型发展、探索公共服务均等化、调整基本公共资源有关。"步行 15 分钟生活圈"，即步行 15 分钟到达学校、医院，使得流动人口家庭也获得较大的便利。

二、流动人口家庭享受社会服务状况

公共服务资源的空间分布状况只能表示政府的公共资源配置情况以及

流动人口家庭能否方便地获取这些资源，并不能反映流动人口家庭真实获得服务的情况。因此，从流动人口家庭在上海接受社会服务的具体情况看，有一部分成员享受到了原来只针对本市户籍成员的社会服务，尤其体现在教育和医疗服务上。但是，这部分的比例并不大。

（一）获得有限教育服务

表 3—4　流动人口家庭子女在沪接受教育情况

教育机构类型	个案数量	百分比（%）	个案百分比（%）
小学	109	31.6	33.6
幼儿园	84	24.3	25.9
0—3 岁早期教育	39	11.3	12.0
其他	34	9.9	10.5
初中	32	9.3	9.9
托儿所	25	7.2	7.7
高中/职校	14	4.1	4.3
大学	8	2.3	2.5
总计	345	100.0	106.4

在被调查的流动人口家庭中，共有 345 名流动人口子女在沪接受教育，范围涵盖学龄前到大学的所有学龄段。其中小学生最多，有 109 名；其次是幼儿园儿童，有 84 名；最少的是大学生，仅有 8 名（见表 3—4）。在所有教育阶段中，初中、高中和大学教育阶段的排外性应该是最强的，受到居住证制度的影响，流动人口子女往往较难获得相应的教育服务。从受访情况来看，也确实如此，如访谈者 3：

金某，男性，40 岁左右，徐汇区小五金店店主，福建南平人。全家来上海已经十几年，妻子无业，在五金店帮助丈夫卖东西、带孩子。全家目前有三个孩子，大女儿上初一，已经 13 岁，在上海徐汇区公立幼儿园读完幼儿园后，本来可以直接去公立小学上学，但因为被安排在由来沪人员子女组成的班级里，他们觉得遭受歧视，所以就选择回到自己家乡上最好的县级小学；二女儿 5 岁半，本打算读姐姐曾经就读的徐汇区公立幼儿园，结果正值 2013 年上海市人口调控，教育政策收紧，进不去该幼儿园，只能托关系进入闵行区一家大型公立幼儿园就读，目前是幼儿园大班，但今后能否在上海公立小学接受教育，父母还比较发愁。现在第三个孩子已经 2 岁了，2016 年 9 月就可以上幼儿园的托班了，但父母同样发愁能在哪里上幼儿园。"上海的教育无论怎样都比我们家乡好，还是尽可能让孩子留在上海接受学前教育和小学教育，到初中再回老家上吧，因为上海不允许中考和高考"。尽管金某一家已经办了居住证，但却没有积分，所以不符合入学政策。

（二）获得以社区为主的医疗卫生服务

与医疗卫生资源的分布情况相吻合，流动人口家庭的主要就诊机构也以社区为主。在流动人口及其家人常就诊的医疗机构中，社区卫生站（室）和社区卫生服务中心/街道卫生院占 48.9%，另有 64.6% 的受访者表示曾去过社区卫生服务中心/街道卫生院进行就诊（见表 3—5）。他们选择就诊机构的主要原因是距离近（31.2%）、收费合理（16.6%）、设备条件好（14.9%）和技术水平高（13.9%）。显然，社区医疗服务机构不仅为流动人口家庭就近就医提供了便利条件，而且也提供了较好的医疗服务，受到流动人口家庭成员的认可。

表 3—5　您或您家人通常就诊的医疗机构

医疗机构类型	个案数量	百分比（%）	个案百分比（%）
社区卫生站/室	175	16.1	18.6
社区卫生服务中心/街道卫生院	354	32.7	37.7
区/县级医院	313	28.9	33.3
市级医院	184	17.0	19.6
私人诊所	28	2.6	3.0
其他	29	2.7	3.1
总计	1083	100.0	115.3

在就医费用上,市/区(县)医院就诊的流动人口中有 34.1% 能享受部分或全部医疗费用报销。考虑到我国为鼓励在基层医疗机构就医,基层就医能享受的医疗费用报销普遍高于上一级医疗机构。因此,流动人口家庭以社区为主的就医行为所发生的就医费用,实际报销的比例会更高些。如访谈者 1:

> 付某,男性,36 岁,来上海工作 5 年了,一直在上海一家公司任职,租住在公司提供的人才公寓,单人间,月缴纳租金 500—700 元。付某持有上海市居住证,在上海参加了养老保险,由公司缴纳"五金"。一家三口人,妻子和孩子在苏州定居,付某只身一人在上海工作,月收入 5000 元以上。付某有医保卡,但因为年轻,很少生病,五年来只去过社区门诊一次,就医时个人只需负担一部分挂号费,药费由医保卡支付。

(三)普遍选择在家养老

在针对流动人口家庭中老人在"何处养老"问题的有效回答中,有超过 80% 的受访者回答在家养老(见图 3—1)。这与当前我国以家庭为主的养老模式是一致的,尤其反映了当前我国农村养老的总体特点。这种养老方式与当前政府普遍倡导的居家养老具有较大不同(杨宗传,2000),居家养老需要依托公共服务的投入,而在家养老则依托子女的赡养。因此,流动人口家庭中老人选择在家养老更多考虑的是身体因素(如生活能够自理,占比为 49.9%)、情感因素(如不愿离开家人,占比为 26.8%)以及经济因素(如无力支付养老院的费用,占比为 14.0%)。

值得注意的是,随流动人口一起流动的老人比例并不高,只有 3.8%(见上一章),因此,流动人口家庭在家养老主要是指在流出地家中养老。这与国家统计局的调查报告有些差异。[①] 这可能与上海的住房和生活成本

[①] 自 2010 年开始,国家统计局已连续 3 年发布了我国农民工监测调查报告(2009—2011 年),其中一项数据引人注目:50 岁以上的农民工所占比已由 2009 年的 4.2%,飙升到了 2011 年的 14.3%,暴涨了近 3 倍。

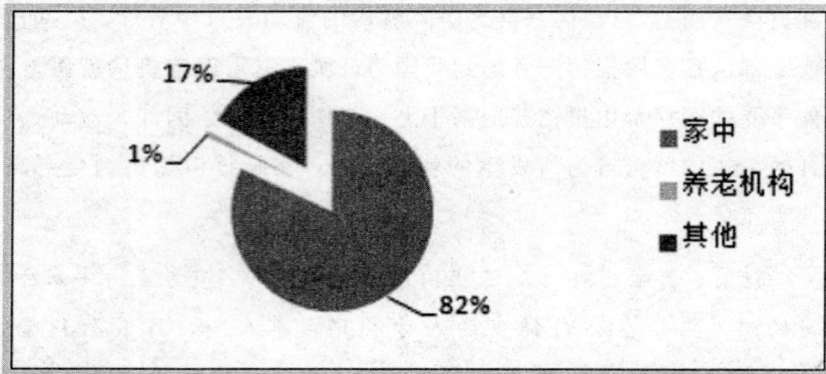

图 3—1　流动人口家庭养老模式选择图

较高有关，流动人口举家迁移来沪的比例较全国相对较低。大部分流动人口家庭带着老人来上海，只是因为老人还年轻，可以帮助他们照顾孩子、做家务，解决他们的后顾之忧。如访谈者 4：

> 缪某，80 后，徐汇区某知名连锁美发店总监，月收入 7000 元左右，来上海打工多年。两年前结婚，妻子是同一美发店的美容师。两人都来自江苏淮安，在美发店相识相知，最后结婚。目前，他们已经有一个 1 岁多的小宝宝。为了方便照顾孩子，妻子暂时在家带孩子。当孩子 1 岁，可以抽开身时，妻子便出来另觅工作。由于家里的开销太大，一家人租住在一套 50 多平方米的房子里，月租金要 3000 元左右，妻子在带孩子的过程中，看到了有些职业的前景，如月嫂月收入 1 万元以上，这对于月收入只有几千元的她来说是个极大的诱惑。于是，她辞去美发店的工作，开始当专职的月嫂。他们专门把家乡的岳母请过来，专职带孩子，同时负责给他们烧饭。

受制于上海人口调控政策的影响，陆续返回老家的外地老人也比较多。尽管流动人口家庭在上海的养老服务问题并未真正构成对上海养老资源的威胁，但应当未雨绸缪，早做规划。

(四)较少参加公共文体活动

现有研究指出,流动人口的闲暇时间短、闲暇活动单一、闲暇空间以住户为主(孟庆洁等,2010),参加文体娱乐活动并不显著。根据上海市人口与发展研究中心课题 2013 的调查研究,超过半数流动人口从来没有在上海市级或区级的图书馆、博物馆、美术馆等公共文化场所享用免费的公益文化服务,小部分人能够在公园、公共广场或社区文化中心享用免费的公益文化服务,来沪人员自己组织的公益文化活动或所在单位提供的免费公益文化活动非常匮乏。本次调查结果与这一情况基本一致。在 911 个有效回答中,有 82.7% 的流动人口家庭"偶尔"或"从不"参加文体活动。就那些参加过一些活动的流动人口家庭而言,他们也主要是集中在居住区域内,72.9% 的流动人口家庭在所在街道参加文体活动,52.0% 的流动人口家庭在社区健身点进行体育锻炼(见表 3—6)。

对 30 户流动人口家庭个案访谈的结果也显示,几乎所有的被访者家庭参加上述文娱活动都不显著,他们要么忙于生计,没有闲暇时间,要么有闲暇时间,但都喜欢待在家里,或出去走走、逛超市,或接送孩子参加各种培训班,或在家听听音乐,或全家人出去旅游等。总之,流动人口家庭对政府提供的文体娱乐设施利用率较低,参加社区的公益文化服务较少。

表 3—6 流动人口家庭参加文体活动的频率

参加频率	频率	有效百分比(%)	累积百分比(%)
每月 4 次或更多	29	3.2	3.2
每月 2—3 次	50	5.5	8.7
每月 1 次或更少	79	8.7	17.3
偶尔去,不确定	409	44.9	62.2
从不参加	344	37.7	100.0
合计	911	100.0	

(五)获得人口与计生服务率不高

计划生育服务是一项兼具服务与管理的社会服务内容,由于流动人口家庭是违法生育的主体，因此流入地政府普遍关注和重视这项服务，但管理重于服务。调查结果显示，在实际中流动人口家庭接受这类服务的比例并不高，除宣传教育服务以外，其余服务项目基本只占30％左右（见表3－7）。这说明上海在计划生育的宣传教育服务方面做得比较好，而计划生育奖励补助等保障性服务则很少落实到流动人口育龄妇女。尽管其中的大部分服务项目基本实现了全部免费（如宣传教育服务、避孕药具、生育关怀服务分别达到了95.5％、92.8％和90.0％），但仍有一些服务需要支付一定的费用。这对原本接受该类服务意愿并不高的流动人口家庭而言，将产生进一步的阻碍作用。

表 3－7   流动人口家庭接受计划生育服务情况

计划生育服务	是否接受服务			
	是	占比（％）	否	占比（％）
宣传教育服务	411	52.2	377	47.8
计划生育手术	163	21.9	581	78.1
避孕药具	275	34.8	515	65.2
计划生育奖励补助	62	8.5	670	91.5
优生优育服务	169	22.9	570	77.1
生殖健康服务	194	26.3	544	73.7
生育关怀服务	228	30.2	527	69.8

（六）获得就业培训的比例偏低

在586个有效回答中，流动人口表示他们及其家庭成员接受过所在区提供劳动就业培训服务的比例为21.0％，说明上海的就业培训服务总体是开放的，并未将流动人口排除在外（见图3－2）。在一些流动人口集中的地区都拥有来沪人员就业服务点。比如闵行区在13个镇、街道和莘庄工业区成立了13个来沪人员就业服务工作站。而像中心城区徐汇区有一个来沪人员就业服务中心，提供政策咨询、求职等服务。但总体接受就业培训的流动人口比例偏低。与户籍居民相比，流动人口的就业培训服务就显得服务网点少、服务内容单薄等。在居委会层面，有专门的就业援助员为失业、下岗、无业等户籍人员提供就业服务，比较便捷。但流动人口就没有此待遇了。在本人访谈的 30 户流动人口家庭中，没有一户家庭成员接受过政府的劳动就业培训服务，他们要么是靠自己的亲戚朋友介绍来上海工作的，要么是自己通过摸索打拼找到稳定工作的，他们中多数人不知道政府有这项服务，更没有获得过这项服务。偶尔有试图运用此路径找工作的，但却把目光投向了私人的中介公司，如访谈者 14 裴某说："目前自己和爱人都在找工作，都很难找到合适的工作：一方面，工厂在裁员；另一方面，个人年龄偏大，一般工厂喜欢招 30 多岁的年轻人。虽然找了家中介公司帮忙介绍工作，但因为是个人开的中介公司，中介费太高，而且等待的时间太长。"

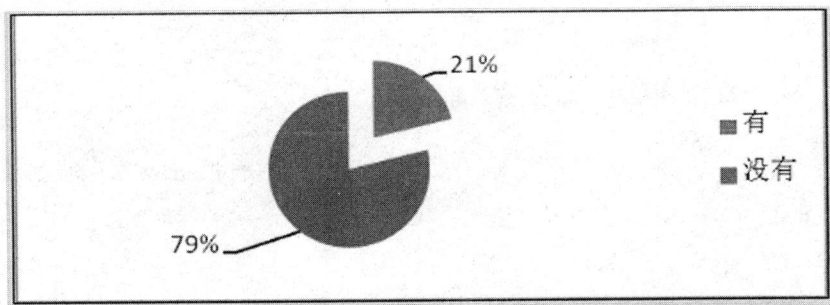

图 3-2 流动人口及其家庭接受所在区劳动就业培训服务情况图

总体而言，近年来上海从市级层面出台了很多有关加强流动人口公共服务的政策，内容涵盖就业、教育、医疗和社会保障等方面，市、区及街镇也开展了一些针对流动人口的公共服务项目，使流动人口能够部分地享受到这些服务。但本次调查结果显示，流动人口家庭社会服务的总体享有率不高，且分布领域不均衡，教育、医疗卫生及计生服务享有率相对较高，就业、养老、文化等服务享用率较低。上海市闵行区梅陇镇的一项调查结果也可以补充和丰富本次的调查结果：非户籍人口的居住证办理、子女入学入托、生殖健康等方面的公共服务享有率较高，而"门诊服务包"、特定传染病的免费接种筛查和诊疗服务、家庭医生签约服务以及弱势群体帮扶服务等公共服务的享有率很低，有的甚至不到 1%。[①]

第二节　流动人口家庭对当前社会服务状况的主观认知

上海市流动人口家庭获得的社会服务参差不齐，不同服务领域进展不同，一些领域，如教育服务已有较大改善，一些领域，如养老服务尚待关注和发展。不管流入地政府提供的社会服务如何，流动人口及其家庭成员自身的主观认知究竟如何呢？满意度水平是用来衡量政府管理服务水平高低的一个主观指标。本次调查结果显示，流动人口及其家庭成员表现出积极的认知取向，对当前上海社会服务供给总体满意度较高，并未表现出强烈的不满情绪。

一、教育服务及设施满意度

数据显示，流动人口家庭对子女在沪接受的教育服务及相关设施总体比较满意，"满意"和"非常满意"的占 52.7%，"一般"的占 36.9%，表示"非常不满意"的仅占 1.5%（见表 3—8）。这主要是在横向比较家乡与上海的教育服务和设施后做出的理性判断。作为全国教育资源比较丰富的上海，其在硬件教育设施和软件教育服务上远远优于其他省份，据此吸引了一部分流动人口家庭的进入。在对教育设施和服务不满意的相关原因中，占前三项的是：收费太高（29.8%）、数量太少（17.0%）和距离太远（16.0%）。这反映流动人口家庭对子女教育主要关注两个方面，即便利性和经济性。前者与当前教育资源的分布和开放范围形成矛盾，即当前上海教育设施和服务是有选择性地向流动人口开放，而未实现全面开放。后者意味着流动人口家庭更关心在教育支出和教育质量之间适当的平衡，而不是不计成本得追求高质量教育。

---

① 杨昕：《改善上海非户籍人口公共服务的思考》，《中国国情国力》2015 年第 5 期。

表 3-8　流动人口家庭对子女受教育设施和服务的满意情况

满意程度	频率	有效百分比（％）	累积百分比（％）
非常满意	27	6.9	6.9
满意	180	45.8	52.7
一般	145	36.9	89.6
不满意	13	3.3	92.9
非常不满意	6	1.5	94.4
不好说	22	5.6	100.0
合计	393	100.0	

二、医疗服务及设施满意度

　　数据显示，在所有各类社会服务中，流动人口家庭对社区卫生服务的满意度是最高的，"非常满意"和"满意"达到73.6％，"一般"占24.0％，三项合计近98％（见表3-9）。这一结果已超乎当前人们对医患矛盾突出的总体认知。这是由于流动人口家庭受经济能力所限对上海市医疗单位的选择面较窄，主要以去社区卫生服务中心看病就医为主，以及横向比较流入地与流出地的医疗机构和设施，因而在一定程度上提高了对社区卫生服务中心的满意度。就不满意的原因看，各类因素都有，较为平均，如服务项目少（16.4％）、距离太远（12.3％）、技术水平低（12.3％）、药品种类少（11.0％）、收费不合理（11.0％）、设备条件差（8％）、服务态度差（8％）都占有一定比例。这是因为流动人口分化后产生了多样化、异质性的需求导致的落差，同时也说明针对流动人口的医疗卫生服务并没有特别突出的问题。

表 3-9　对所在街道的社区卫生服务的满意情况

满意程度	频率	有效百分比（%）	累积百分比（%）
非常满意	66	11.2	11.2
满意	369	62.4	73.6
一般	142	24.0	97.6
不满意	3	0.5	98.1
非常不满意	1	0.2	98.3
不好说	10	1.7	100.0
合计	591	100.0	

三、体育文化设施满意度

数据显示，流动人口家庭对所在辖区文化体育设施的满意度以中、上为主，除去表示"一般"（35.3%）和"说不清"（16.8%）的，明确表示"不满意"和"不太满意"的分别只占 3.4% 和 2.3%（见表 3-10）。这与流动人口及其家庭成员对此的关注度不高有关。流动人口及其家庭成员来到城市的主要目的是就业及获取经济收入，参与文体娱乐活动的比例并不高，对这方面服务与设施的关注度也相应较低。因此，这就解释了为什么有超过 50% 的受访对象表示了"中间"态度。

表 3-10　流动人口家庭对所在辖区文化体育设施的满意情况

满意程度	频率	有效百分比（%）	累积百分比（%）
满意	111	15.9	15.9
较满意	183	26.3	42.2
一般	246	35.3	77.5
不太满意	16	2.3	79.8
不满意	24	3.4	83.2
说不清	117	16.8	100.0
合计	697	100.0	

四、计生服务满意度

数据显示，流动人口家庭对当前计生服务的认知总体是积极的，在计生技术、优生优育、生殖健康、生育关怀和宣传教育等服务中，明确表示"不满意"和"不太满意"的总和均未超过3％。与文体娱乐服务相一致，选择"一般"和"说不清"的比例最高，均超过50％（见表3－11）。这说明，一方面流入地政府对计生服务的宣传不够，流动人口及其家庭成员对此的知晓率和服务率偏低，因而无法做出判断；另一方面流动人口及其家庭成员对计生服务的关注度不高，认识不足。

表 3－11 流动人口家庭对所在区人口计生服务项目的满意度

服务项目（有效回答）	满意情况的百分比（％）					
	满意	较满意	一般	不太满意	不满意	说不清
计生技术服务（774）	25.3	16.5	32.8	0.3	0.5	25.7
优生优育服务（759）	21.7	17.0	32.0	0.8	1.1	27.5
生殖健康服务（749）	20.4	16.0	33.3	0.8	0.7	28.8
生育关怀服务（757）	22.0	15.6	31.4	1.3	1.2	28.5
宣传教育服务（773）	23.9	20.3	28.7	0.9	1.0	25.2

五、就业服务满意度

数据显示，流动人口家庭对就业服务的满意度总体较高，其中明确表示"满意"和"较满意"的合计均在30％以上，"不满意"和"不太满意"的合计均未超过6％。但是，与前两个问题一致，较多的受访者选择了"一般"和"说不清"（见表3－12）。一般情况下，就业是影响流动人口生活的首要因素，理应成为他们关注和关心的重要问题，也应该有比较明确的需求和指向。但是他们对待这一问题的态度更多是含糊的，这是值得进一步关注的问题。这一方面说明，劳动部门对就业服务的宣传力度不够，流动人口知晓率不高，较难做出判断；另一方面也说明，流动人口的就业并不依赖于流入地政府，而是依赖血缘网络或者是地缘网络。

表 3—12　流动人口家庭对就业服务的满意度

服务项目（有效回答）	满意情况的百分比（%）					
	满意	较满意	一般	不太满意	不满意	说不清
就业政策咨询（623）	20.1	15.1	33.0	0.6	1.6	29.6
职业介绍和指导（608）	15.5	15.5	34.8	2.0	1.3	31.0
就业培训（608）	18.4	13.5	34.0	1.8	1.8	30.5
就业信息提供（610）	17.4	16.4	31.2	2.5	2.0	30.6
提供就业岗位（622）	15.8	18.2	30.3	3.1	2.1	30.6
就业维权（612）	15.0	17.6	30.5	1.6	2.3	32.9

　　总体来看，流动人口家庭对教育，尤其是医疗卫生服务有着较高的满意度，综合满意度（即"非常满意"和"满意"之和或者是"满意"与"较满意"之和）均超过50%；而对于就业、计生、文化等服务持满意度"一般"及"说不清"的比例较高，这说明：一方面，流动人口家庭的社会服务满意度受其需求的影响，其对某项社会服务的需求越大，关注度越高，越可能趋于享受到此项服务，而享受到此项服务则满意度越高；另一方面，政府在就业、卫生计生等方面的社会服务，确实有待改进，尤其是宣传服务没有做好。也有上海学者做过类似的调查，结果显示：上海非户籍人口对就业、住房、教育、公共卫生和公共文化等方面的公共服务持满意或非常满意态度的比例不算高。进一步分析表明，非户籍人口对教育、公共卫生服务的满意度随居留时间的延长而上升，但对就业、住房和卫生服务的满意度却随居留时间延长而下降。[1]

---

① 杨昕：《改善上海非户籍人口公共服务的思考》，《中国国情国力》2015年第5期。

第三节 流动人口家庭的社会服务需求状况

　　流动人口家庭的服务需求是政府提供社会服务的逻辑起点和依据。客观反映流动人口家庭的社会服务需求，是做好流动人口服务工作的前提和基础。但是，现有的研究较少全面涉及流动人口家庭社会服务需求状况，已有的一些研究也主要围绕医疗卫生和计生服务展开（赖昕、蔡筱英、刘智勇，2012；裴丽萍、郑群，2005；吴丽丽，段成荣，2009；叶锦茹、王永乐，2011；叶郁、刘越、林朝镇，2011；栗潮阳、常春、纪颖，2012）。比如胡成杰（2007）以武汉、黄石和广水三地的问卷调查为基础，反映流动人口家庭比较关心的计生服务内容包括免费发放避孕药具、避孕节育技术服务和使用方法指导、婚育知识宣传教育及保健指导等。

　　本次调查则从教育、医疗、养老、文体活动、计划生育、就业和居住等多方面对流动人口家庭的社会服务需求进行全面分析，以期在需求的基础上提出有针对性的社会服务，保证服务的有效性。这次调查总体显示流动人口家庭对社会服务的需求期望并不高，需求程度在"4分"以上的比例基本未超过40%，最低的甚至只占21%。其中，流动人口对医疗（"4分"上占43.2%）、教育（"4分"以上占41.3%）的需求较高，对文体娱乐服务（"4分"以上占22.7%）和计划生育服务（"4分"以上占21%）的需求较低（见表3—13）。

表 3—13　流动人口家庭对各类社会服务需求的总体状况

服务项目（样本量）	需要改善程度评分占比（%）					
	5分	4分	3分	2分	1分	0分
教育设施及相关方面（875）	24.8	16.5	14.9	7.9	26.3	9.7
养老机构及老年服务（844）	13.4	12.6	17.7	11.5	27.1	17.8
卫生医疗服务（897）	24.0	19.2	17.3	10.9	24.1	4.6
娱乐和文化设施（865）	11.4	11.3	22.9	16.1	31.1	7.2
体育场馆和设施（853）	11.6	14.1	20.5	13.4	32.2	8.2

续表

服务项目（样本量）	需要改善程度评分占比（%）					
	5 分	4 分	3 分	2 分	1 分	0 分
劳动就业服务（875）	14.7	17.4	17.9	10.2	27.7	12.1
社区服务设施（876）	13.2	16.1	21.7	11.3	29.7	8.0
计划生育服务设施（858）	9.8	11.2	20.2	13.8	32.8	12.4
居住环境与设施（913）	19.5	17.7	17.2	13.6	26.5	5.5

注：0—5分表示对该项服务需求程度，0分表示不需要，5分表示非常需要。

一、基本服务需求状况

（一）教育服务需求

根据流动人口家庭对改善教育设施和服务的期望，他们最关心的是教育质量（占 38.6%），其次是学校数量（27.5%）以及教育收费（22.5%）（见表 3—14）。这一结果与吴瑞君等于 2008 年对上海市普陀区以及 2010 年对上海市嘉定区所做的社会事业资源问卷调查的结果相似（王蓉蓉、吴瑞君，2011），即"提高教育质量"和"增加学校数量"是流动人口在教育资源方面的主要需求。这一结果还与流动人口家庭对教育服务的满意度认知总体一致，但也存在一些差异。在此，他们对教育质量改善的期望超过了对教育收费改善的期望。这可能是因为相当一部分流动人口的子女无法在公立教育机构就读，而他们就读的私立或民办机构设施差、师资力量薄弱，不能满足他们对优质教育资源的需求。这也可以从流动人口家庭期望改善的"学校数量"方面进行解释，因为学校数量少，尤其是幼儿园的数量少，造成了流动人口的子女无法进入公办的教育机构，从而无法获得较好的优质资源。

表 3—14　流动人口家庭期望得到改善的教育设施和服务

最需要改善的方面	数量	百分比（％）	个案百分比（％）
增加学校数量	104	27.5	29.5
提高教育质量	146	38.6	41.4
改善教育环境	28	7.4	7.9
降低教育收费	85	22.5	24.1
其他	15	4.0	4.2
总计	378	100.0	107.1

（二）医疗服务需求

流动人口家庭对不同医疗机构设施和服务改善的期望总体是一致的，认为在数量、质量、环境和价格等方面都有改善的需要，明确表示不需要改善的比例基本都低于10％。这与上述吴瑞君的调查结果略有不同，该文认为，"降低价格""提高质量"和"增加数量"是流动人口在医疗卫生资源方面的主要需求。本次调查结果显示，流动人口家庭对不同医疗机构需要改善的内容存在一些差异。比如，针对区/县级以上医院及连锁药房，他们最期望"降低价格"，占比均超过50％，显然当前这几类机构的收费对流动人口构成压力，造成了"看病贵"的情况；针对社区卫生服务站及服务中心，流动人口对"价格"的关注有所下降，而对"服务机构数量增加"和"服务质量提高"的关注比例上升，两者合计均在60％左右（见表3—15）。这也说明，社区卫生服务的收费总体上是低廉的，可长期在此看病，但距离流动人口期望的便利性还有差距，还需要增加数量，增加医疗服务点，同时提高服务质量。

表 3—15　流动人口家庭期望得到改善的医疗设施和服务

医疗卫生单位 （有效回答）	最希望改善的方面占比（％） （每种设施或服务限填一项）				不需要 改善
	增加数量	提高质量	改善环境	降低价格	
社区卫生服务站（749）	32.3	28.2	3.9	27.4	8.3
社区卫生服务中心/街道（镇、乡）卫生院（763）	21.5	35.7	5.4	28.8	8.5

续表

医疗卫生单位 （有效回答）	最希望改善的方面占比（％） （每种设施或服务限填一项）				不需要 改善
	增加数量	提高质量	改善环境	降低价格	
区/县级医院（749）	17.8	15.1	3.6	53.7	9.9
市级医院（774）	18.6	7.6	1.3	64.6	7.9
连锁药房（725）	25.8	4.0	0.7	57.2	12.3

（三）养老服务需求

由于流动人口家庭中老人比例并不高，因此，流动人口家庭对养老服务的期望具有潜在性。数据显示，流动人口家庭对各类养老设施的需求比较分散。首先，有一部分人群（约 15％—20％）认为养老设施不需要改善，其中老年护理院和老年医院两项的回答甚至均高于 25％。这可能与当前流动人口家庭中的老人还不关注和了解这两类机构有关，当前他们都是可以生活自理不需要医疗服务的；其次，在各类需求中，对各类机构的服务价格和数量的关注度相比较高（见表 3—16）。从某种程度上看，流动人口家庭期望养老服务是低偿和便利的。只有在这种前提下，他们才可能考虑在流入地城市养老。这两者均与传统在家养老观念一致，对老人的老年生活质量并不特别关注。这与当前上海的养老服务现状是相契合的。由于上海户籍人口老龄化严重，中心城区的养老床位一床难求，因此，公立养老机构并没有对非户籍老人敞开，只有偏远城区在公立养老院床位空缺闲置的情况下才向非户籍老人延伸，或者他们只能选择价位较高的私立养老院。因此，流动人口家庭格外关注"增加数量"和"降低价格"。

表 3—16　流动人口家庭期望得到改善的养老设施

养老设施 （有效回答）	最希望改善的方面占比（％） （每种设施或服务限填一项）				不需要 改善
	增加数量	提高质量	改善环境	降低价格	
养老院（福利院）（283）	51.9	5.3	2.1	25.8	14.8
托老所（262）	37.4	16.8	5.0	24.8	16.0
敬老院（262）	35.9	16.0	5.7	26.7	15.6

续表

养老设施 （有效回答）	最希望改善的方面占比（％） （每种设施或服务限填一项）				不需要 改善
	增加数量	提高质量	改善环境	降低价格	
老年护理院（192）	17.2	14.1	4.2	30.7	33.9
老年医院（256）	22.7	15.2	6.6	30.1	25.4
送餐服务（264）	20.8	26.1	0.8	33.0	19.3
居家养老服务（271）	24.7	20.7	4.1	31.7	18.8

（四）文体设施和服务需求

表3—17数据显示，有20％以上的受访者表示现有各类文体设施和服务不需要改善。这一方面说明，流动人口家庭对现有文体设施和服务的期望不高和对现状的自我满足；另一方面也说明流动人口家庭没有时间、没有精力去关注和享用文化设施和文化服务。据一些调查表明，流动人口的工作时间大大超过法定时间。受访者平均每周工作5.8天，每天工作超过9个小时，有60％以上的人最多保证一周一天的休息时间，而超过1/5的人全年无休。[①] 从文化服务需求的内容看，流动人口家庭对各类设施和服务"增加数量"的需求最高，占比从26％—44.5％不等。这说明本市的很多公共文体设施和场所对流动人口的开放性、可及性不够，流动人口享受的免费公益文化服务少。其次是对服务价格和服务质量改善的需求，这具体与设施和服务的性质相关，对公共性、公益性的场所偏重质量上的要求，如对社区文化活动中心、图书馆（室）等期望提高质量，而对市场性、盈利性的活动场所偏重价格上的要求，如对影剧院、健身房等期望降低价格。这与他们中大多数人收入较低有关系。据调查，上海市非户籍人口的经济收入总体低于城市户籍人口，大多数人会选择从事无需支出或者价格比较低廉的文化活动，如看电视的比例高达66.4％。[②] 因此，流动人口家庭更加关注"增加数量"和"降低价格"两项。

---

① 杨昕：《改善上海非户籍人口公共服务的思考》，《中国国情国力》2015年第5期。
② 杨昕：《改善上海非户籍人口公共服务的思考》，《中国国情国力》2015年第5期。

表 3-17 流动人口家庭期望得到改善的文体设施和服务

文化体育服务和设施 （有效回答）	最希望改善的方面占比（%） （每种设施限填一项）				不需要 改善
	增加数量	提高质量	改善环境	降低价格	
体育场所（788）	44.5	7.9	7.5	18.5	21.6
健身房（762）	31.4	9.6	3.5	31.5	24.0
社区健身点（788）	42.2	15.6	11.3	11.2	19.8
露天公共活动场所（790）	41.0	12.5	15.6	9.7	21.1
图书馆（室）（774）	36.9	14.2	6.5	12.7	29.8
社区文化活动中心（774）	26.0	20.9	9.6	12.0	31.5
社区学校（767）	28.2	18.3	5.5	16.6	31.5
影剧院（场）（701）	34.9	3.3	1.3	31.5	29.0

（五）计划生育服务需求

表 3-18 的数据显示，流动人口家庭对人口与计生服务改善的期望最低，有超过 30% 以上的受访者对各类人口计生服务内容均表示"不需要改善"。造成这一现象存在两方面原因，其一，流动人口对当前的人口计生服务满意度较高，认为无须改善；其二，流动人口对人口计生服务并不重视，认为改善与否都无太大意义。但从第二部分流动人口对人口计生服务的满意度调查看，流动人口更有可能持第二种态度。在希望改善方面，流动人口家庭对各类服务的需求比较一致，其中质量提高需求比例最高（从 24.8%—29.0% 不等），其次是数量的增加（从 18.4%—27.0% 不等），"降低价格"和"改善环境"方面的要求比例总体不高。

表 3-18 流动人口家庭期望改善的人口与计生服务

人口计生服务 （有效回答）	最希望改善的方面占比（%） （每种服务限填一项）				不需要 改善
	增加数量	提高质量	改善环境	降低价格	
计生技术服务（739）	24.4	26.0	3.7	14.1	31.9
优生优育服务（731）	21.8	26.8	3.7	14.1	33.7
生殖健康服务（724）	18.4	29.0	5.1	14.6	32.9
生育关怀服务（723）	21.3	27.3	3.9	12.4	35.1
宣传教育服务（755）	27.0	24.8	4.1	10.7	33.4

（六）就业培训服务需求

与就业培训满意度调查结果一致，流动人口家庭对就业培训的需求期望也不高，在各类服务中，均有近30%的受访者认为"不需要改善"（从25.2%—31.9%不等）。这与吴瑞君的调查结果稍有不同："不需要改善"的比例几乎为零，即所有的被调查者（流动人口）都认为需要改善，反映了流动人口对政府提供的劳动就业服务的迫切期待。这可能是因为，其一，我们所调查的城区不同，不同城区提供的就业服务政策有差异；其二，我们调查的时间有先后。近年来，上海在提供劳动就业服务方面的措施力度加大，流动人口也越来越多地享受到了政府提供的服务，对服务现状相对满意。当然，还有一种可能的解释是：流动人口家庭不依赖于政府提供的劳动就业服务，而是通过各种非正式的社会支持网络或者个人获得，因而对就业培训服务的需求和关注度不高。如一项定性调查结果表明，青年流动人口接受到来自公共就业服务机构的职业培训较少（李志红、郭欣，2012）。本人的访谈也证实了这点。

在就业培训需求方面，流动人口家庭较为关注"增加服务内容"（占比从34.8%—47.2%不等）。这意味着近年来随着上海产业结构的转型调整，一些产业面临落后淘汰，而附着在这些产业上的人也需要淘汰、转型升级，流动人口就是其中的一部分。因此，为了适应这一变化，为了长久地留在上海，就需要不断地接受培训，重新找准自己的定位。这可以解释为什么流动人口家庭如此关注"增加服务内容"一项，同时，也间接地说明现有就业服务内容不具有针对性，不能够体现与时俱进，因而可能不是流动人口家庭真正关心的。当然，还需要进一步了解流动人口家庭的真实、具体的想法。此外，流动人口家庭对各类就业劳动服务中"提高质量"和"降低价格"也有一定需求，体现了流动人口分化后的差异性，但两者合计都未及对"增加服务内容"的比例高（见表3—19）。

表 3-19　流动人口家庭期望得到改善的劳动就业服务

劳动就业服务（有效回答）	最希望改善的方面占比（%）（每种服务限填一项）				不需要改善
	增加数量	提高质量	改善环境	降低价格	
就业法规咨询（806）	47.2	15.8	2.6	9.2	25.2
职业介绍和指导（731）	36.2	19.8	1.5	10.5	31.9
就业培训（736）	34.8	18.8	3.9	12.4	30.2
就业信息提供（751）	43.3	14.2	2.9	11.1	28.5
提供就业岗位（786）	44.1	12.2	3.3	13.2	27.1

二、流动人口家庭的服务需求差异

（一）基于不同经济收入水平家庭的服务需求特点

表 3-20 显示了流动人口家庭的月收入状况与各类社会服务需求的相关性。其中，月收入水平由低到高依次划分为无收入、1000 元以下、1000—2000 元、2000—4000 元、4000—8000 元和 8000 元以上六个等级。社会服务需求包括九大类：教育设施及相关方面、养老机构与养老服务、卫生医疗服务、娱乐和文化设施、体育场馆和设施、劳动就业服务、社区服务设施、居住环境与设施，每一类根据需求程度从强到弱分别赋值 5 分、4 分、3 分、2 分、1 分、0 分。统计结果表明，收入水平与教育设施及其相关方面、养老机构与养老服务、卫生医疗服务、娱乐和文化设施、体育场馆和设施、劳动就业服务、社区服务设施、居住环境与设施之间的相关性具有显著性，且收入水平与这几类服务内容之间都呈现负相关，这表示流动人口家庭的收入水平越高，对这几类服务的需求越低。

一般认为，随着收入水平的增长，个体及家庭的各类需求也会随之增长。但是，流动人口家庭在这方面的结果显示了相反的趋势。对此可能存在两种解释，其一是时间制约。流动人口家庭的高收入是以付出更多的时间换来的，因此他们获取社会服务的时间相应地受到挤压，从而制约了他们的服务需求。其二是其他途径的需求满足。获得较高收入的流动人口家庭，他们的需求没有减少，只是他们拥有更多的途径来满足自身的需求。比如他们能够承担私立学校高额的学费而不用担心子女入学问题，他们本身有着比较好的居住环境，出入高档会所，在高端私立医院就诊、去高档私立养老院养老或者直接请家庭保姆照顾老人等途径直接获得需求的满足，而不必拘泥于政府提供的社会服务。简单地说，就是这种殷实的收入是他们获得各种服务的后盾和保障，而不必借助于政府、社会组织的支持。这也正如我们在社区中经常听到居委会反映：最不容易动员小区的富人或白领参与社区活动，也最难敲开他们的家门，因为他们对社区无所需求，对居委会无所需求。反而是那些低收入的家庭，需要政府提供救助、提供保障性住房、提供就业培训等。就是这种其他途径的需求满足抑制了高收入流动人口家庭的社会服务需求。

表 3—20 流动人口家庭收入水平与社会服务需求的相关性

		教育设施及相关方面	养老机构与养老服务	卫生医疗服务	娱乐和文化设施	伍育场馆和设施	劳动就业服务	社区服务设施	计划生育服务设施	居住环境与设施
月收入	Spearman相关性	−.074*	−.087*	−.110**	−.148**	−.138**	−.084*	−.112**	−0.025	−.147**
	显著性（双侧）	0.030	0.013	0.001	0.000	0.000	0.014	0.001	0.463	0.000
	N	848	818	868	838	826	848	848	831	886

注：* $p < 0.05$；* * $p < 0.01$。

（二）基于不同职业层次家庭的服务需求特点

表 3—21 显示了流动人口家庭的职业类型与各类社会服务需求之间的相关性。其中职业类型被分为五个类别，包括国家社会企业管理人员、办事人员、专业技术人员、商业从业人员和农业工业从业人员。从现有研究（仇立平，2001）看，这些职业的职业地位是层级分化的，呈现从高到低的形态。社会服务需求包括九大类（同上），每一类根据需求改善的迫切程度从强到弱分别赋值5分、4分、3分、2分、1分、0分。结果表明，除娱乐和文化设施、体育场馆和设施、居住环境与设施以外，职业类型与大多数社会服务需求之间不具有显著性，也即从事不同职业的流动人口对社会服

务的改善需求可能差异并不大。

有学者对全国 20 省 80（区）的不同职业群体人群所做的"群众基本文化需求和区域、群体性差异研究"的问卷调查结果表明：不同职业的人仅极少的其他活动以外，其日常文娱活动差异更大（吴理财，2014）。在本次调查中，职业类型与娱乐和文化设施之间的斯皮尔曼（Spearman）相关系数为 0.088，表明流动人口的职业地位越高，对娱乐和文化设施的改善需求也越高。这与当前的一般认知较为吻合，高职业地位的人会更加注重精神世界和生活质量。

此外，职业类型与体育场馆和设施之间的 Spearman 系数为 0.093，表明流动人口的职业地位越高，对体育场馆和设施的改善需求越高。由于职业地位较高的人群主要从事脑力劳动，所以他们在工作之余到体育场馆锻炼身体的需求也更加强烈。显然，目前的体育场馆和设施无法满足其需求。

职业类型与居住环境与设施之间的 Spearman 系数为 -0.070，表明流动人口的职业地位越高，对居住环境与设施的改善需求越低。这个结果可能与人们的一般认知不太吻合。但通过进一步分析发现，职业地位较高的流动人口家庭主要居住在松江和闵行，这些近郊和远郊城区近年来随着城市化水平的快速提高，新型的、设施配套齐全的商业住宅快速建成。许多职业地位较高的流动人口家庭就居住在这些新城区，居住环境很好，因此，他们对居住环境改善的需求不是很强烈。

表 3—21　流动人口职业类型与社会服务需求的相关性

		教育设施及相关方面	养老机构与养老服务	卫生医疗服务	娱乐和文化设施	体育场馆和设施	劳动就业服务	社区服务设施	计划生育服务设施	居住环境与设施
职业类型	Spearman 相关性	0.013	-0.010	0.001	.088*	.093**	-0.048	0.006	-0.063	$-.070*$
	显著性（双侧）	0.705	0.782	0.979	0.014	0.01	0.172	0.87	0.076	0.044
	N	797	769	814	786	775	798	798	782	830

注：* $p<0.05$；** $p<0.01$。

（三）基于不同教育程度家庭的服务需求特点

表3-22显示了流动人口家庭成员的受教育程度与各类社会服务需求之间的相关性。其中受教育程度进一步区分为由低到高七个层次：未上学、小学、初中、高中/中专/职技校、大学专科、大学本科和研究生。社会服务需求分为九类，每一类的赋值方式同上。结果表明，不同文化程度的流动人口对社会服务需求差异总体上并不大。其中，在教育设施及服务、卫生医疗设施和服务，以及计划生育服务方面的改善需求在不同教育程度的流动人口中存在显著差异。这一结果的可能解释是，调查者受教育程度越高，对教育设施和相关方面的期望越高，对卫生医疗服务越重视，对计划生育的观念更为开放。因此，对教育、医疗和计划生育服务的改善需求越强烈。这一分析结果表明，随着进入上海的流动人口家庭成员教育程度的提高，重视他们的教育和医疗服务，提高和改善服务质量和水平势在必行。

表 3-22　流动人口受教育程度与社会服务需求的相关性

		教育设施及相关方面	养老机构与养老服务	卫生医疗服务	娱乐和文化设施	体育场馆和设施	劳动就业服务	社区服务设施	计划生育服务设施	居住环境与设施
受教育类型	Spearman相关性	.087**	0.013	.072*	−0.053	−0.059	0.045	0.003	.081*	0.011
	显著性（双侧）	0.010	0.706	0.031	0.118	0.087	0.180	0.918	0.018	0.752
	N	873	842	895	863	851	873	874	856	911

注：* p<0.05；* * p<0.01。

（四）基于不同家庭结构类型家庭的服务需求特点

表3-23显示了流动人口家庭结构与社会服务需求之间的相关性，其中流动人口家庭类型以结构复杂程度由低到高分为单人家庭、夫妻家庭、核心家庭、主干家庭和其他五个等级，社会服务共九类，每类的赋值方式同上。结果表明，家庭结构复杂程度与教育设施及相关方面、卫生医疗服务、娱乐和文化设施、体育场馆和设施、劳动就业服务、社区服务设施、居住环境与设施之间的相关性是显著的。并且，家庭结构与这几类社会服

务之间都呈负相关，Spearman 相关系数分别为 -0.187、-0.184、-0.127、-0.127、-0.072、-0.146。这意味，流动人口家庭结构越复杂，他们对这几类社会服务的改善需求越低。一般认为，流动人口的家庭结构越复杂，他们所产生的服务需求面更广泛，程度也会更高，但本次调查结果却与此相矛盾。本书给出的解释是，流动人口家庭仍然是一个依靠或专注于家庭成员之间相互支持的团体。越简单的家庭结构，其成员就会更多地寻求外部支持，越复杂的家庭结构，其成员会更依赖成员之间的扶持。家庭的经济功能、教育功能、情感支持的功能及相互照料的功能等在这类家庭中得到充分体现。由此，导致结构复杂的流动人口家庭对社会服务需求降低。当然，这只是本研究的一个猜想。

表 3—23　流动人口家庭结构与社会服务需求的相关性

		教育设施及相关方面	养老机构与养老服务	卫生医疗服务	娱乐和文化设施	体育场馆和设施	劳动就业服务	社区服务设施	计划生育服务设施	居住环境与设施
家庭类型	Spearman 相关性	-.187**	-0.066	-.184**	-.127**	-.127**	-.072*	-.146**	-.103**	-.171**
	显著性（双侧）	0.000	0.054	0.000	0.000	0.000	0.033	0.000	0.003	0.000
	N	875	844	897	865	853	875	876	858	913

注：* $p<0.05$；* * $p<0.01$。

综上所述，总体上流动人口家庭的社会服务需求是具有差异性的，不同家庭结构类型、不同经济收入水平、不同职业层次和不同教育程度的流动人口家庭对社会服务需求是不同的。在一些维度上，如不同家庭结构类型和不同经济收入水平的流动人口家庭，他们的社会服务需求产生明显分化，而在另外一些维度上，比如拥有不同受教育程度、从事不同职业的流动人口家庭，他们对社会服务的需求差异并不大。这些变化和特点具有其特殊性，是当前认识流动人口家庭社会服务需求的重要基础，也是政府提高流动人口家庭社会服务有效性的重要依据。

第四章 个案研究：上海徐汇区流动人口家庭计划生育服务现状及存在的问题[①]

　　计划生育是社会服务的基本内容之一，但不同于其他领域的社会服务，而是具有自身独特的特点：肩负着落实计划生育基本国策、保障群众生殖健康的双重使命。[②] 2003 年，国家计划生育工作条例就已经提出各地要将流动人口计划生育工作纳入本地区经常性管理和服务范围，实行与户籍人口同宣传、同服务、同管理。2009 年 10 月 1 日，国务院总理温家宝签署了《流动人口计划生育工作条例》，该条例将更加有效地保证流动人口中的育龄妇女享受到与当地育龄妇女同等的计划生育和生殖健康服务。从国家计划生育工作条例的制定和修订过程来看，计生服务也是较早在流动人口与常住居民之间推行均等化的公共服务之一。上海市也于 2012 年 3 月 1 日起施行《上海市流动人口计划生育工作规定》，保障上海市流动人口育龄女性享受各项计生和生殖健康服务。

　　上海市流动人口家庭的均等化服务落实情况如何呢？了解和把握流动人口家庭对计划生育服务的评价及其影响评价的基本因素，对于继续推进计生服务均等化、提高计生服务质量、完善公共服务政策具有重要意义。在上述问卷调查的四个城区中，徐汇区是计划生育服务做得较好的城区。本章则聚焦重点区域及重点领域，以上海市徐汇区为个案，考察该区流动人口家庭计划生育服务方面的落实情况及存在的问题。本章依据的数据为

---

　　① 本章部分已发表在：潘鸿雁：《流动人口计划生育公共服务现状、问题与对策研究》，《福建论坛》2014 年第 9 期。

　　② 叶锦茹、王永乐：《流动人口与常住居民计生服务均等化评价与需求偏好差异———基于绍兴市的个案研究》，《人口与发展》2011 年第 7 期。

2012 年上海市计生委在上海各个区县所做的流动人口检测数据及 2012 年上海市徐汇区流动人口计划生育服务现状及满意度问卷调查。

第一节　徐汇区流动人口计划生育服务现状

一、徐汇区流动人口的空间分布及特点

截至 2012 年 4 月底，徐汇区共有流动人口 34.2 万人，占全区实有人口总数的 29.32%，其中包含 3.03% 的境外人员。在 30.7 万名外地来沪人员中，办理临时居住证的有 17.7 万人，办理各类居住证的有 5.64 万人，未办证人员 7.32 万人，办证率为 76%。2015 年以来，由于上海市户籍政策的调整，徐汇区居住半年以上的来沪人员总体呈下降态势，从 2015 年的 26.7 万人下降到 2017 年的 26.1 万人。徐汇区流动人口呈现如下特点。

（一）居住和分布"北少南多"

徐汇区流动人口广泛分布在全区的 13 个街道、镇，他们在各个街道、镇的分布人数基本上呈现出"北少南多"的态势。徐汇区流动人口的这一居住和分布格局与每个街道、镇所处的地理位置、经济发展水平以及产业结构布局等有关，越往北的街道、镇越接近城市中心区域，其经济发展水平越高，商业服务业等比较发达，房价越高，居住和生活的成本也越高；越往南，反之。因此，上述居住和分布格局是流动人口理性选择的结果。根据 2012 年徐汇区流动人口检测报告的数据显示，徐汇区 72.30% 的流动人口选择与家人共同租住在私房内，9.10% 的流动人口借住在其他人的房子里，7.30% 的流动人口居住在单位和雇主提供的免费住房中。流动人口自购房的比例较低，只占 3.80%。政府提供的廉租房的租住比例也很低，占 0.10%。

（二）文化程度相对较高

根据 2012 年徐汇区流动人口检测报告的数据显示，徐汇区流动人口

初中及以下文化程度者占 45.70%，低于全市流动人口 23.90 个百分点；而高中和中专文化程度者占 21.70%，高于全市 6.60 个百分点；大学专科及以上文化程度者达到 20.5%，高于全市流动人口 17.40 个百分点。徐汇区流动人口的文化程度总体上高于上海市。截至 2017 年，徐汇区来沪人员初中以下文化程度者降至 33%，大专及以上文化程度者 21%，整体水平有所提升（见图 4—1）。

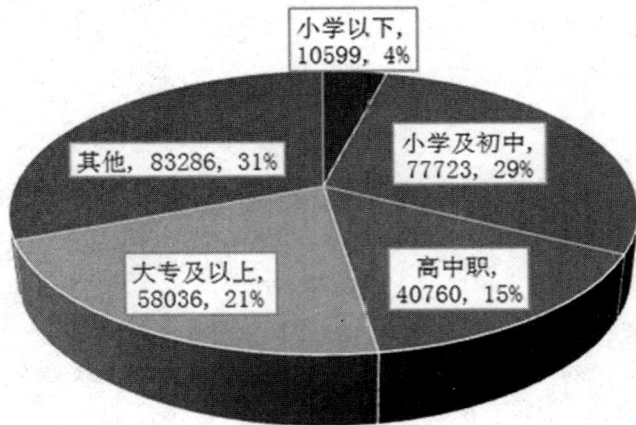

图 4—1 截至 2017 年 12 月徐汇区来沪人员学历

（三）年龄结构年轻化

根据 2012 年徐汇区流动人口检测报告的数据显示，徐汇区流动人口中 0—14 岁少儿人口占 16.70%，15—59 岁劳动年龄人口占 82.30%，60 岁及以上人口只占 1.00%，属于年轻型人口年龄结构。同时，0—14 岁少儿人口比重较大，高于全市 0—14 岁流动少儿人口 8.20 个百分点。人口老龄化水平很低，低于全市流动人口 3.20 个百分点。但徐汇区 15—59 岁劳动年龄人口相对较少，其比重低于全市 15—59 岁流动劳动年龄人口 5 个百分点。但是自 2012 年以来，来沪人员中的劳动年龄人口仍在逐年递减，从 2013 年的 31.3 万人，下降到 2017 年的 27.1 万人；而 60 及 60 岁以上的来沪老人数量逐年递增，其占来沪人员比例同步上升。

（四）职业类型以商业服务业为主

徐汇区流动人口主要从事商业服务业和专业技术工作。其中，从事商业活动的人口比例达到 14.80%，从事餐饮业的达到 12.70%，从事家政、保洁、保安和其他商业服务业活动的人口比例达到 34.80%。值得注意的是，徐汇区从事专业技术工作的流动人口比例达到了 19.50%，属于全市最高水平，说明徐汇区的产业发展吸引了一批高素质的流动人口。在就业收入方面，徐汇区流动人口平均月收入为 4280.63 元，低于 2011 年全市职工月平均工资 4331 元。[①]

二、徐汇区流动人口家庭计划生育服务现状

计划生育服务主要包括技术服务和社会保障两大方面：技术服务包括免费的计划生育和生殖健康服务以及相关的政策、心理咨询及宣传教育服务；社会保障是政府通过一系列奖励和优惠政策，鼓励家庭和个人实行计划生育。[②] 具体包括：宣传教育、避孕节育、优生优育、生殖健康、生育关怀等几大类，每一大类又分为若干服务项目。比如避孕节育又包括上/取环手术、人工流产和结扎等免费技术服务、避孕药具发放等。按照《"十二五"规划》的要求，"十二五"时期，政府提供如下人口和计划生育基本服务：为育龄人群免费提供避孕药具和避孕、节育技术服务；为符合条件的育龄夫妇免费提供再生育技术服务；为城乡居民免费提供计划生育、优生优育、生殖健康等科普宣传教育和咨询服务；为符合条件的计划生育家庭提供奖励扶助。上海市依据市《实有人口服务和管理若干规定》和《居住证管理办法》对流动人口家庭提供计划生育以下服务：持有《临时居住证》的流动人口，可以在本市免费享受下列计划生育服务；参加有关人口与计划生育法律知识和生殖健康知识普及活动；接受孕前优生

---

① 《关于本市 2011 年职工平均工资有关事宜的通知》（沪人社综发〔2012〕21 号）。

② 包凤云：《地区农村人口和计划生育公共服务问题初探》，《人口研究》2006 年第 6 期。

咨询和婴幼儿早期启蒙教育咨询指导；按照国家和上海市有关规定获得避孕药具，接受避孕节育检查和手术、终止妊娠手术以及计划生育手术并发症诊治等国家规定基本项目的计划生育技术服务。持有《居住证》的流动人口可以按照国家和上海市有关规定，在本市免费享受基本项目的计划生育技术服务。徐汇区流动人口的计划生育服务是分层次、有梯度的，流动人口在原有社会分化的基础上又增加了一个制度分化，持有不同证件的流动人口群体享有的社会服务是不同的。那么在现实中，流动人口家庭计划生育服务的现状如何呢？满意度怎样呢？

　　对计生服务的知晓率是流动人口家庭获得服务的前提和基础，因而宣传教育被列为计生服务的最为基础的内容，而流动人口家庭能否获得和享受计生服务的各个项目，则反映了政府提供计划生育公共服务的理念、能力和水平。因此，我们将徐汇区计划生育服务知晓率和服务率作为两项重要客观指标，将流动人口家庭自身对服务的满意度作为一项主观指标，来衡量徐汇区流动人口家庭计划生育服务基本情况。根据 2012 年徐汇区流动人口动态监测报告的数据得出以下结论。

（一）计划生育服务知晓率参差不齐

　　查验《流动人口婚育证明》和计划生育宣传品发放及咨询等服务项目知晓率达到了 75.00% 以上，但孕前优生健康检查、晚婚晚育休假、计生手术后休假等生育关怀服务，和 0—3 岁婴幼儿早期教育等优育服务的知晓率不到 50%。而对于孕检、避孕药具发放、上/取环手术、人工流产和结扎等计划生育免费技术服务知晓率也是参差不齐，孕检、避孕药具发放等免费技术服务知晓率较高，分别达到 75.10% 和 78.50%，但人工流产、结扎和皮下埋植等技术服务知晓率比较低，分别只有 52.20%、40.10% 和 35.60%。见表 4—1。

表 4—1　徐汇区流动人口家庭计划生育公共服务知晓率

服务项目	知晓率（％）
查验《流动人口婚育证明》	83.00
宣传品及咨询	75.80
晚婚晚育休假	49.10
计生手术后休假	45.30
告知服务机构地址、电话	64.00
孕前优生健康检查	47.40
平价分娩	44.60
0—3 岁婴幼儿早期教育服务	48.80
子女预防接种	67.80
孕/环情检查	75.10
避孕套和避孕药	78.50
上/取环手术	62.30
人工流产	52.20
结扎	40.10
皮埋放置/皮埋取出	35.60

也就是说，与流入地城市管理相关的服务宣传得较好，如查验《流动人口婚育证明》、避孕药具发放等，而与流动人口家庭自身权益相关的服务，如平价分娩、晚婚晚育及计生手术后休假，以及人工流产、结扎等计划生育免费技术服务，则宣传得还不到位。

在访谈中，绝大多数育龄流动人口家庭都不知晓政府的计划生育服务，有的流动人口家庭的生育选择和生育行为因此受到影响。比较典型的个案是访谈者 3 金某。据金某的妻子说：

"平时不知道政府有计划生育方面的服务，也不知道从哪里获得这些服务。并不是我们两口子重儿轻女，才要了三个孩子。前两个女儿都是保胎才得来的，本来不想再生养第三个孩子了，结果第三个孩子却还是在不知不觉中来了，知道时已经好几个月了，只好生下来，结果还罚了 2 万 6 千多元钱"。

（二）计划生育服务率落差很大

上述各项计划生育公共服务的服务率也是参差不齐，落差很大。查验《流动人口婚育证明》、计划生育宣传品发放及咨询，以及孕/环情检查等服务项目的服务率都达到了50％以上，而孕前优生健康检查、晚婚晚育休假等生育关怀服务、0—3岁婴幼儿早期教育等优育服务、平价分娩，以及上/取环手术、人流等计划生育免费技术服务等的服务率都在15％以下。见表4—2。

表4—2 徐汇区流动人口家庭计划生育公共服务率

服务项目	服务率（％）
查验《流动人口婚育证明》	64.00
宣传品及咨询	56.40
晚婚晚育休假	11.10
计生手术后休假	11.40
告知服务机构地址、电话	46.40
孕前优生健康检查	11.40
平价分娩	9.30
0—3岁婴幼儿早期教育服务	14.20
子女预防接种	33.20
孕/环情检查	78.50
避孕套和避孕药	38.10
上/取环手术	7.30
人工流产	0.30
结扎	0.70
皮埋放置/皮埋取出	0.30

2012年上海市徐汇流动人口计划生育服务满意度调查也得到了类似的结果，流动人口家庭在现居地的计划生育服务接受率较低，除"避孕/生殖健康知识宣教"为32.1％外，其余四项均低于30％[①]，见表4—3。

[①] 纪红蕾等：《上海市徐汇区流动人口计划生育服务现状及满意度调查》，《中国计划生育和妇产科》2015年第6期。

表 4-3　徐汇区流动人口在现居地计划生育服务接受情况

计划生育服务项目	接受率（%）
放、取 IUD	9.10
查 IUD	17.70
避孕药具领取	29.60
妇科病检查	23.10
避孕/生殖健康知识宣教	32.10

　　也就是说，流动人口家庭计划生育服务率与知晓率基本上是一致的。知晓率高的服务项目服务率也较高，反之，知晓率不高的服务项目服务率也不高，其中平价分娩、人工流产、结扎等的服务率均在 10% 以下。这一方面是由于政府宣传不到位，流动人口家庭实际获得的上述服务内容较少；另一方面是由于流动人口家庭成员自身及流出地的原因使得部分流动人口家庭难以获得计生服务。徐汇区一位计生部门的领导说，徐汇区计生部门需要流动人口出具《流动人口婚育证明》及《临时居住证》，方可享受免费的计生技术服务。然而，相当一部分流动人口拿不出《婚育证明》，一部分原因是由于流出地农村地区盛行请客送礼才给开具证明，一部分原因是因为流出地需要育龄妇女每年回去孕检才给开具证明，还有一部分原因是流动人口怕麻烦不愿回去开证明。由于上述原因相当一部分流动人口家庭无法获得流入地的免费计生服务。尽管区政府每年用于免费计生手术服务的经费大约在 30 万元—40 万元，包括户籍人口和流动人口家庭，但实际执行率很低，用掉的经费只有不到 50%。

（三）计划生育服务满意度不高

　　2012 年上海市徐汇区流动人口家庭计划生育服务满意度调查显示：实际调查人数为 2414 人，共有 1777 名调查对象对现居地计划生育服务做了满意度评价，其中 61.4% 的调查对象对现居地计划生育服务"基本不满意"，13.1% 的调查对象表示"不满意"，仅有 6.1% 的调查对象对现有服务表示"满意"。而生育孩子数少、学历为本科及以上者，以及家庭人均年收入较低以及已婚人群对现有计划生育服务满意度更低。① 本次计划生育满意度调查的结果来自四个区的综合，满意度较之于 2012 年徐汇区的调查结果稍高，但主要原因在于流动人口及其家庭成员对此的知晓率和服务率偏低，因而无法做出判断，以及他们对计生服务的关注度不高，认识不足。

第二节 徐汇区流动人口家庭计划生育服务存在的主要问题

从徐汇区流动人口家庭计划生育服务的知晓率与服务率以及流动人口自身的满意度来看（先排除流动人口家庭自身的因素，即他们不关注、不配合计生部门的工作），徐汇区在流动人口家庭计划生育服务宣传和供给方面还存在一些问题。从表面上看主要是计生部门的宣传教育不到位、计生服务投入"不足"、服务不具有针对性、服务范围有限、服务深度不够等，但从深层次来看，则涉及政府的服务理念、管理体制、资源供给模式等问题。核心是解决好这样几个问题：应该为流动人口家庭提供什么样的计生服务？以及怎样更好地为流动人口家庭提供计生服务？前者涉及理念、财力，后者涉及方式、方法和能力。围绕这两个问题，徐汇区流动人口家庭计划生育服务工作也暴露出一些值得深入思考的问题。

一、流动人口家庭计生服务缺乏公共管理理念的指导

徐汇区流动人口家庭计划生育公共服务中存在的问题，首先是一个理念问题，理念决定行动。流动人口家庭计划生育管理是人口治理的重要组成部分，是源头管理、关口管理，对于执行国家的人口政策意义重大。但流动人口家庭计划生育管理是以提供服务为前提的，没有服务就达不到管

---

① 纪红蕾等：《上海市徐汇区流动人口计划生育服务现状及满意度调查》，《中国计划生育和妇产科》2015 年第 6 期。

理的效果。试想，如果没有政府提供的避孕节育技术服务的支持，如果没有相应的晚婚晚育及计生手术后的休假等权益保障的支持，单凭查验《婚育证明》，流动人口家庭必然不会积极主动地配合计生部门的工作，不会简单地遵守计划生育的相关规定。这样就会使得政府管理的成本增加，增加执法的力量，最主要的是一旦超生，又带来了教育、医疗卫生等服务的压力。然而，在过去传统的行政管理理念下，政府是唯一的管理主体，对流动人口家庭更多地强调管制、控制，工作手段多为行政、制度等刚性手段。所以，凡是有利于管理的计生项目，政府宣传较多，投入较多，但涉及流动人口家庭权益的项目则关注得较少。如徐汇区人口计生委协同区人口办 2012 年在全区范围内开展流动人口家庭计划生育联合执法检查。执法检查流动人口为 19816 人次，检查房屋出租人 4278 人次，检查用人单位 714 个，查验婚育证明 16411 人次。这些都是为了强化监管，有力管理违规生育，但实际执行的效果并不一定好，而且执法的成本很高，流动人口家庭的违法超生还是层出不穷。公共管理的出现，是人类社会治理领域的一场变革，预示着人类社会正在建立一种新型的社会治理模式——服务型社会治理模式。人们之间的社会关系、社会生产和生活也将发生全新的变化。公共管理的核心理念是公共权力社会化、关注群众需求、公平服务以及注重成本等，公共管理理念已开始运用于政府部门。人口和计划生育工作的公益性质决定了其公共管理的特性，即人口和计划生育公共管理不是人口和计划生育部门的一家之事，而是一个综合配套、广泛合作的社会多元化体系。① 关注流动人口家庭的需求，需要社会力量的参与。因此，流动人口家庭计划生育公共服务应当秉承公共管理的基本理念，树立为流动人口家庭平等服务的思想，坚持以人为本，寓管理于服务之中，实行流动人口与户籍人口"同宣传、同管理、同服务"，才可能真正解决好工作中存在的问题。

---

① 郭维明等：《将公共管理的理念引入人口和计划生育工作新机制》，《人口研究》2006 年第 3 期。

二、流动人口管理体制不顺

流动人口服务管理是一项涉及多部门的综合系统工程，需要动员整合多部门以及全社会的资源才能达到预期的效果。目前在国家层面还没有建立起统一的流动人口管理体制，对流动人口的管理分属于不同的政府部门，计划生育部门只是负责流动人口的计划生育专项工作。各部门之间的管理又存在分割和脱节，多头管理，部门间关系协调问题突出，"条""块"分割矛盾十分明显。[1] 计生服务工作并不是一项完全独立的工作，需要其他部门的配合和协作，如需要公安及人口部门帮助提供育龄流动妇女的基本信息，才能更好地进行宣传服务；需要医疗卫生部门帮助提供流动妇女的孕检及其他计划生育技术服务；需要街道、居委会帮助落实宣传教育及承担其他具体工作等，否则会影响计生公共服务的效果。就上海计生条线的管理体制而言，上海市计生委下设流动人口管理处，但徐汇区计生委却没有对应的流动人口管理机构和编制，只有流动人口管理的职能，加之在基层社区，一个居民区基本上只有一个计生员在采集更新流动人口育龄妇女的信息，人手缺乏，信息采集不及时，对流动人口家庭的计生服务需求了解不够，宣传不够，加之信息化建设匮乏，各部门的信息资源不能及时共享，经常出现计生部门向公安部门购买育龄妇女基本信息的情况，从而影响到计划生育服务的水平和质量。因此，需要自上而下地从体制上进行顶层设计，规范流动人口计生管理，增强计生工作的协同性，提高计划生育公共服务水平。

三、流动人口管理法律法规不健全

至今我们没有一个统一的流动人口法律法规出台，导致无法可循，或

---

① 潘鸿雁：《当前流动人口服务管理中的难点及对策》，《兰州学刊》2012 年第 12 期。

各行其是。首先是全国性的流动人口管理条例并未取得实质性的突破，制约了地方性法规规章的发展。自 1985 年公安部颁布《关于城镇暂住人口的暂行规定》以来，全国性的流动人口管理条例、法规并未进行根本性的改革，在流动人口管理立法方面难以取得实质性进展，现有的一些条例、法规存在明显的欠缺和问题。由于缺乏全国性的、统一的流动人口管理法规、条例，各地在流动人口管理实践中没有权威依据，地方性法规和规章不统一。不同地方的法规和规章对流动人口的管理规定，标准不一、待遇差别大，导致人口流入地与人口流出地的管理工作很难相互衔接，不适应社会主义市场经济体制下流动人口管理法治化和保护公民合法权益、维护社会公平的需要。上海市虽然在户籍制度改革方面走在前列，但由于比较超前，与人口流出地的人口管理制度难以有效衔接，也因此遇到了许多麻烦。而且自 2009 年 10 月本市公布《实有人口服务和管理若干规定》（暂行）以来，施行期为 3 年，现在已经停止，但新的法规还未出台。公安、劳动、计生等部门主要依据各自部门法规和规章对流动人口实施管理服务，由于不同部门之间的法律和规章缺乏相互衔接，遇到具体问题往往很难处理，甚至引发不同行政单位之间推诿扯皮的现象，因而流动人口计生工作常常遭遇尴尬的境遇，计划生育服务的质量也就难以得到有效保障。

四、流出地与流入地政府的横向协作机制尚未有效发挥作用

制约流动人口家庭接受计划生育服务的因素还有流出地与流入地之间的横向协作机制未能有效运转。尽管官方文件，如《中共中央国务院关于全面加强人口和计划生育工作统筹解决人口问题的决定》（中发〔2006〕22 号）、《国务院关于解决农民工问题的若干意见》（国发〔2006〕5 号）和《国家人口计生委关于促进形成全国流动人口计划生育工作"一盘棋"格局的意见》（国人口发〔2007〕114 号），都强调推动流入地和流出地落实各自职责，形成部门、区域之间的协作机制，建立流动人口计划生育统一管理、优质服务新体制，促进形成全国流动人口计划生育工作"一盘

棋"格局。但事实上，作为流出地，在落实责任、加强源头治理方面，没有本着以人为本的原则，及时做好外出人员的登记、宣传、教育，落实避孕节育措施，免费办理《流动人口婚育证明》等相关工作，致使流动人口家庭不愿意办理或者是不能够办理流入地所需的各种证明材料。流入地未能超前一步，与流出地部门沟通协调，而是采取按原则办事，使得一些事实上符合条件，但形式上未能开出证明材料的流动人口家庭未能享受到国家规定的基本项目服务。至于流动人口家庭的奖励优待等社会保障服务，更是源于两地之间缺乏沟通合作，流动人口家庭不在流出地生活和工作，难以享受到流出地提供的晚婚晚育休假及产假等服务，而流入地则以应该在流出地享受为由未能落实流动人口家庭的奖励优待等服务。

五、流动人口家庭计划生育资源供给与需求不平衡

大量流动人口及其家庭成员的涌入，会对当地的环境资源及基础设施带来压力，带来有限资源的重新配置，甚至会带来两大群体的利益冲突。所以，一方面，中央强调公共服务均等化；另一方面，地方政府会因面临着公共资源的紧张和公共服务支出的巨大财政压力而消极对待公共服务均等化。这是一个两难的矛盾。如前所述，上海市针对流动人口实施分类分层次的梯度服务，如对于持有居住证的流动人口可以享受较多免费的计生服务项目，但对于无证件的流动人口及持有《临时居住证》的流动人口则是总体上趋于收紧。徐汇区通过严格执行计划生育等政策，来有序推进人口政策的实施。徐汇区的流动人口家庭呈现逐年增长的趋势，其定居意愿及稳定性也逐渐增强，且主体多为15—49岁之间的人群，不乏育龄妇女。她们对生殖健康、避孕节育、政策宣传、技术服务等方面的需求和意愿将越来越高、越来越强烈，这就对计生服务提出了新的要求。居住证积分制度的选择性供给和有限供给遭遇巨大的服务需求，必然会带来一些直接的问题，这就是对于一部分流动人口家庭而言，政府的服务门槛提高，服务水平和服务质量下降，因而导致他们对流入地政府的满意度下降，对人口

计生工作不配合，以及计划外生育居高不下。

如果作为中心城区的徐汇区都面临这样的问题，那么上海的郊区、县流动人口更多、更集中，政府的财政压力更大，所面临的问题则更为突出。此外，计划生育服务是所有社会服务中实施力度最大、最早提出均等化，也是最易实现均等化的服务领域，因为它与计划生育的基本国策息息相关，是个人和家庭的基本人权，是人口治理的源头。如果说在这一领域流动人口家庭的服务需求未能够得到有效重视和满足（当然，流动人口家庭自身因素除外），那么在其他服务领域则更无法得到重视和满足，在计划生育服务领域中存在的问题，同样也存在于教育、医疗、就业等社会服务领域，即普遍存在：社会服务的覆盖面狭窄、供给力度不大、供给主体单一、供给与需求不匹配等，它们所折射出来的问题实质是一样的，都牵涉到政府的管理理念、社会服务的管理体制和机制、资源的有效配置、社会服务供给的模式和方式等，最终影响到流动人口的社会融合及市民化。

第五章 人口调控对流动人口家庭 社会服务需求的影响①

上海是全国超大城市之一，近年来面临人口问题的困扰。人口的急剧增长及无序流动，以及人口结构和空间分布的不合理，使得当前上海的环境资源濒临难以承载的挑战，也使得上海的社会管理和公共服务承受巨大的压力。因此，如何实现上海人口与经济社会的协调发展，如何实现上海的可持续发展，如何提升上海常住人口的生活品质，就成为上海市政府亟需考虑的问题，成为上海市创新社会治理的目标。政府的调控政策和措施，也直接影响到在上海的流动人口家庭的社会服务需求，进而影响到他们对上海的认同和社会融入的进程。因此，本章旨在考察近年来上海市人口调控政策及措施对流动人口家庭社会服务需求的影响。

第一节 上海市人口调控背景

上海作为全国超大城市之一，是全国人口跨省流入的主要目的地之一。至 2013 年年末，全市常住人口总数为 2415.15 万人。其中户籍常住人口为 1425.14 万人，外来常住人口为 990.01 万人。② 改革开放以来，上海经济的高速发展离不开外来劳动力的充足供给，上海养老保障金的缺口也因外来劳动力得到极大的补充，上海常住人口的老龄化因此得到缓

---

① 本章部分已发表在：潘鸿雁：《从上海市人口调控新政策看社会治理趋向》，《上海行政学院学报》2015 年第 3 期。

② 上海市统计局、国家统计局上海调查总队：《2013 年上海市国民经济和社会发展统计公报》2014 年 2 月 26 日。

解，上海的日常生活也已经离不开外来人口。尽管如此，外来人口急剧无序涌入带来的严峻挑战却不容忽视。

一、人口激增使得城市综合承载力面临挑战

　　水、电、气、热、煤等供应常年紧张；道路拥堵日益严重、公共基础设施不堪重负，教育、医疗、住房、社会保障等公共服务也无法满足新增人口需求，带来许多社会矛盾，导致空间危机和生态危机。上海在部分领域已濒临城市综合承载力的临界点。从土地要素看，目前上海建设用地占城市总面积的比例高达 43.6%，远高于北京（20.6%）、天津（30.9%）和重庆（7.2%），也超过其他国际大都市的正常水平（20%—30%）。从水要素看，黄浦江上游等四大水源地仅能满足 2020 年前 2600 万人口的用水需求。而且未来一段时期内，国内不均衡发展格局仍将维系，外来人口流入上海的趋势还将延续。此外，流动人口空间分布不均衡，加剧了部分区域资源的紧缺程度。"六普"数据显示，上海市的人口空间分布正在发生一个大的变化，常住人口向郊区集聚，尤其是近郊。从城郊结合部内来看，来沪人员又主要集中居住在"城中村"内。流动人口分布的不均衡使得郊区面临巨大的财政、社会管理和公共服务的压力。同时，上海常住人口空间分布的郊区化趋势并没有带动就业的同步转移，从而产生了庞大的"朝夕通勤人口"，引发了上下班的交通拥堵。中国科学院发布的《中国新型城市化报告 2012》指出，中国内地 50 个城市上班路上平均花费时间排名中，上海以 47 分钟排名第三（北京和广州分别为 52、48 分钟）。[①]

二、流动人口自发、无序流入加大社会管理难度

　　从居住上来看，大量的流动人口处于违规或者是不合法居住的情况，

_____

① 上海市人民政府发展研究中心课题组：《合理控制上海人口规模优化人口结构研究》，《科学发展》2013 年第 7 期。

即群租和住在违章搭建的房屋里。比如闵行区、宝山区集聚几乎全市一半的外来人口。散居在市场群落及群租房内的流动人口成为管理的难点。部分外来流动人口为逃避管理经常变换住处，加上一些出租屋房东为了获得更多的经济利益不配合政府部门，没有根据私房出租的相关法律及时到公安机关登记，因此难以掌握这部分流动人口的确切数量，也缺乏有效的管理途径，存在一定的无序管理现象。一些流动人口聚居区，居住环境恶劣，存在安全隐患，同时也是治安案件和刑事犯罪的高发地。从就业上来看，大量流动人口处于灰色就业地带。截至2012年年底，本市处于劳动年龄段来沪人员总数为923.90万人，其中，缴纳社会保险的共368.45万人，纳入灵活就业登记100万人，此外400余万的来沪人员就业状况不明，是灰色就业的潜在人群。他们没有任何信息或信息不明，政府对他们的管理处于盲点。他们无固定职业，绝大多数在从事非法行医、非法办学、非法经营。这些流动人口大多从事个体经营，他们占道经营、无证经营或者是流动经营，逃避税收、阻塞交通、进行不公平竞争，给城市管理带来难题。城管部门对外来流动人口的管理缺乏力度，一些原已存在的管理难点难以突破，甚至较原先更为严重，群租行为屡禁不止、违规经营禁而不绝，由此带来资源浪费、提高维稳成本。[①]

三、人口结构不合理影响城市功能提升

上海老龄化形势严峻，急需补充年轻有活力的外来劳动力；同时，上海实现"四个中心"和国际化大都市的战略定位也需要与之相适应的人口结构，即高层次创新型人才以及城市发展需要的适龄劳动力。但从上海的流动人口整体结构来看，还存在突出的问题。其一是仅能满足低端制造业和简单生活性服务业的低端劳动力人口众多，且持续聚集。据学者的抽样

---

① 潘鸿雁：《流动人口社会管理面临的新问题与对策》，《上海行政学院学报》2014年第1期。

调查显示，87.3％的来沪人员从事低端职业，如商业服务人员、生产运输设备操作人员等[1]；其二是非就业人群增长较快。从年龄结构看，外来常住人口中"两头人群"增长过快，一个是老人，一个是青少年。如果不加以改善，不仅不会缓解上海的人口老龄化，反而会成为今后上海养老服务的负担，加剧养老服务资源的紧缺；其三是从文化素质结构看，外来常住人口文化程度偏低，人才比重偏小。70％的外来常住人口文化程度是初中及以下，达到大专及以上的仅占14.7％，比户籍人口低13％。与全国各大城市相比，上海每10万人中具有大专及以上文化程度的人数明显低于北京、南京和武汉等地。这样的人口结构与上海的产业升级和功能提升是不太契合的。

四、"利益之争"导致社会融入困难

根据美国社会学家科恩的研究，如果流动人口游离于城市主流文化之外，形成一个亚文化群。个体如果长期生活在亚文化群体中，受其价值体系的影响，就可能犯罪。[2] 如果大量的流动人口不能顺利融入流入地社会，流动人口与本地人口关系紧张，劳工罢工等对抗性事件不断，造成社会治安动荡。这些最终会影响经济社会的发展。正是从这个角度而言，重视流动人口的社会融合问题具有战略意义。

有序融入是当前上海市流动人口服务管理的目标之一，也是上海贯彻国家城镇化战略、实现农民市民化的一个重要组成部分。但从现实来看，流动人口还处于"流动但不定居""定居但不融合"的状态。这其中既有流动人口自身的原因，比如自身素质及其社会适应能力、对城市文化价值观的认同与否，也有来自流入地城市的原因，比如市民对他们的态度或者流入地政府对他们的服务管理政策等。从来沪人员自身而言，据有关机构

---

[1]　上海市人民政府发展研究中心课题组：《合理控制上海人口规模优化人口结构研究》，《科学发展》2013年第7期。

[2]　郭星华：《当代中国社会转型与犯罪研究》，文物出版社1999年版，第29—30页。

研究：上海闵行"民二代"幸福指数高，但社会融入感低。"民二代"生活态度较乐观，定居上海的意愿颇为强烈，但由于家庭条件和个人经历所限，距离完全适应、融入上海的生活还有很长一段路要走。[①]

从市民群体而言，还存在对流动人口的排斥。流动人口与本地户籍人口这两种身份的背后其实是一种利益关系，是一种社会资源分配的规则和秩序。对有限资源的争夺，就会带来利益的冲突，利益的冲突又会带来社会排斥。

从政府的角度而言，政府受到流动人口与市民两大群体的双重影响，要兼顾两大群体的利益。既要保护本地户籍人口的利益，又要考虑流动人口的权益保护问题，而两大群体对流入地政府的影响力量决定了流入地政府对其服务的程度和质量。所以，这个平衡方程式很难做。给流动人口提供较多的公共服务，会招致市民群体的不满，而且会有更多的流动人口流入，形成"洼地效应"，造成资源更加紧缺；公共服务的门槛设置过高，必然带来流动人口的社会融入问题。这是一个两难的问题。

在这种背景下，上海市实行了人口综合调控政策，对流动人口家庭带来巨大影响。

第二节 以居住证积分制为基础的人口综合调控

上海市的人口综合调控主要是建立在居住证积分制基础上的一系列调控，包括产业调控、城市规划和功能定位调控等。其中，居住证积分制调控对流动人口的影响最大，使得流动人口内部发生制度化的分化。

一、居住证积分制调控：公共服务与综合治理

居住证积分制既是流动人口服务管理制度，也是引导流动人口家庭去

---

① 2011年共青团闵行区委与华师大青少年与社会工作研究中心，开展了关于闵行区"民二代"社会融入的专项课题研究，对四至八年级的477名学生进行问卷调查。

留上海的调控手段。这一重要政策于 2013 年 7 月正式实施。在 2014 年的上海市十四届人大二次会议上，时任上海市市长杨雄做政府工作报告，指出：上海严格落实以积分制为主体的居住证制度，严格控制人口规模，优化人口结构。从 2002 年上海实行人才居住证制度，到 2004 年全面实施居住证制度，包括人才类、就业类、投靠类等，再到 2009 年实施持有人才类居住证者可以"居转户"，到 2013 年实施居住证积分制度，意味着上海在户籍制度改革方面的脚步从未停止过，而且目标越来越清晰。旨在通过实施这一政策，为"长期合法稳定就业、居住"的来沪人员建立透明而且稳定的预期，为其提供服务管理，促进社会融合。居住证积分是从条件管理走向积分管理，整个积分指标体系由基础指标、加分指标、减分指标和一票否决指标四部分组成，积分标准是 120 分。

根据这一制度，申请者在年龄、教育背景、专业技术职称和技能等级、工作及缴纳社会保险年限等基础指标中得到相应的分数，如果取得120 分的标准值，就可以获得上海市居住证。新版居住证在功能上，与上海户籍相差无几，包括其子女可在上海参加中高考等，仅在亲属投靠、低保领取和经济适用房购买这三方面存在差异。按照《积分办法》，紧缺专业、投资纳税或带动本地就业、缴纳职工社会保险费基数、特定的公共服务领域、远郊重点区域、全日制应届毕业生、表彰奖励、配偶为本市户籍人员等条件都可以获得相应加分。与过去引进人才居住管理办法相比，居住证积分制规定，合法稳定居住以及合法稳定就业便具有了申办条件，大大增加了申请的覆盖面。这突破了本科学历、职称等条件门槛，引入积分管理，突出了能力和贡献导向，为平凡岗位的普通劳动者提供了一个融入渠道。将基本公共服务更多地向普通流动者延伸，逐步实现在城市合法稳定居住和就业的一部分流动人口的基本公共服务均等化，较好地保障了流动人口的权益。同时，这些来沪人员都有详细的信息，包括积分信息。其中减分指标及一票否决指标等对于敦促遵纪守法、爱岗敬业，以及特大城市加强社会管理、稳定社会秩序起到了重要作用。

（一）居住证积分制建立了差异化的流动人口公共服务供给制度

明确不同积分条件所对应的公共服务范围及标准，使来沪人员享受的公共服务与其所做贡献真正挂钩。对于未达到居住证申领条件，而持有临时居住证的来沪人员可享有部分证照办理、计划生育服务、公共卫生服务、子女接受义务教育服务等有限服务。而对于持有《上海市居住证》的来沪人员，可以按照国家和本市有关规定享受子女就读、计划生育、公共卫生、社会保险、证照办理、科技申报、资格评定、考试和鉴定、相关荣誉称号评选等公共服务方面的待遇和便利，尽量使得流动人口贡献率与他们的享受率一致。

以流动人口的义务教育为例，根据沪教委基〔2013〕89号《上海市教育委员会关于2014年本市义务教育阶段学校招生入学工作的实施意见》，区县教育行政部门要根据《上海市居住证管理办法》（市政府令2013年第2号），切实做好外来务工人员随迁子女招生入学工作，将随迁子女招生纳入区县义务教育招生计划，规范对招收随迁子女的民办小学招生工作管理，加强对随迁子女入学条件的审核。2014年来沪人员适龄随迁子女需在本市接受义务教育的，须提供父母一方在有效期内《上海市居住证》；或者父母一方满2年的《上海市临时居住证》（临时居住证年限计算时间：从首次发证日起截止到2014年8月30日）和有效的在街镇社区事务受理中心办理的灵活就业登记证明（从登记日起截至2014年8月30日）。由父母持上述有效证件，户口簿、随迁子女的《上海市临时居住证》，到居住地所在区县教育行政部门申请就读，由区县教育行政部门统筹安排入学。

再以上海青浦区为例，根据《青浦区白鹤镇人口综合调控实施方案》（青白府〔2014〕22号），建立健全居住证与教育、卫生计生、就业和社会保障公共服务相挂钩的来沪人员公共服务制度，确保来沪人员凭证享受公平的服务。在子女教育服务方面，加强来沪人员随迁子女学校的规范管理，不办理来沪人员教学看护点。严格实施《关于来沪人员随迁子女就读本市各级各类学校的实施意见》，研究出台与本镇人口形势相适应的、更加严格的入学审查制度，全面做好新生入园、小学入学以及"小升初"的入学审查工作，探索学生升级审查制度，严格限定来沪人员随迁同住子女的招生范围，要合理控制招生规模，严格执行市划定的标准班额限制。对符合基本入学条件的新生及其持证父母推进"积分制"管理模式，实现有序、公平入学；在卫生计生服务方面，探索实施来沪人员卫生计生公共服务管理新机制，重点围绕孕产妇和儿童保健、计划生育、儿童预防接种、传染病防控、健康教育、健康档案等方面基本公共服务项目，实施相关费用减免与《上海市居住证》挂钩，并严格执行《上海市流动人口计划生育联系卡》《流动人口婚育证明》等制度，严把孕产妇建卡审核关，确保为获得居住证的来沪人员提供基本公共服务；加强合法用工管理，加大来沪从业人员社会保险征缴力度，加强劳务中介监管，积极推进灵活就业人员的员工制管理，整顿非法就业市场，切实维护劳动者合法的就业权益。

通过教育公共服务调控，流动人口群体"两头人员"受到较大影响，一方面是受教育的幼儿及青少年群体，在严格的教育公共服务的调控中，很多人回到原居住地接受教育；另一方面是老人群体，他们来上海主要是照顾小孩，孩子一走，他们也就回到原居住地。2014年接受义务教育的流动人口青少年减少了2.3万，在读流动人口青少年减少了3.6万人。

（二）居住证积分制建立了对大多数流动人口的综合治理制度

对于居住证积分制政策辐射不到的大多数底层流动人口群体，即那些持有《临时居住证》以及无证件的流动人口，包括100万灵活就业人员和400多万处于灰色就业地带的流动人员，上海市对他们的服务管理主要依据2012年实施的《上海市实有人口服务和管理若干规定》（沪府令86号），其中虽然有对他们的有限保障和服务，但更多地则是依法加强综合治理。综合治理的原则是"两个合法"，即加强居住就业等方面的合法性管理，重点是通过合法建筑管理、合法居住管理和合法经营管理、合法就业管理等措施，加大对违法、违规行为的打击力度，防止人口的无序流入，防止大量灰色就业、灰色居住人员的膨胀和集聚，为上海市的经济发展创造规模适度、管理有效、流动有序的人口环境。

在治理群租方面，2014年3月上海出台的第15号政府令对《上海市房屋租赁管理办法》做了修改，并在上海市政府门户网站"中国上海"公布，于 5 月 1 日起施行。《办法》明确了"群租"认定标准，完善了对出租房屋的安全责任要求。此次修改借鉴了北京市的做法，增加了居住人数限制要求，即每个房间的居住人数不得超过 2 人，但有法定赡养、抚养、扶养义务关系的除外。"5 平方米"作为界定群租房的标准，居住使用人的人均居住面积不得低于 5 平方米。此次修改专门有针对性地增加了"出租的居住房屋及其附属设施应当符合消防、治安、防灾、卫生等方面的标准和要求"的规定。

在治理"城中村"方面，城乡建设和管理委员会于 2014 年启动"城中村"改造试点，已明确将 20 个地块列入了改造，之后将会有城郊结合部的 104 个"城中村"陆续被改造。改造之后的土地将用于公益性项目、农村集体的发展、储备土地等用途。这是市政府旧城改造项目的延续，也标志着这一项目开始从市中心转向城郊结合部。城中村改造后，原本居住在村内的大量流动人口将失去他们赖以生存的低成本生活社区，流动人口的生产生活空间都将减少。

在治理田间窝棚方面，市农委 2014 年 4 月下发《来沪人员调整的行动计划的通知》，着力优化来沪务工人员的结构，为现代农业发展提供人力资源保障，强化对他们的服务管理；全面整治田间窝棚，清退违法经营种植户，力争到 2015 年年底完成调减来沪务农人员约 20%，基本完成田间窝棚的综合治理。2014 年通过规范农村土地流转等方式大概调整了 1.5 万人。

在治理违章搭建方面，2014 年确定了 37 个小区和别墅区的拆违计划，"只要发现马上拆"，从源头上治理。2014 年全面拆除了 1000 万平方米以上的违章建筑。闵行区华漕镇的领导介绍说，许浦村拆掉违法建筑 57.7 万平方米后，外来人口显著减少，许浦人口最多的时候外来人员要 3 万多，目前大概在 15000 左右。在治理黑车的违法经营方面，市人大以地方立法的形式管理黑车，对从事非法客运活动的车辆，被查出两次以上或将暂扣车辆甚至没收。至 2015 年年末上海市户籍常住人口 1433.62 万人，外来常住人口 981.65 万人。相比 2014 年年末，外来常住人口减少

14.77 万人，同比降幅为 1.5%。①

二、流动人口家庭内部形成制度化的不平等

居住证积分制是户籍制度改革的重要组成部分，旨在逐渐消除户籍制度本身所附着的福利，将社会服务更多地延伸到流动人口群体，确切地说是延伸到符合"两个合法稳定"的、为上海市做出贡献的流动人口家庭，保障他们的权利和权益。但不可否认的是，该制度目前还停留在"小幅增量改革阶段，受'要人手不要人口'的传统思维影响，分人群赋予市民待遇，反而在外来常住人口内部形成了新的不公平"。② 即除了经济上的自然分化，在上海流动人口家庭内部还通过居住证积分制形成了制度层面的分化，这必然影响到他们的心态。比如访谈者 7 冯某一家和访谈者 9 何某一家，形成鲜明的对比。

冯某，女性，40 岁，小学文化，居住在闵行区。2008 年左右便与自己的老公从山东临沂来到上海做生意，直到现在。他们有两个孩子：哥哥 14 岁，弟弟 5 岁，还有公公、婆婆，时不时从老家过来与他们居住一段时间。

冯某和丈夫属于灵活就业，之前他们一直在闵行区居住和做水果生意，后房价涨得很厉害，所以他们就选择在长宁区租下一个小的门面房，做水果生意，如今已经有半年了，但仍旧居住在原来的闵行一小区，跟别人合租一套十几平方米的小房子，一个月租金 1000 多元。他们本来一直办着居住证，大孩子也一直在上海上学。但上海实行人口调控新政策之后，他们没有关注太多，也没能及时更换居住证。直到孩子上三年级的时候，老师提

---

① 《2015 年上海市常住人口首现负增长》，2016 年 03 月 01 日，见：http://www.xinhuanet.com/politics/2016-03/01/c_1118203962.htm.

② 葛延风、国务院发展研究中心社会发展研究部课题组：《上海城市人口总量控制与结构优化研究》，《科学发展》2014 年第 5 期。

醒他们如果孩子要继续在上海上学，需要提供相应的材料：连续办理居住证满三年，灵活就业证要满2年。他们这才去办理，因为差了两三个月没有续接上，所以孩子们都不能在上海上幼儿园和继续读书，只好送回农村老家上学，由爷爷奶奶看管。如今，办不了，也不想办居住证了，因为办理居住证需要提供合法居住证明，冯某不愿意多交房东让其承担的房产营业税和个人所得税，房东也不提供给他们相应的证明材料，他们无法办理居住证。"无所谓了，因为孩子已经回老家了，我们夫妻俩办理居住证意义不大"。

冯某说，从未想过在上海买房子，在上海养老，只是把这里看作挣钱的地方。因为老家穷，没有多少就业机会，所以在上海能待一天就待一天，只要能赚上钱。他们每月收入大概几千元，除去房租费、给孩子的生活费，还有一年几趟回家的路费，以及夫妻俩在上海的生活费，每月基本上攒不下钱。他们在农村有自己的房子，以后打算回老家养老。至于孩子，他们希望孩子以后能够通过考学来到上海发展。

冯某和丈夫属于灵活就业者，不能完全算是稳定就业，而且他们与其他家庭合租一套10多平方米的小房子，没有合法租赁的证明，不属于合法稳定居住，所以不能获得有效的居住证，也不能够享受相应的公共服务。居住证积分制使得冯某一家形成了事实上的农村"留守家庭"和城市"丁克家庭"，爷爷和奶奶为了孩子上学选择带着两个孩子在农村生活，冯某夫妻俩为了挣钱养家选择在上海打拼，他们只能靠手机交流情感。尽管冯某很无奈，但也能坦然面对，因为和她同样遭遇的流动人口家庭太多了。她把永久生活在上海的希望寄托在孩子身上，希望他们日后可以通过考上大学重回上海，而自己这么辛苦就是在为他们创造条件。再来看何某一家。

何某，女性，高中学历，今年30岁，湖南人，21岁来上海工作，至今近10年。何某在长宁区一家服务公司工作，月收入不稳定，6000—10000元不等。其丈夫来自安徽，亦高中学历，在上海一家地产公司工作，每月收入稳定，在1万元左右。孩子2岁多，由爷爷奶奶来上海帮着照看。爷爷奶奶都比较年轻，只有50多岁。何某夫妻俩虽然年轻，但在父母的资助下，他们已于2011年在闵行区购买了新房，现每月还贷4000多元，这对于两人的收入来说压力不大。

何某自工作以来，公司就连续替其缴纳社保，本人也连续办理居住证，现在持有长期居住证，但还没有积分。何某说，目前上海的人口调控政策对自己家庭的影响不大，即使孩子以后上幼儿园，也完全符合条件。而且夫妻俩都办理社保，看病非常方便，可以享受大部分免费的医疗服务。只有孩子看病是自费，但截至目前，孩子只去过一次儿童医院。而且何某怀孕生孩子的整个过程，都享受了上海市提供的一些计生服务，如优生优育的咨询、教育服务、生育保险，等等。

至于未来，何某说，既然已经在上海买了房子，而且习惯了上海的生活，打算长久在上海定居生活。她在上海已交了一些朋友，有自己的社交圈。她认为上海人很友好。她最大的愿望，就是获得上海市户口，在身份上真正成为上海人。

尽管何某夫妻俩年轻，学历不是很高，但是在父母的帮助下已在上海购房，开始稳定居住；同时，两人所在单位的待遇不错，提供社会保险，两人工作比较稳定；最主要的是，两人都有着定居上海、积极融入的心态，很早就着手办理居住证，并且持续办理，如今已获得长期居住证，同时也享受了居住证所赋予的相应的公共服务，如教育、计生等，同时还有自己的社交圈子，基本上同上海人一样了。何某对自己的现状比较满意，打算长久在上海定居，也认为自己跟上海人几乎没有什么区别，唯一遗憾的是没有获得上海市户口，没有在身份上完完全全地成为上海人，她也因此在为之奋斗。根据上海市居住证的相关规定，居住证领取7年后可以申报上海户籍，何某的愿望完全可以实现。

由上可以看出，冯某和何某虽然都是外地来沪人员，已在上海工作了近10年，但两者年龄相差十岁，从事的职业不同，收入不同，居住的形式不同，因此，受居住证积分制影响的差异很大。冯某一家代表居住证积分制政策辐射不到的流动人口家庭，政府对他们更多的是进行综合治理，如合法居住的管理和合法就业的管理，何某一家代表政策范围之内的流动人口家庭，更多的是享受上海市政府提供的公共服务，两大群体由此形成了制度化的分层，社会服务供给出现两极分化。这也使他们的心态发生变化，冯某一家更像是上海市的过客，有的是"漂泊异乡客"的感慨，只是为了生计勉为其难地留在这里，饱受家庭成员分离的相思之苦，对于上海的一切都不关心，每天重复着"两点一线"的单调生活。而何某一家已融入上海这座城市，"此心安处是吾乡"，并且正通过家庭的努力实现真正意义上的身份转变。

第三节 居住证积分制调控对流动人口
家庭社会服务需求影响

一、流动人口家庭社会服务需求分化

居住证积分制对流动人口家庭的影响不仅仅体现在使得他们在制度层面出现了分化和分层，还体现在对两类流动人口家庭群体的社会服务需求也产生了很大的影响。居住证积分制政策覆盖不到的流动人口家庭，基本上都属于被调控的对象，他们占流动人口的大多数。家庭里的"两头人员"受到影响，回到原居住地，因而在上海市的家庭规模缩小，基本上呈现"夫妻家庭"或者少量的"单人家庭"等"不完整家庭"的结构形式，他们仍旧留在上海工作和生活。他们原有的家庭社会服务需求受阻，因此不再对上海市政府有任何服务需求，处于沉默状态。因为有就业机会，因为有市场需求，所以他们还可以立足，但绝不扎根，也拒绝融合。如访谈

者 5 张某一家。

张某，男，41 岁，初中学历，安徽省安庆人。一家五口人：本人、妻子和三个子女——两个女儿一个儿子，其中小儿子是超生，被当地政府罚款。张某一家已在上海闵行区居住和生活了 11 年。

张某当初是与亲戚一起到上海来创业的，只想在上海做点小生意，因为上海的商机比较多，想多挣点钱提高生活质量，没有长期在上海生活的打算。目前在上海自主经营大米、面粉等零售工作，属于小本生意。张某的门面生意经营状况不错，年纯收入在十万元以上。他们一家在郊区租借了当地农民的房屋，月租金 5000 元以上，生活起居与经营门店混在一起，租住地距离市区较远。张某说，现在生意不好做，收入主要用于子女上学及家庭日用开支。理财方面自己也不懂，但有钱就会把生意做大。

全家人在上海办理了临时居住证，就是为了子女在上海读书使用。十年前大女儿年纪还小，在上海外来务工子女学校读书。目前大女儿该上高中了，由于不能参加上海市的高考，只能选择回老家安庆继续读高中。考虑到女儿在老家没人照顾，张某的妻子于 2016 年带领三个孩子回老家，现在三个孩子都在安庆读书。老家还有张某的母亲，已经六十周岁，生活可以自理，没有跟随子女一起生活，但未来肯定还是要考虑在几个儿子家中轮流生活，养儿防老嘛。

目前妻子带孩子回老家陪读，张某只能一个人承担经营，感觉挺累的。对于未来，张某说只能等孩子读书毕业后再考虑全家是否一起到上海生活。如果到时老家有适当的生意可以做，也可能不到上海了。当然如果未来在上海挣大钱了，就在上海开饭店，再考虑在上海购房居住。即便如此，年纪大了还是肯定要回老家生活的，老家的生活环境更好。

对于符合居住证积分制的少数流动人口家庭而言，无异于找到了通向上海的大道。只要根据居住证积分制的条件，遵纪守法，逐渐积分，就可以获得相应的社会服务和待遇。这是留在上海的希望，是户籍制度在当前还无法废除情况下的又一制度上的创新和突破。符合政策的流动人口家庭可以安然地选择在上海长久定居，同时会把自己的家人，包括老人、孩子、亲戚等，都接到上海来。有实证研究表明，上海的产业调控在带来产业高端化和劳动力素质全面提升的同时，也带来了高素质劳动力的带眷效应及对低端服务业的强烈需求。[①] 这些流动人口家庭的社会服务需求会从自身的社会保障逐渐延伸到孩子和老人，从孩子的教育、医疗服务需求逐渐延伸到老人的养老、医疗服务需求，甚至在全面二孩政策实施后，可能会有生育二孩过程中的一些服务需求，等等。如访谈者 25 乔某一家。

乔某，男，38 岁，本科学历，浙江人，2010 年左右来上海。目前一家人居住在松江区某小区。

乔某是计算机专业，在上海市一家美国企业工作，收入丰厚，但非常忙碌。妻子是重庆人，本科学历，在上海的一家台湾企业上班，工作灵活，可以在家上班，月收入 8000 元左右（除去"五险一金"）。两人有一个儿子，今年 3 岁。之前一直是妻子在家照看孩子，因为准备生二胎，所以乔某让自己的父母把浙江丽水的房子卖了，在松江区自家居住地附近又买了新房，方便照顾儿子和怀孕的妻子。

乔某的父母 65 岁左右，均已退休，只有乔某一个儿子。他们在几年前资助乔某一家买了新房之后，再次在上海为自己购买房子，既是为了养老，也是为了与儿子在一起，方便相互照应。乔某的母亲说，自己是不愿意与儿子一家住在一起，不自由也不方便。但还是希望离儿子家近些，可以常常看到孙子。儿子一家每天晚上来他们这里吃饭，孙子也是由他们负责接送。

---

① 王春兰、杨上广：《上海产业发展与人口增长的联动效应及其对人口调控政策的启示》，《城市观察》2015 年第 2 期。

乔某持有上海市居住证，属于人才引进类的居住证，正在申办居住证转户籍。乔某的儿子在一家公立幼儿园就读，没有受到上海人口调控政策的影响。

由此可见，流动人口家庭的社会服务需求在居住证积分制调控之下会发生分化：趋于萎缩和趋于扩大并行。

二、流动人口家庭社会服务需求萎缩

因为没有了服务需求，也就没有了需求表达的愿望和动力，大部分流动人口家庭不再配合政府的行动，如去办理居住证或者其他证件，而是以打工挣钱为唯一目的，我行我素。所以，自人口调控以来，上海未办证的外来人口大幅度增加，人口流动性增加，社会治安形势更加严峻。截至2014年10月底，上海全市实有人口数据库中，外来人口共计1044.18万。其中，未办证的人员达到532.9万，占51%，较2013年年底增加近5个百分点，以证控人效果不明显。而且，现在办理《临时居住证》门槛提高，基本上与办理《居住证》同等条件，除了不需要缴纳社会保险，必须要满足"两个合法稳定"。但居住证对于社会服务需求萎缩的流动人口家庭并不重要，他们不去登记，为了降低生活成本，他们违法居住、违章搭建、违规经营，甚至跟政府玩"猫捉老鼠"的游戏，政府对他们无计可施，约束性不大。比如，与松江区九亭镇派出所一河之隔的农民别墅房内群租着很多青年，却根本无法管理。九亭镇派出所的工作人员跟我们反映连出租屋的门都敲不开。访谈者2王某一家非常具有代表性。

王某，男，今年48岁，山东人，来上海已经十多年，现在是高级电工，收入近1万元。几年前，全家都来到上海闵行区居住。妻子在一家餐馆工作，月收入3000元左右；大女儿22岁，高中毕业，小女儿20岁，初中毕业，两人均在一家美容院工作，月收入3000元左右。小儿子没上完初中便来到上海，跟随父母一起居住，同时帮父亲打下手。

　　王某及妻子和儿子在闵行区与其他家庭共同租住了一套房子，他们拥有2间独立卧室，并在卧室内安装了马桶（按规定这是不允许的）。王某及家人并不想在上海永久定居，因为这里的房价和生活成本太高。但鉴于上海有比较好的就业机会，收入也高，他们选择在这里打工挣钱，准备等到攒够钱后回山东老家给儿子娶媳妇、买房子。

　　王某的两个女儿也面临这样的遭遇。她们觉得在上海很难找到合适的对象，同美容院的其他女孩子一样，她们根本没有交朋友的时间和渠道，所以只能依赖每年回家乡过春节的一周时间，密集地相亲。但是由于时间短、交往有限，也很难找到合适的婚配对象。两个女孩目前同美容院的其他女孩们一同租住在美容店老板给她们租下的一套50多平方米的房子，高低床，四人间，很拥挤，她们也仅仅把这里看作是睡觉的地方。美容院的工作很忙碌，从上午10点到晚上10点，美容院的女孩子们回到房子里差不多倒头就睡了。每周休息一天，这一天的时间就是去逛街买东西。据王某的大女儿说，她俩的月收入不高，所以基本上不用上交父母，自我维持就可以了。她们只需要解决自己的早餐，午餐和晚餐由美容院的老板给她们提供，所以她们的日常花销很小。但美容院的女孩们都爱美，在使客人变美的同时，她们也希望自己更漂亮。所以，她们的最大花销就是给自己买店里的美容产品，甚至是做整容手术，让自己更漂亮、更自信。比如，所有的女孩子都做了一万元左右的双眼皮手术，以及粘眼睫毛美容项目等。因此，两姐妹基本上是"月光族"。

　　王某一家不知道上海有积分制，也不知道如何通过积分制来获得上海的福利待遇，他们仅仅把上海当作一个打工挣钱的城市，无所求于上海，也不与上海人或所在的社区打交道。即便是有社区民警上门查房，他们也从不开门。王某的大女儿告诉我，有一次她一个人在家里，听到敲门声，没有经验，就开了门。结

果是社区民警，他们进入房内，拍照，测量房屋的面积，然后就
走了。事后才知道社区民警是在取证他们是否群租。从那以后，
她再也不敢随便给外人开门了。

至于社区，据王某的大女儿说，她们从不与居委会打交道，
也从不参加社区的活动。因为涉嫌群租，她们很害怕居委会找到
她们。甚至有一次，有个女孩子的助动车在小区丢掉了，都不敢
到居委会报案和投诉，只能自认倒霉。

可见，公共服务作为社会管理的抓手和手段已失去了意义。在西方发
达国家，移民局是外国人到该国后首先想到要去的地方。因为不去移民局
报到、不交税，以后自己和家人的服务保障就没有了。但在上海，因为受
到人口调控的影响，流动人口家庭的社会服务需求萎缩，甚至无所需求。
就像王某一家那样，也不希望政府干涉他们的行为，包括群租。他们在上
海就是为了挣钱，然后回家乡生活和消费。我访谈的很多流动人口家庭都
是孩子在上海接受教育的希望落空之后，不再继续办理居住证，也不再配
合上海市政府的各项治理行动。可见，对于流动人口家庭来说，政府满足
他们的服务需求，他们就会配合政府的工作。现在，流动人口家庭的社会
服务需求逐渐萎缩，政府的管理工作也就失去了抓手，管理难度加大。
2014 年 12 月，在上海市居住 6 个月以上的来沪人员为 1023 万；该时段
上海市社保系统非本市户籍的参保人员为 417 万；灵活就业登记人数为
4.7 万。也就是说，单位就业和灵活就业的人员合在一起大概是 422 万，
和上海外来人口登记的数量差距是 600 万。那么这 600 万人在做什么呢？
有 420 万在本市就业的外来人员还处在我们管理的盲区。以证控人难，以
业控人同样也难。

此外，由于居住证积分制倾向于偏好"人脑"而排斥"人手"，使得
上海某些公共服务领域出现"招工难"。在上海经济结构转型还未完成，
还没有产生足够的高收入就业机会来容纳"人脑"时，"人手"是任何经

济发展阶段都不可或缺的。① 人口调控政策下劳动力资源供需失衡，不利于劳动力市场的发展。上海的低端劳动力用工成本上升，部分行业企业出现招工难，外来用工流动性进一步加剧。这进一步增加了企业招聘的成本，也提升了政府管理服务的成本。一些典型的行业，如家政服务行业，用工缺口达到 30%；老人护理行业的缺口达到 70% 左右；餐饮行业常年缺工，缺口在 20%。而且餐饮业流动率非常高，频繁的流动造成管理上的盲区。

三、流动人口家庭社会融入度低

加强城乡基本公共服务均等化建设是农民工市民化的关键，② 以限制人口为核心的人口综合调控和以市民化与社会融合为导向的城镇化过程是相互矛盾的，成为影响人口城镇化的反方向政策，流动人口融入城市的因素不仅包括流动人口进入城市的时间，也在于制度性因素对于流动人口权益的保障和利益供给，③ 及社会服务的使用。④ 国家计生委 2009 年对成都、太原、北京、上海、深圳五城市的流动人口监测调查显示：社会融合水平最高的是成都，其次是太原、北京，再往后是深圳、上海。上海流动人口社会融入感低的主要原因之一是公共服务门槛较高，流动人口较难享受。

有序融入是当前上海市流动人口服务管理的目标之一，也是上海贯彻国家城镇化战略、实现农民市民化的一个重要组成部分。但从现实来看，流动人口还处于"流动但不定居""定居但不融合"的状态。这其中就有

---

① 葛延风、国务院发展研究中心社会发展研究部课题组：《上海城市人口总量控制与结构优化研究》，《科学发展》2014 年第 5 期。

② 朱巧玲、甘丹丽：《加强城乡基本公共服务均等化建设是农民工市民化的关键》，《改革与政策》2014 年第 1 期。

③ 任远：《关于特大城市人口综合调控问题的思考》，《南京社会科学》2005 年第 1 期。

④ 楼玮群、何雪松：《乐观取向、社会服务使用与社会融合：香港新移民的一项探索性研究》，《西北人口》2009 年第 1 期。

流动人口自身的原因，比如自身素质及其社会适应能力、对城市文化价值观的认同与否，但更主要的是来自流入地城市的原因，比如市民对他们的态度或者流入地政府对他们的服务管理制度、政策等。由于地域文化的差异、语言方面的障碍、工作节奏和生活成本的压力等，白领流动人口群体普遍存在焦虑、身份认同障碍，处于既非外乡人也非本地人的夹心层境地，出现身份错位或失调。上海的住房问题也极大影响着白领新移民的生活质量和幸福感以及城市居留意愿。有学者根据上海大学 2011 年开展的"上海市新白领调查"数据，依据主客观身份建构完成程度对白领新移民进行类别划分，认为他们已经分化为三种类型：根植型白领新移民、边缘型白领新移民和漂泊型白领新移民。[①] 根据本人对 30 户流动人口家庭的访谈，处于边缘和漂泊型的流动人口家庭较多。也就是说，除了制度上造成的移民"失根"，后者还可能会面临群体身份认同错位问题，这些都会影响他们的社会认同感和城市归属感，使其沦为"都市的他者"。

四、居住证积分制调控的社会治理两面性

一方面，以居住证积分制为基础的人口调控，以权责对等、梯度赋权的原则将流动人口家庭从制度上分为不平等的两个群体，其中规模较小的流动人口家庭群体的社会服务需求趋于扩散，而规模较大的流动人口家庭群体的社会服务需求趋于萎缩。从公民社会权利的角度来讲，这也是一次流动人口家庭群体内部社会权利分化的过程，有可能导致今后人口综合治理的难度加大。

另一方面，上海人口综合调控总体上体现了今后社会治理的一些趋向。

（一）人本化治理

社会治理的本质，就是依靠制度建设，处理好各种人与人之间的复杂

---

① 丛玉飞：《白领新移民身份疏离与社会信心差异化：以上海为例》，《中国青年研究》2014年第 1 期。

利益关系，打造出人际和谐、社会团结、政治稳定的大格局。创新社会治理首先要站在人的视角，从满足人的需求出发，尊重人性，合理地设计相关制度，全面调动人的积极性、自觉性、活力和发展潜能，实现民众的自我组织、自我管理、自我服务。① 对上海而言，人口规模的激增，恰是最现实的"人的问题"。而在人口调控中最经常遇到的一个质疑是如何协调制度的合法性与以人为本的理念。因为流动人口有迁移的权利，享有作为公民的基本社会发展权利，但人口调控必然使得部分流动人口的权利不能够得到有效的尊重和保障。"以人为本"并非以所有人的利益为本，因为在当前利益群体分化和价值多元化的社会里，共识是很难达成的，合理化的差异是秩序的本质。经济基础决定上层建筑，在一个城市的环境资源、财力有限的情况下，在管理和服务能力不足的情况下，是选择保障所有流动人口的迁徙权和居住生活权，从而让城市人口生活在一个"城市病"突出、生活质量下降的环境里，还是选择人口调控，保证"合法稳定居住和就业"的流动人口群体和市民群体生活在一个可持续发展的环境里？答案很好选择，即便是采取放任自由的态度任其流入，流动人口拥挤在一个狭小的生活空间里，遭受着环境的污染和交通的拥堵，他们也是不幸福的，是以牺牲生活品质来获得利益的。人本化的治理，应该是以绝大多数人的利益为本。对于流入地城市而言，当然是以符合城市发展的常住人口为本来制定社会政策。就此来看，上海实行居住证积分制政策，是在户籍改革不能彻底进行的前提下实施的一项旨在保护"两个合法"的流动人口群体的权利，缩小他们与市民的差距，打通两大群体之间的通道的一项积极的措施，既尊重了部分流动人口的权利，也保障了市民的权利，真正做到让上海实现人口与经济社会协调发展，这才体现了以人为本。

（二）系统化治理

人口调控是一项综合系统工程，因而需要政府各部门及社会力量的配合，同时也需要一套顶层设计和制度安排。这可以从上海市人口调控的机

---

① 陶希东：《创新社会治理需要采取四大策略》，《新民晚报》2014 年 1 月 25 日。

构设置反映出来。上海市专门建立人口调控推进工作领导小组，由市委领导担任组长，同时在市发改委设办公室，办公室主任分别由发改委和政法委的一把手担任，办公室分设两个工作组，其职能是负责综合推进和政策协调。每个工作组又有若干政府部门的成员单位构成，形成一套严密的政策执行的网络。在人口调控中，政府处于核心位置，而且是一种横向到边、纵向到底的调控。所谓"横向到边"，就是人口服务管理所涉及的政府各个部门，如公安局、综治办、法制办、农委、城管执法局、城乡建设和管理委员会以及经济信息委、规划国土资源局、人力资源社会保障局、教委、卫计委、商务委、财政局等都参与进来，相互协作。从2014年各个部门和条线陆续出台的一些政策来看，如土地、产业结构调整、城市规划、群租治理、城中村改造、教育、公共卫生、就业等政策，虽然是政出各门，但却不是各自为政，而是体现出责任明确、相互协作、有机配合，形成了一套政策的"组合拳"。所谓"纵向到底"是指从市级层面到区级层面，再到街道和居委会，全部纳入，明确了区县人口调控和管理服务职责，落实了区县人口调控指标，完善了市区两级政府的协调联动工作机制。由此，形成了政府主导、各方参与、政策衔接、有序推进的系统化治理。

（三）法治化治理

党的十八大报告明确要求："提高领导干部运用法治思维和法治方式深化改革、推动发展、化解矛盾、维护稳定能力"，由法制的思维来管理社会。依法行政，依法治国，老百姓也要依法行事。上海市在人口调控过程中的党委领导、政府负责、社会协同，都是以法治为基本前提，更加注重运用法治化管理，即运用行政管理、法律约束等法治手段加强和改进社会管理，加大对违法行为的打击力度，逐步完善执法中的法治支撑。例如，上海市人大以地方立法的形式管理黑车，对从事非法客运活动的车辆，被查出两次以上或将暂扣车辆甚至没收。新修改后的《上海市房屋租赁管理办法》加大了对"群租"的整治力度，也明确了"群租"认定标准，完善了对出租房屋的安全责任要求。新修订的《上海产业导向目录和布局指导》，强化了行业标准的管理。当然，法治化并不只是增加执法力量或者增加法律法规，更在于发挥法治在调节社会关系、调节资源配置方面的作用，减少人为的不合理的行政干预。与人口相关的公共决策出台，尽可能放在法治平台上去让公众发表意见。如2014年3月出台的第15号政府令对《上海市房屋租赁管理办法》做了修改，并在政府门户网站"中国上海"公示，于2014年5月1日起正式施行。总之，创新社会治理亟待解决建立完备的社会法律体系，依法保障政府官员、普通老百姓平等的法律主体地位。关键在于提高依法行政的能力，做到"有法可依、有法必依、执法必严、违法必究"。①

（四）社会化治理

在2014年的政府工作报告中，时任杨雄市长提到，上海要加快形成政社互动、重心下沉、注重治本的社会治理方式。人口调控既然是一项综合而复杂的工作，那么仅仅依靠政府的"单打独斗"是很难完成和胜任的。为什么违规经营禁而不绝、群租屡禁不止，核心在于政府的治理行为没有得到居民的一致认同，部分居民不配合。再如，为什么与人口膨胀相关的停车问题难以解决？有车的人越来越多，车位先天不足，怎么去有效分配公共资源、减少社会矛盾呢？不可能无休止地造车位，也不能只依靠警察执法，那就必须坐下来协商，用自治和共治的办法来解决。所以，在此次人口调控中，更加注重运用社会的力量，进行治理。如新修改后的《上海市房屋租赁管理办法》首次对出租房屋的安全责任做出了两方面的完善，一方面是进一步完善了集中出租管理要求，明确集中出租房屋供他人居住，出租房间达10间以上或者出租房屋居住使用人达到15人以上的，出租人必须建立管理制度，明确管理人员，落实安全管理职责，建立信息登记簿或者登记系统，并将相关登记信息报送公安部门备案；另一方面，明确要求出租人还需与公安派出所签订《治安责任保证书》。同时，还加大了对租赁当事人的处罚力度，针对租赁当事人违反"群租"规定的

---

① 陶希东：《创新社会治理需要采取四大策略》，《新民晚报》2014年1月25日。

行为，将罚款幅度由"5000 元以上 3 万元以下"提高至"1 万元以上 10
万元以下"；针对房地产经纪机构违反"群租"等相关规定的行为，将罚
款幅度由"3000 元以上 3 万元以下"提高至"3 万元以上 10 万元以下"。
再如，"菜场是流动人口超生的天堂"，上海市徐汇区在 2010 年成立流动
人口计生协会，用三年的时间在全区的 51 个标准化菜场发展会员，如今
每个菜场已经拥有 30 名左右会员。会员承诺遵守计生政策，而区计生部
门给予严格遵守的会员购买独生子女保险以及提供免费孕检等，效果非常
好，违法生育率大大下降。总之，特大城市社会治理除了强调社会主体建
设外，还应对政府、企业、社会三大主体的职能进行重新梳理、界定和重
组，特别是对各自的治理边界和责任做出动态性的调整与规定，以便提高
解决社会问题的效率和满意度。①

（五）源头治理

过去的管理治标不治本，头痛医头、脚痛医脚，因而总是出现"东边
不亮、西边亮"的情况，现在更加从源头上治理。如注重运用产业结构调
整、"城中村"改造等政策措施来彻底调整人口的结构和空间分布。无论
是产业，还是"城中村"，都与土地有关。人口与建设用地规模成正比，
有的地方大量扩张建设用地，在规划的时候不去控制人口容量，为了发展
经济而上一些低端项目引进一些企业，随即就会有人进来，人进来又会牵
扯一系列问题，如居住、医疗、教育、社会保障，等等。所以，上海此次
调控特别注重从土地入手，从源头上控制人口膨胀的趋势。城市建设用地
"零增长"目标的提出，以及新修订的《上海产业导向目录和布局指导》
增设限制类产业目录，都是从流动人口赖以生存的就业方面入手，合理调
控外来就业人口的规模和结构，从根本上遏制人口的膨胀。启动"城中
村"改造工作，则是从流动人口赖以立足的生活空间入手，提高其生活成
本，压缩"灰色经济"人口的非法存在空间，从而促使他们理性地做出选
择。针对福利驱动型流动人口，以公共政策的设计优化为基础，减少流入

---

① 陶希东：《中国特大城市社会治理模式及机制重建策略》，《社会科学》2010 年第 11 期。

诱因，引导外来人口有序融入。

可见，居住证积分制调控在社会治理方面体现出了两面性：一方面，政府通过制度、政策等行政手段去限制和分化流动人口，不符合公平与正义原则，面临成本风险和道德风险及与城镇化目标背离的风险；另一方面，政府的人口调控体现了人本化治理、系统化治理、社会化治理、法治化治理和源头治理的趋向，显示了社会治理手段和路径的科学化与合理化。社会治理的一个基本命题，就是如何根据日益变化的现实，设计出有效率的公共政策调控社会，对社会价值做出权威分配。公共政策不仅影响着人们的生活，甚至塑造着整个社会的面貌。① 因此，如何有效运用公共政策手段，体现公平公正的原则，兼顾流动人口家庭的利益，达到社会治理的和谐化，是下文和后续需要深入思考的问题。

---

① 秦德君：《提高社会治理的政策效率》，《深圳特区报》2012 年 11 月 6 日。

第六章 构建完善的流动人口家庭社会服务体系[①]

社会服务与管理水平是衡量执政党执政能力重要标志,[②] 社会服务是提升国家治理能力的重要方面。[③] 2016 年 1 月 1 日我国正式颁布实施《居住证暂行条例》,在户籍制度改革上迈出了重要的一步。"全国版"居住证规定了居住证持有人享受六项基本公共服务和七项便利,全国有 20 多座城市都开始探索居住证制度。在这种新形势下,超大城市如何对待流动人口家庭的社会服务需求呢? 此次户籍制度改革的重点在超大城市,作为超大型城市的代表——上海,属于较早探索居住证积分制的城市,如何在原有的居住证积分制基础上加以完善,使之既符合建设包容性国际大都市的要求,又符合全国城镇化发展的方向,同时,还能体现上海的治理水平和治理能力,彰显公平公正的原则。本章拟在前述实证调查的基础上提出构建完善的流动人口家庭社会服务体系。

第一节 从民生的视野检视和重视
流动人口家庭的社会服务需求

曾任国务院发展研究中心社会发展研究部副部长贡森认为,我国农业劳动力继续转移面临特殊困难,着力帮助农民工实现社会权利,是解决"民工荒"的较优选择。从根本上说,社会融入的中长期目标是社会融合,

---

① 本章已发表在:潘鸿雁:《居住证积分制调控与流动人口家庭社会服务体系建设》,《上海行政学院学报》2017 年第 1 期,全文转载于《新华文摘》网络版,2017 年第 9 期。
② 王伟、谢芳芳:《我国社会服务与管理创新的方向和路径刍议》,《改革与开放》2014 年第 1 期上。
③ 刘峻杰:《社会服务是提升国家治理能力的重要方面》,《前进论坛》2014 年第 7 期。

就是消除流动人口与当地户籍人口的身份和社会权利的差距，实现各类人群同等的社会权利。但是，在近期社会融入主要是社会接纳和包容。只有这样，才能够促进农村人口逐步在城镇安居就业，有效改善他们的生活质量和生存环境，促进全体人民共享改革发展的成果，同时也能够为农业现代化和农村发展提供空间，为转变发展方式、破除二元结构、缩小城乡差距奠定基础。这就意味着，相关的政策制定者在构建和谐社会的背景下，应当在民生的视野下来认识、界定和处理流动人口问题，在制定政策时应充分重视和考虑流动人口的社会服务需求，解决好他们的生存和发展问题，逐步提高他们的社会保障水平，为他们编织一张社会"安全网"，扩大他们享受基本公共服务的范围，让他们能够"体面劳动""活得有尊严"。①

一、中央重视

在对待流动人口家庭的社会服务需求方面，中央及地方政府应该态度一致，既重视又各司其职、互相配合。超大城市的人口综合调控问题不是市政府可以独立搞定的，必须在全国范围内同步、联动进行，因为区域发展不平衡才是导致人口往"北上广"流动的主要原因。"人口问题的本质是发展问题。长期看，解决城市人口问题，关键是要消除区域发展中的不平衡现象，实现区域均衡协调发展"。中国人民大学社会与人口发展学院的段成荣教授提出，未来必须转变传统控制思路，把调控人口规模的平台建立在全国范围内，促进公共资源在空间上的均衡分配，"只有大城市以外的广大地区也同步发展起来了，才能真正减轻人口持续增长的压力，实现人口有序流动"。② 因此，中央政府的责任在于对全国人口流向上的规划引导，通过新型城镇化发展战略，促进城镇化和新农村建设协调推进，

① 潘鸿雁：《民生视野下的流动人口社会服务需求》，《学习时报》2011年10月17日。
② 《专家：大城市人口调控应市场化而非行政管控》，《人民日报》2014年4月4日。

大中小城市和小城镇协调发展，改变人口过度集中在超大城市的分布格局；通过推进城乡要素平等交换和公共资源均衡配置，推进城乡基本公共服务均等化来推进人口的均衡布局；在操作层面上通过建立中央财政转移支付同农业转移人口市民化挂钩机制，来提高人口流入地的积极性、推动促进流动人口的市民化，即城市融合。

二、地方政府重视

在超大城市地方政府方面，则应该尽力而为、量力而行，以居住积分制为载体，正视流动人口家庭的社会服务需求，运用公共管理理念，以一种新的服务型政府的形象展示在人们面前，更能贴近居民，获得居民的信赖。在对待流动人口家庭的社会服务中，坚持公平公正、以流动人口家庭为本，关注他们的服务需求，管理与服务并举，寓管理于服务之中。以徐汇区计划生育服务为例，可以凭借该区良好的社区公共服务基础，积极推进流动人口家庭计生服务均等化。针对流动人口家庭少儿人口多的特点，利用社区优质的0—3岁婴幼儿早期发展教育资源，吸引流动人口家庭参与社区公共服务；为流动人口家庭提供温馨、优质的免费服务点，在全区13个街道人口计生综合服务站积极拓展为流动人口家庭服务的项目；不断扩大社区免费孕前检查的比例范围，吸引流动人口家庭参与免费孕前检查项目；针对流动人口比较集中的特点，继续开展"生育指导进工地"等生殖健康服务；为流动人口困难家庭提供帮助，如节日走访慰问，免费健康体检等；推行"主动式""预约式"免费技术服务等，不断提高流动人口家庭计划生育公共服务知晓率和服务率。[①]

重视流动人口家庭的服务需求，对他们实行人力资源管理，即通过培训教育提升流动人口素质。比如美国对进入本国的移民提供各种免费的培

---

① 潘鸿雁：《流动人口计划生育公共服务现状、问题与对策研究》，《福建论坛》2014年第9期。

训教育服务，包括法制培训、语言培训等。上海对于进入本市的流动人口家庭也可以从培训教育入手，放低接受教育的门槛，提供各种职业技能、地方话、法制等培训，并且将提供这种服务的功能下沉给社区学校、图书馆、社区文化活动中心等。通过这样一种培训教育，使得流动人口家庭可以获得与本市居民较为均等的发展机会，增强他们对城市社会的适应能力，真正成为未来上海的人力资源，为实现融合奠定基础。[①]

第二节 推进流动人口家庭社会服务体系建设的制度安排和顶层设计

流动人口家庭社会服务体系建设需要具备多方面的条件，最主要的是要研究制度设计和安排，这是实现基本公共服务均等化的重要保障。制度既包括居住证积分制这样的宏观层面制度，也包括公共财政制度、就业、教育、医疗、社会保障等具体制度以及相关的法规，要实现不同层次制度之间、制度与基本公共服务均等化要求之间的协调和兼容。[②]

一、制度安排

（一）完善居住证积分制及其配套制度

对于持有长期居住证的流动人口家庭群体而言，他们主要是从事非体力劳动的白领，包括专业技术人员、办事员、商业服务业人员等，他们构成了移民群体的重要组成，是推动上海市实施人才开发战略和可持续发展的中坚力量，政府的目标是促进其社会融入，成为上海新市民。但是，这部分人群每年入沪的比例非常有限，门槛比较高。在国家户籍制度改革的新趋势下，面对上海所面临的人才不足和各地人才竞争形势，上海新型户

---

① 潘鸿雁：《流动人口社会管理面临的新问题与对策》，《上海行政学院学报》2014 年第 1 期。

② 胡艳辉：《均等化视角下农民工公共服务体系建设研究》，《湖湘论坛》2011 年第 2 期。

籍制度改革的重点就是对上海居住证转户籍人口提出一个基本的政策设计框架。此次户籍新政规定了四条原则，具体包括：①不调控急需人才；②满足现代服务业和先进制造业发展需要；③重视教育背景，同时更要重视能力业绩；④强化准入，明晰预期。可见，这次新型户籍制度改革下的人口调控，更加注重从上海的实际出发，优化人口结构，而非单纯地控制数量；更加注重人的综合素质和知识能力，而非只看重"人脑"而忽视"人手"；更加注重上海的长远与未来发展，旨在建立包容性增长的新型城镇化机制。[①] 如何将上述原则量化为可操作的指标，然后通过设置合理的积分指标体系，发挥居住积分在人口流入时的引导作用，达到上海人口总量调控和人口的结构优化，从而实现对这一部分流动人口群体制度化的服务管理是制度设计的重点。

与上述居住积分制度探索同步的还有促进社会融合制度，不仅仅要在制度层面上进行"植根"，解决这部分群体的户籍及福利待遇，如住房制度改革、推动异地婚嫁的户籍安排、子女就学安排等扩大社会保障覆盖面的措施，从而消除社会屏蔽制度带来的社会排斥；更主要的是促进其内在的身份转变和确认，"从内部条件、外部环境和政策建构等多个层级着手解决，重新塑造城市新移民身份，为其提供同化与融合的解决路径"，[②]真正做到城市认同和社会融入。

对持有临时居住证及无证件流动人口家庭群体，主要是完善以居住证制度为载体的流动人口服务的配套制度政策。首先，采用激励的手段吸引这部分流动人口家庭主动登记，完善人口登记制度。有学者提出，可采用以合法居住为前提的"普惠免费小额门诊、公交卡补贴"[③] 或其他利益导向措施吸引他们主动实名登记。这类似于日本的"住民票"制度，信息登

---

① 葛延风、国务院发展研究中心社会发展研究部课题组：《上海城市人口总量控制与结构优化研究》，《科学发展》2014 年第 5 期。

② 丛玉飞：《白领新移民身份疏离与社会信心差异化：以上海为例》，《中国青年研究》2014年第 1 期。

③ 葛延风、国务院发展研究中心社会发展研究部课题组：《上海城市人口总量控制与结构优化研究》，《科学发展》2014 年第 5 期。

记与社会保障制度相关联，基本信息网络登记制度使得日本行政部门可以在网上查找任何居民的确切住址、电话、年龄等基本情况，从而保证了人口的有序流动，加强了行政当局与居民之间的关系，还增强了居民的归属意识。[1] 这既是回归户籍制度的本意，也是做好流动人口服务管理的前提。其次，赋予他们享有"低门槛"的社会服务权利。持有临时居住证及无证件的流动人口家庭群体主要是一些从事体力劳动的蓝领群体，是被政府公共服务和社会保障政策边缘化的群体。但社会服务权利是流动人口的基本公民权利，社会服务需求的满足是流动人口城市认同和融合的重要因素，并影响着全国城镇化的进程和质量，因此，有必要建立底线思维，逐步提升流动人口家庭社会服务的可及性，扩大对他们的公共服务内容，以来沪工作年限、缴纳社保等衡量稳定就业的指标为依据，赋予流动人口家庭"低门槛"的社会服务权利，最终实现流动人口的市民化待遇。"在信息登记的同时，也记录流入地赋予登记者的公共服务权利"，[2] 从而完善以居住证积分制为主体的户籍制度，做到流动人口全覆盖。

（二）建立各层次流动人口财政转移支付制度

中央政府要担负起转移支付和规范责任，统筹跨省流动人口的服务管理经费，制定有关流动人口社会服务的专项法规。地方政府要承担起社会服务的具体职责，统筹省内的流动人口，将流动人口纳入本地实有人口，实行属地服务和管理，由市、区、乡镇分层次落实专项经费。[3] 以卫生计生服务为例，中央财政应统一承担安排预防接种、传染病防控、孕产妇保健、儿童保健、慢性病防治宣传、慢性病管理、重性精神疾病管理、计生技术指导咨询、计生临床医疗服务、再生育技术服务、计生宣传服务等11项公共服务，而地方政府可自行支付安排健康档案、健康教育、老年

---

① 张暄：《从东京的城市管理经验看北京的人口调控方式》，《北京广播电视大学学报》2010年第4期。

② 葛延风、国务院发展研究中心社会发展研究部课题组：《上海城市人口总量控制与结构优化研究》，《科学发展》2014年第5期。

③ 吴丽丽：《流动人口公共健康服务发展现状及优化建议》，《人民论坛》2013年第11期中。

人保健、社区戒毒服务、卫生监督协管、计生术后免费家政服务、儿童早期教育服务等 7 项公共服务。[①] 就上海市而言，应综合考虑和平衡区级差异以及流动人口的数量结构等，实行公共服务和基本设置按照实有人口配置。只有建立市对区的流动人口财政转移支付制度，才能达到城区之间的大致平衡，而财政支付的力度决定了社会公共服务能力的水平与质量。

二、注重顶层设计，加强统筹协调[②]

流动人口的服务和管理工作，因地区之间、城乡之间发展的不平衡，具体在经济发展、资源配置、就业机会、收入水平、社会保障、基础设施、公共服务等方面存在较大差距，难以落实到位，这就需要在国家层面及省市一级层面做好流动人口的顶层设计，加强统筹协调。

（一）探索建立统筹协调的流动人口管理服务体制

目前对流动人口的管理服务分属于不同的政府部门，而部门之间的管理又存在分割、脱节和多头管理，部门间关系协调问题突出，条块分割矛盾十分明显。因此，需要探索建立统筹协调的流动人口管理服务体制，形成统一的流动人口管理服务体系，加强部门之间的统筹协调性，提高管理和服务效率。同时，总结各个区县流动人口管理服务的经验做法，及时推广，上升为可操作的制度和规则，使流动人口的社会管理服务有序的进入法制的轨道。如广东东莞、浙江省瑞安、乐清等一些地方开始成立流动人口服务管理局，整合流动人口服务管理的各项职能，尝试探索推进流动人口社会管理与公共服务一体化。[③]

（二）将流动人口纳入市经济社会发展总体规划

城市发展和人口发展是紧密相关的，人口规划一定要和城市的经济社

---

① 徐水源、刘志军：《政府购买卫生计生基本公共服务研究》，《人口与经济》2016 年第 2 期。

② 潘鸿雁：《流动人口社会管理面临的新问题与对策》，《上海行政学院学报》2014 年第 1 期。

③ 陈丰：《流动人口社会管理与公共服务一体化研究》，《人口与经济》2012 年第 6 期。

会发展规划相结合，城市才能欣欣向荣，因此城市经济社会发展规划应将包括流动人口在内的城市人口纳入其中，在实施重大项目或者发展决策时需要系统考虑流动人口的规模、结构、质量等，需要统筹考虑城区之间在经济发展、资源配置、就业机会、收入水平、社会保障、基础设施、公共服务等方面存在的差异。比如，就上海而言，中心城区与郊区差异较大，特别是在流动人口的数量、空间分布、职业类型等方面，这直接影响到资源配置、服务管理的目标任务、方式方法等。静安、黄埔等中心城区是人口导出区，而且老人较多，其教育、文化娱乐等资源相对富裕过剩，养老资源相对不足，而闵行、松江等市内人口导入及流动人口流入的郊区则教育、文化娱乐等资源格外紧张，供不应求，养老资源相对富裕；中心城区面临流动人口的社会融入问题，需要解决流动人口的社会认同，即像社会参与、身份认同这样的深层次的融入问题。而郊区则面临流动人口群体与户籍人群的和谐共处问题，需要解决流动人口的基本服务和保障问题。

（三） 在法律的基础上构筑整合性的社会服务体系

即对流动人口享有社会服务的权利上升到法律的层面，以此来规范政府各部门的服务行为，[①] 强化他们的责任，保障流动人口家庭的权益和利益。

第三节 建立社会服务供给模式和加强机制建设

加强流动人口家庭社会服务体系建设，除了要研究制度设计和安排外，还需要建立有效的社会服务供给模式，加强机制建设。

一、建立社会服务供给模式

有效的社会服务供给模式包括按需供给、分类供给和多主体、多层次

---

① 王春福：《公民身份与城市外来人口公共服务的供给——基于杭州市外来人口调查的分析》，《浙江社会科学》2010 年第 11 期。

供给。

（一）需求导向

在配置公共资源时，向流动人口最迫切的社会服务需求倾斜。这是衡量政府公共服务有效性的标准。所谓"民有所呼，我有所应"。在政府公共财力有限的情况下，要认真梳理流动人口家庭的服务需求，设计出社会服务的供给优先序：需求强烈、需求中等、需求不强，从而建立按需供给的"需求导向"的社会服务提供模式。① 应以生存性的服务需求为核心来配置资源，同时要抓住流动人口最需要解决的服务需求，如医疗卫生、子女教育等，优先配置资源，提高配置效率。而对于流动人口需求并不十分迫切的养老、文化娱乐等，则可以有计划、有步骤地进行配置。将流动人口家庭的社会服务需求同正在实施的居住证积分制的指标构建挂钩，从而提升政策实施的针对性和有效性，建立起上海未来发展所需要的人才与他们的服务需求在政策上的对接。在财力逐渐提升的情况下，渐进式地提高对流动人口家庭的服务水平和标准。

（二）分类供给

面对流动人口家庭及其社会服务需求分化的事实，应采取分类分层的社会服务提供方式。对于居住证积分制覆盖的流动人口家庭群体，应在市财政许可的范围内逐渐将原有的社会服务覆盖面扩大到这类家庭的其他成员身上，如随迁子女和老人的社会保险全覆盖、拓展随迁子女接受高中教育的通道、鼓励流动人口家庭的社区公共事务参与和决策，等等。而对于居住证积分制辐射不到的流动人口家庭群体，应注意回应他们呼声很高的一些服务需求，如住房需求，可以通过在工业园区建设廉租房集体宿舍小区，或建立集中安置保障房等，逐步将流动人口家庭纳入住房保障体系，形成流动人口家庭"大杂居、小聚居、交错居"的居住格局。政府看似投入很多，但实际上是事半功半：一是可以改善流动人口聚居地"脏、乱、

---

① 俞雅乖：《农民需求、优先序、表达机制与城乡基本公共服务均等化》，《浙江学刊》2009年第1期。

差、危"的现状;二是减少违法居住、违章搭建的发生;三是可以对流动人口进行有效管理;四是可以降低政府"五违整治"的成本;五是可以获得流动人口家庭的理解、信任和配合,有助于社会关系的和谐稳定。

分类供给还表现在同一类社会服务供给中服务的内容可以有所侧重。以计生服务为例,流动人口被分为三个类型:一是对已婚育龄妇女重点做好生育管理和技术服务;二是对未婚育龄女性重点做好宣传教育、信息跟踪与服务;三是对男性重点做好政策咨询与信息跟踪服务。特别将已婚育龄妇女列为重点服务管理对象。这样就在流动人口计生服务的内容上有所侧重、重点突出,做到合理配置人手和资源,既节约了成本,又提高了服务管理的效果。

(三) 多主体、分层次、多方式供给

在社会服务需求日趋复杂和多元化的背景下,需要突破传统的以政府为"单中心"的供给模式,改变政府对于各类社会服务供给的垄断性和行业壁垒,从兼顾效率与公平出发,真正建立起以政府为主导的多元主体供给格局,建构多主体的供给模式,协调好供给主体间的分工合作关系,①缓解政府公共服务的压力。这其中包括:政府部门联动、政社互动和政企互动。以计划生育服务为例,需要流入地和流出地政府部门的紧密合作,加强彼此间的信息查询、通报和反馈合作等,建立外来流动人口双向管理联席会议制度、建立信息交换平台等,实现对外来流动人口有序、互动管理和服务。同时,部门之间的横向协作联动也必不可少,如实行综治、公安等相关部门联合办公,为流动人口家庭提供办理《居住证》,查验、办理《婚育证明》等系列服务,进一步优化资源,统筹和合理配置资源,形成工作合力,才能使流动人口家庭的计生公共服务更上一个台阶。以住房保障服务为例,除了政府增加针对流动人口家庭的住房供给外,还可以"通过政策优惠,吸引市场和社会部门发展企业性公共租赁、发展社会集

---

① 胡艳辉:《均等化视角下农民工公共服务体系建设研究》,《湖湘论坛》2011年第2期。

体产权的住房计划，帮助解决流动人口的住房需求"。① 在流动人口教育服务方面，鼓励和支持社会力量创办流动人口学校、流动人口图书馆，为提高流动人口素质创造条件。②

发挥流动人口家庭服务社区化的基础优势。对流动人口家庭的一切服务和管理最终落实到基层社区，因此，社区应充分发挥其属地管理和服务的功能。社区是流动人口家庭居住和生活的空间场所，也是能够给他们提供精神支持的地方。加强对流动人口家庭的社会服务，也应该从社区入手，在社区得到落实。在具体实践中，就是要将流动人口纳入社区发展规划，向他们开放既有的社区服务体系，如就业、医疗、文体、救助等，同时增加有针对性的服务项目；设立以流动人口家庭为对象的社会工作者队伍，提供包括法律咨询与援助、心理咨询、就业咨询、困难救助等在内的社会综合服务，等等，让流动人口家庭也能够公平地享受到以社区为代表的方便生活型服务和以志愿者活动为主体的义务型服务。社区服务能够解决流动人口的日常生活需求，帮助他们提高生活质量。同时，为他们提供实现自我管理自我服务的机会，促使流动人口家庭对社区产生较强的归属感和认同感。③ 以计生服务为例，将流动人口计划生育纳入社区经常性服务与管理之中，依托社区，最大限度地满足流动人口在计划生育、生殖健康、社会化服务等方面的需求，实现社区流动人口服务与管理工作的规范化、制度化和科学化。

加强流动人口的自我服务管理，提升服务质量。政府的管理是"硬管理"，是制度化的刚性管理，一般通过灌输的方式来实现，政府的职能是为流动人口提供一个良好的公共秩序，以及"一刀切"无差别的公共服务。自治管理是"软管理"，是文化的柔性管理，一般通过渗透的方式来实现。通过培育和发展流动人口自治组织，不仅能够为流动人口家庭提供

① 刘婷婷、李含伟、高凯：《家庭随迁流动人口住房选择及其影响因素分析：以上海市为例》，《南方人口》2014 年第 3 期。
② 嘎日达：《中国农民工家庭城市融入的困境思索》，《人才资源开发》2012 年第 4 期。
③ 潘鸿雁：《从"民工荒"透视流动人口管理与服务问题》，《天府新论》2011 年第 4 期。

各种服务，较好地保障其合法权益，而且能充分发挥其自我管理、自我组织、自我约束的功能，既可分担政府部门的部分管理功能，减轻政府的负担，又能整合各种社会资源，提供多元化、差异化的社会服务，及时化解许多矛盾纠纷。比如徐汇区计生部门大力推进徐汇区流动人口协会能力建设，拓展徐汇区计生协会的服务内容，继续开展和完善《徐汇区标准化菜场计生协会"温馨港湾"宣传服务行动》项目，加大标准化菜场协会分会的建设力度，实现"温馨港湾"项目在全区 55 个标准化菜场的全覆盖，完善流动人口计划生育自我教育、自我管理、自我服务、自我监督的管理模式。同时，不断扩大"优韵沙龙""金秋俱乐部""银龄活动室"等活动范围，将计划生育公共服务切实覆盖到每一个流动人口家庭，确保《女性健康保险》《独生子女保险》，免费孕前优生健康检查、妇科检查，已婚男性人员免费生殖健康检查等服务项目宣传到人，计划生育生殖健康科普知识普及到户，不断提高全区流动人口计生公共服务均等化的比例。因此，有必要在社区层面组织流动人口自管组织和协会，使他们在参与社会活动中建立新的社会和谐关系。①

此外，在流动人口家庭社会服务需求的供给手段上，可采取政府与市场协同、政府和个人分摊服务成本的方式，公益性和有偿性相结合。②

二、加强流动人口家庭社会服务体系的机制建设

"执行力"与"制度力"相互依赖，同等重要，流动人口家庭社会服务体系建设的制度安排最终落脚到机制建设，要通过机制建设来落实完成，社会服务提供的效果最终取决于运行机制的效能。

流动人口家庭社会服务的机制建设重点在于：需求调研机制，利益诉求表达机制，利益冲突解决机制，体制内的协同合作机制，政府、企业、

---

① 嘎日达：《中国农民工家庭城市融入的困境思索》，《人才资源开发》2012 年第 4 期。
② 高向东、吴瑞君：《上海人口空间移动与公共管理和服务资源配置研究》，《科学发展》2013 年第 3 期。

社会组织等的"外协"合作机制[①]，结果导向的评估机制以及有效制约的监督机制。目的在于保证流动人口社会服务提供的及时性、高效性、科学性、真实性和可持续性。其中，建立流动人口家庭的利益表达机制至关重要。任何社会群体都需要通过不同的途径和渠道表达自己的利益诉求，政府只有倾听到流动人口家庭的心声，才可以有针对性地提供服务。但是，就我们对流动人口家庭的访谈来看，几乎所有的家庭都选择无声的沉默，或者被动地适应，或者是以对政府行动上的不合作来应对。即使有诉求，也只能憋在心里，像访谈者 12 陆某那样，把访谈当作是倾诉的通道。因此，机制建设的重点在于建立制度化的利益表达机制，如畅通信访通道；或者支持流动人口家庭建立自己的社会组织，如流动人口协会、农民工工会等，通过组织化的渠道来表达；或者通过公共传媒、知识精英等来表达。[②] 在社会服务提供的过程中，需要建立体制内的协同合作机制、"外协"合作机制来满足多元化的服务需求。最后，需要建立社会服务的评估机制。任何一项制度出台都需要有一套科学的评估机制，之前有预评估，决定制度是否执行或者是更改；之后有效果评估，适时进行动态调整，只有这样才能达到制度的最优化。

---

① 王桂新、张晓杰：《基本公共服务供给的有效性与有限性研究》，《上海行政学院学报》2014 年第 1 期，转引自：曾维和：《当代西方国家公共服务组织结构变革》，中国社会科学出版社 2010 年版，第 226 页。

② 朱涛：《生存逻辑：城市农民工的利益表达机制》，《社科纵横》2009 年第 2 期。

第七章 流动人口家庭社会权的结构性变动①

面对流入地政府的服务和管理政策，流动人口家庭会也做出理性的判断和选择：是继续居留，还是选择再次迁移或返回家乡。有研究表明，流动人口的居留意愿并不仅仅收到经济因素（就业、收入等）的影响，还受到社会因素（社会融合度、子女教育等）及户籍制度变化的影响。② 有相当一部分流动人口，在对照了上海的居住积分标准，面对上海人口调控新政策下公共服务总体收紧的形势，都选择了离开上海，去寻求更好的发展机会。但也有一部分流动人口即使获得积分的希望很渺茫，仍继续留在上海寻找出路，争取自己的"社会权利"。这一过程，是地方政府、市场和流动人口家庭博弈的过程。农民工家庭是流动人口家庭的主体，也是受人口调控政策影响最大的群体。因此，本章将以农民工家庭为例，来考察农民工社会权的结构性变动。这也是对上海市人口调控政策的一种回应，需要高度重视。

---

① 本章已发表在：潘鸿雁、陈国强：《农民工社会权的结构性变动：基于对 S 市社会服务的微观调查》，《甘肃理论学刊》2014 年第 2 期。
② 孟兆敏、吴瑞君：《城市流动人口居留意愿研究：基于上海、苏州等地的调查分析》，《人口与发展》2011 年第 3 期。

第一节 农民工社会权变动：一项实证分析

从"农民工"[①]群体形成以来，基于对平等、公平、公正等的价值追求，研究者一直在致力于推动农民工在城市中获得与市民同等的权利。这不仅是对农民工的一种政治关怀，同时也符合安定和谐的国家发展策略。经过二十多年的努力，农民工在城市中的境遇已经有了一定的改观：针对农民工的社会保障逐步形成、户籍制度有所松动、政治权利逐渐放开。但纵观之，这种改观仍然处于一个持续的变动过程之中，而在各种力量和行动相互交织下，使这个过程至少呈现两方面的特点：一方面随着市场经济及其改革的深入发展，户籍制度、政治制度等刚性规则在各种批评以及改革努力中逐渐发生变化，与此相伴随的市民权利结构出现变动。比如苏黛瑞认为，20世纪90年代初中国城市传统依靠单位和社区所建立起来的市民权利基础进一步弱化，而农民工群体则在争取和适应中产生分化，并不同程度改变、享有这些权利[②]。另一方面，随着国家对社会发展观认识的变迁，社会建设成为当前乃至今后一段时间内被不断强化的新国家战略，这也驱使地方政府通过加大社会服务投入、创新社会管理等途径进行实践，使市民权利结构在这种努力中充满变动性。在这一背景下，农民工在城市中的处境以及城市在自身发展和与农民工互动中所塑造的生存空间，必然都发生了新的变化。本章试图以其中农民工社会权变化现状为研究内容，从农民工社会服务的微观状况着手，考察当前农民工在城市中的社会服务需求表达方式，以及城市的回应方式。由此，分析这些实践背后所呈

[①] 关于"农民工"这一群体的概念界定有多种，比如乡城迁移人员、流动人口、外来人口、新居民等，但每一种表述在指向上仍然有一些差异。本文根据研究需要采用"农民工"这一表述，综合考虑"户口类别和户口所在地"（李骏、顾燕峰，2011）两种要素，主要指某一行政区域（主要以市辖区）以外，进入该地区、以从事"非农产业工作、以工资为主要收入来源的劳动者"（李培林、李炜，2007）。

[②] 苏黛瑞在《在中国城市中争取公民权》一书中已经发现改革与市场经济对市民权的影响，认为市民权在产生变动，农民工群体至少分化成三类群体：被体制吸纳的群体、族群体和无依无靠的群体。

现的社会权利结构，以及它被塑造和维持的逻辑。

基于基层社会的复杂性，这里提出这样一些假设：

（1）由于农民工群体（特别是新生代农民工）观念和认识的变动，他们在城市中会表现出对社会服务的积极争取行为。但是，由于城市固有权利结构的韧性[1]，这种争取行为对社会权的直接影响并不明显。

（2）地方政府对农民工的社会服务表现出一定的主动性。这种主动性来自于两方面的动因：一是在与农民工的长期互动中，地方政府逐渐认识到共同利益的存在，因而在一定限度内采取行动维护这种利益；二是随着"公平、正义、平等"等理念日益在国家和个体之间深入，地方政府受到的来自上下的压力增大，从而推动他们采取一定的服务行为。

（3）由于我国特殊的政治体制和行政方式[2]，市场更多在微观层面塑造着农民工的社会权。但与苏黛瑞所观察到的不同的是，市场不再仅仅是线性地改造农民工的社会权（即在全能主义国家撤退过程中留下的空间内发挥作用），而是在与主动行动的地方政府交互中发挥作用，从而影响农民工的社会服务状况，并塑造着农民工的社会权利。

通过近几年社会服务资源下沉努力，社区成为社会服务的主要实践平台（比如各地都在努力打造的社区"×分钟××服务圈"）。本章对农民工社会权的考察，主要是建立在 2012 年对上海市两个农民工集聚的社区进行实地调查访谈的基础上。

一、群体行动及其效果

农民工在流入地中常以"沉默"群体[3]的形象存在。他们较少主动表

---

① 这里的"韧性"既表现在对原有限制性制度的路径依赖（陈映芳，2005），也表现在对农民工的行政吸纳（郎友兴、谢安民，2017）。

② 我国的政党制度不同于西方国家的多党制，在政治主张上，受一种观点（左或右）主导并不明显。同时，在行政方式上，地方政府与中央政府在行政逻辑上存在差异（周雪光，2008；苏黛瑞，2009：81），地方政府对基层的影响更显著。

③ 赵晔琴：《农民工：日常生活中的身份建构与空间型构》，《社会》2007 年第 6 期。

达他们的诉求，更多是在遭受侵害时被动采取抗争行动。这种现象已在农民工身体权利和经济权利等研究中得到证实。但是，在"不直接侵占个体利益"的社会服务方面，他们将通过什么方式进行表达？是否会主动"争取"这种权益？并且，如果"争取"行动成立，效果怎样？通过对C社区党支部书记的访谈调查，试图对这些问题进行讨论。

C社区由原C村（整村）和其余四个村的部分村民拆迁后组成，于2005年开始拆建，2011年12月正式改建为社区。社区共分四期，一、二、三期已经完成，四期正在建。已建成住宅3591套，在建1161套。其中一期共有42幢、1093套房。住宅的面积分为50、70、100、140平方米四种类型。C社区现共有户籍人口3586人（1100户），流动人口7200多人。改拆建后，C社区的居民由原来的村民变为市民，户籍居民可每月领取生活补助（160元/月，目前正在过渡到城镇保障体系中），同时每户可得到C社区内4—5套商品住房，其中许多住房都出租给了农民工。对农民工社会服务的一些情况，C社区党支部书记Y如是说：

问：C社区目前一般为外来人口提供些什么社会服务？

Y：大概有这么一些：第一，进行妇女病的普查，这个是免费的，有蛮多人过来的，今年到现在大约有100个左右，因为去年做过"两癌"筛查，所以（今年来检查的人）已经少了很多了。第二，暑期时邀请外来人口的孩子和我们的孩子一起玩，我们请了一个退休老师，暑假的时候为他们做辅导……我们组织看电影等娱乐活动，基本都是一个星期一次。第三，做一些开店办证明等特殊情况的服务，比如上个星期，一个四川老人在这里看电视时突然去世了，他们（老人的家人）就来找我们开证明，不然没法在这里火化。……（书记思考了片刻）大概就这些吧。哦！还有为外来人口设了一个临时菜场（这个菜场就在C社区一期小区大门左转不到100米的十字路口）。

问：为外来人口设一个临时菜场？这个服务怎么理解？

Y：这个临时菜场个是方便这些外地人做生意的，原来没有这个菜场的时候，他们都在小区门口卖，弄得门口很乱。另外也方便他们买菜，现在下午一点到四点，那里热闹得不得了。

问：这个临时菜场只是给外地人用的吗？

Y：那倒不是。本地人也去那买菜的，因为比较近嘛。另外，摊位是统一招标的，400元/月，总共200个摊位，现在都租出去了，本地人一般抢不过外地人的，本地人做事太胆小，外地人就不一样，他们以前甚至还去投诉过我。

问：投诉？去哪里投诉？为什么要投诉？

Y：之前在我们还没改社区的时候，村里自己有一个菜场，对本地人摊位费收5毛钱一天，对外地人收1元钱一天。他们就觉得很不公平，为什么就对他们收的高。他们先到我这里来投诉，我告诉他们这个菜场本来就是村里自己建的，对内我们当然是想收多少就多少了，哪怕不收也没关系的，而且本地人是自产自销的，他们是经营的。结果他们不服气，就去当地日报投诉了。最后，还是维持这样，这个事情我们理直气壮，又没做错。（书记说这事的时候还是乐呵呵的）

问：他们还会投诉些什么？

Y：另外投诉比较多的就是治安了。

问：他们也会对治安不满意吗？

Y：不满意！外地人也偷外地人。我们这个地方，小偷小摸是经常有的，但大案是没有的。

问：他们一般都会去哪里投诉呢？

Y：比如市长热线、报社。

根据 Y 书记的描述，C 社区为农民工提供的社会服务并不突出和显著（其中不排除被 Y 书记忽略的）。但仅就他所提到的健康、教育及一般生活服务等内容而言，农民工与居民在这些方面基本具有平等性和主动性。

城市为农民工提供的一些社会服务并没有呈现继续构筑一种二元分割的权利格局，这种状况与以往城市设立"农民工子弟学校"的行为有较大的差异。但是，在 C 村转社区的过程中，菜市场经营权①分配的变化，为我们提供了一个较好的观察契机。

（1）农民工对社会服务资源，存在事实上的争取行为。在原 C 村中，农民工因为获得了与村民不同的服务待遇（表现为不同的准入条件：农民工为 1 元钱/天，村民为 5 角/天），从中感受到不公平，最终进行了持续抗争。首先向村委投诉，无果后又向当地日报投诉。这种现象与农民工在工作中"利益受损—抗争"的"消极抵制型"反应模式存在一定差异，表现为"不公—抗争"的"权利主张型"特点。② 在社会服务上，农民工很难因自身利益受到侵害而被动采取争权行为。因此，农民工的这一行为反应成为其对权利争取的一种新动向。这或许也是社会权在市民权中的价值所在。③

（2）市场对服务资源的配置作用为农民工获得平等的社会权塑造空间。在 C 村中，农民工的抗争行为最终被村里的"理"所消解，未能在争取社会权上发挥有效的作用。苏黛瑞认为，农民工的日常实践或许在无意中重塑社会权结构。④ 本研究未能对此获得证实。但是这一状况，却因城市化和市场化而发生改变。C 村拆建为 C 社区后，新建的菜市场成为城市的公共资源（而非集体资源），按照市场化的方式分配经营准入权（即通过公开招投标的方式），社区不能再依据菜场是"群体内资源"而对农民工进行排斥。因此，在平等竞争的情况下，农民工最终获得了大多数的摊位。

---

① 菜市场经营权是一项特殊的内容，它与经济利益紧密相关，但是从准入的角度看，它更类似于就业权，本文将其作为社会权内容。

② 邓秀华：《农民工政治参与的主要类型分析》，《江西社会科学》2012 年第 1 期。

③ ［英］T. H. 马歇尔、安东尼·吉登斯等：《公民身份与社会阶级》，郭忠华、刘训练编，江苏人民出版社 2008 年版，第 58 页。

④ ［美］苏黛瑞：《在中国城市中争取公民权》，王春光、单丽卿译，浙江人民出版社 2009 年版，第 11 页。

（3）农民工的社会权表达还未进入成熟的制度途径。在对菜市场经营权等的争取过程中，农民工采用了一种持续抗争的表达方式，而非制度表达方式。后者在关于农民工经济利益遭受侵害时的表达行为中已有出现。[①] 是否会采取制度性的表达方式，也是农民工社会权利意识是否成熟的重要表现。但是，从C社区主要的政治表达途径形成看，农民工从一开始就放弃了通过政治途径表达社会权的机会。

问：外来人口参加我们这里的居委会选举吗？

Y：他们只要回去开了证明，可以参加我们这里的选举。但是没有人参加我们这里的选举的，因为他们自己那里的选举是有钱可以拿的，我们这里是没有的。去年，居委会选举的时候，有一个人是他们那里开车过来接回去的。他们那里不像我们这里，选举的时候家族势力很重要的，像我这样的在这个社区里只有一个姓（Y）的是肯定选不上去的。

根据Y书记的描述，无法确定农民工的这种选择一定是出于对政治的不信任。显然，农民工背后的乡土因素等也在制约着其社会权的制度表达。

二、市场与地方政府的交互及其结果

地方政府是为农民工提供社会服务的主体。在国家为农民工提供社会服务的指导性意见下，地方政府往往对服务供给拥有较大的自主权。他们的立场及其行为，直接预示着农民工的社会服务状况。近些年，随着"社会建设"要求的不断深入，地方政府或多或少在对农民工提供社会服务上表现出一定的积极性。但是，这种行为主要出于一种怎样的逻辑？是否如前所设想的基于共同利益和上下压力？同时，随着市场经济的进一步发

[①] 蔡禾等：《.利益受损农民工的利益抗争行为研究——基于珠三角企业的调查》，《社会学研究》2009年第1期。

展，市场除了如前述为农民工创造平等机会以外，还通过什么方式影响着社会权的发展？笔者通过对 X 社区的调查，试图考察这些内容。

（一）效用调节下的社会服务配置

X 社区（村）隶属于 G 街道，辖区 4.91 平方公里，共有户籍人口 2668 人（其中，党员 70 人，残疾人 71 人），外来人口近 9000 人。2003 年起，X 村实行新农村建设，村民都被转为城镇户籍，土地被市征收，同时撤村建社区。但是由于对上（S 市的上级政府）尚有约 1/10 的土地未被征收等原因，后又被恢复村建制。直到目前为止，X 社区（村）还都保留着两块牌子。尽管村民被征收了土地，并且也改变了户籍性质，但是他们的住房仍然属于小产权房，而非商品房。统一拆建后，现在住房都是两户联体一栋（两层）的格局。居民普遍采用楼上自住，楼下出租。总体来看，X 社区虽然保留着较多的村建制的特征，但是事实上已然是一种社区形态①。对于社区内的教育服务，C 书记是的回答如下。

问：这里的幼儿园是怎样的情况？

C：幼儿园是 2007 年开办的，现在共有孩子 300 名左右，10 个班。另外教师 23 名，阿姨和门卫等 10 人，1 个会计。前两年老师还没有社保，前年开始给他们缴纳。

问：社区里的外来孩子在哪里就读？

C：现在提倡均等化，所以在资源充足的情况下，只要本地居民报好，其余的名额都给外地人。

问：社区的幼儿园对他们开放吗？

C：开放啊，我们是同等对待的，不需要他们交赞助费，一切和我们这里的孩子一样。

---

① 社区已被 S 市的城市化所吞没，完全成为城市的一部分。居民认同市民身份，他们的生活方式也与市民相同。并且，社区的建设与该社区内的工业园区开发是同步的，因此，工业园区承担了社区内一些服务与管理的投入。

问：这个幼儿园里有多少外来孩子呢？

C：本地人 80 几个，其余都是外地的。

问：收费是怎样的？

C：1800 元一个学期，今年会涨到 2300 元一个学期。因为今年我们评上了省三级，原来是区一级的。

问：这个幼儿园能依靠收取的费用维持运转吗，需要补助吗？

C：去年镇里没补贴，工业园区给了些，但基本可以维持自身运转。

问：社区当初为什么会接受外地孩子和本地孩子同样待遇进入幼儿园呢？

C：考虑到资源不够，本地孩子才 80 多个，太少了，场地都会浪费。

问：社区里有小学吗？

C：有的，但后来和街道合并了，成立了新区实验小学。

问：外来人口能进入吗？

C：这个比较难，因为他们名额是有限的。当然也有一些通过走后门进去的。

问：他们有来找过居委会帮忙，想进这个学校的吗？

C：有啊，他们来找我，我也会帮他们打电话给校长问问，校长就会要求这个材料、那个材料，其实就是卡人的，因为名额不够，资源有限。

问：这些孩子都在 L 小学①吗？

C：嗯，因为我们这离 L 小学近，所以这也是很多外地人看中我们这个地方的原因。

一般认为，对农民工社会服务的排斥源自地方保护主义，地方政府及

---

① L 小学是 S 市的一所农民工子弟小学。

市民认为农民工在潜在地分享和占有城市公共品。由于受财税体制的影响，地方公共资源相对有限、弹性较小，这与不断扩大的服务对象及其需求之间形成矛盾。苏黛瑞认为影响城市居民对农民工的态度，很大程度上取决于城市居民所享用的公共品是否具有竞争性。[①] 但是，从当前 X 社区的情况分析，城市社会资源的稀缺性预设并不完全正确，特别是随着城市出生人口下降、劳动力减少、老龄化加剧等，城市内一些公共资源的性质已经发生变化，表现出一定的富余性。在 X 社区内（如表 7—1），小学教育资源（针对市民子女）经过整合后是稀缺的，即表现为学龄儿童多、小学教育服务资源少，这造成生源之间的竞争，而农民工子女则成为被排斥的对象。同时，幼儿园教育资源却相对富余，即表现为学龄前儿童少、幼儿教育服务资源多，为了保证这些资源发挥最大效用、并维持幼儿园运转，农民工子女被同等纳入到服务范围内直至饱和。因此，当前城市公共品表现为稀缺性和富余性并存的局面，这使地方政府对社会权的分配受资源效用的调节。

表 7—1　X 社区教育服务内容分析

内容	小学教育	幼儿园教育
资源特点	稀缺	富余
资源属性	竞争性	相容性
平衡逻辑	排斥	纳入

（二）共同利益塑造下的社会服务供给

地方政府基于资源效用调节而采取的社会服务供给行为，仍然具有被动性。这与 X 社区的另一些社会服务供给存在一些差异。

问：社区都为新居民提供些什么社会服务呢？

C：2008 年市均等化推进会就是在我们社区（村）里开的，

---

① ［美］苏黛瑞：《在中国城市中争取公民权》，王春光、单丽卿译，浙江人民出版社 2009 年版，第 117—147 页。

所以对新居民的一些服务我们也是走得比较早的，包括"六免、一检查"①、让新居民参与村里的活动，比如我们和 L 小学一起合作，搞一些拣垃圾等活动，让他们能够融入进来。还比如我们开运动会、举办健康讲座等，也让他们一起参加。去年有一个（新居民）生二胎，大出血，我们就发动社区（村）捐款，虽然只捐到了 600 多块钱，但是新居民还是很感谢我们的。我们现在是房东经济嘛，也要靠他们才能发展的。但是，总体上还是有一些差别的，真的要和我们这里的人（享受）同等服务，我们的投入也是不够的。

问：我们向这些新居民提供就业方面的服务吗？

C：这个我们不管，他们都是老乡带老乡，也不会来找我们帮忙。不过有时候碰到，我们也会想办法帮帮他们。比如他们有的人在社区里开黑车（即没有运营许可的私车），这为居民出行提供了方便，但对秩序总是有影响的，因为车子没地方停。为这事我也和交警部门沟通过，希望能划些停车位出来。但是没有成功，因为确实没有地方。

问：社区里有物业管理方面的问题吗？

C：我们原来的物业管理是由这里的工业园区投入的，包括绿化、治安、道路等维护。从 2008 年开始，这些任务移交给了街道，成立了街道社区管理办公室。我们有问题都是向办公室汇报的。以前我们也收过物业管理费，每人 12 元/年，收了一年就收不下去了。现在这部分费用由居（村）委会投入。另外像新居民②2 元/月的卫生费，也是收不起来的。本地人都收不起，外地人怎能收的起来。

___

① "六免、一检查"主要是针对孕产妇、新生儿及妇女的一项健康卫生服务，由上海市统一要求实施，服务对象包括了所有当地常住居民。
② 上海市将不具有本地户籍的人口统称为新居民，但在现实的话语表述中，"新居民"被特指为农民工。

与 C 社区相似，X 社区为农民工提供的一些社会服务（如救助、文体、卫生等）都是在自然状态下的主动反应。尽管这些社会服务由于占用资源较少，存在仪式性的嫌疑，但对农民工在当地的生活的确有帮助，也需要投入一定的资源与精力。出现这种现象，或许源自于两方面原因：一是"房东经济"。在 X 社区与 C 社区中，居民普遍将住房出租给农民工，租房收入成为居民的重要经济来源[①]。而这种农民工居住方式与以往多以"工厂提供宿舍"的居住模式[②]具有较大差异，前者塑造了居民与农民工之间直接、清晰的利益关系，同时又不同于将其作为被剥夺的"商品"[③]。这种具有共利基础的"房东经济"为社区留住农民工提供了积极性。二是均等化意识。它是伴随着国家和社会意识在基层的深入而获得的，在 X 社区内表现为一次具有代表性的全市均等化推进会的召开。尽管 C 书记将幼儿园教育服务对农民工子女开放视为均等化的实践努力，这值得商榷。但至少它作为一种价值理念已经存在于基层社会服务的表达中，其真正的效果还有待进一步观察。

第二节 农民工社会权变动：理论探讨

本章并不致力于在一个宏观层面综合考察农民工社会权的总体状况，而是期望通过选取微观社会内的一些具体现象背后的实践逻辑，以及其中所呈现的权利结构。

---

① 从调查中了解到，X 社区一户居民每年可从住房出租中获得 1.5 万元—2 万元的经济收入，而该市 2011 年的城镇居民人均可支配收入为 31520 元（2011 年 S 市国民经济和社会发展统计公报），因此，租房收入占了居民收入的一半以上。

② 任焰、潘毅：《跨国劳动过程的空间政治：全球化时代的宿舍劳动体制》，《社会学研究》2006 年第 4 期。

③ ［美］苏黛瑞：《在中国城市中争取公民权》，王春光、单丽卿译，浙江人民出版社 2009 年版，第 90 页。

一、市场、地方政府、个体行动者构成了形塑农民工的结构性力量

苏黛瑞观察到农民工在城市中的权利问题。但是由于其考察的历史状况表现为全能主义政府向市场力量的让渡，因此农民工权利受三种因素影响：兴起的市场力量、退缩的国家力量、在这种变化中寻找机会的个体行动者。本书所考察的社会背景显然已经与当时的状况发生了较大的变化，突出表现为：进一步发展的市场力量、地方政府一定的"积极"建设行为（当前主要表现为一种社会建设行为，而社会服务是其中一项重要的内容）和权利意识不断增强的个体行动者。这三种因素构成了一种结构性力量，它们共同形塑着农民工在城市中的社会权。

在对 C 社区和 X 社区的实证分析中，基本证实了本研究的几项假设：第一，农民工对经济利益相关的社会服务存在非制度性争取行为。但是，由于受到社会现有结构的制约，这种争取行为并没有对社会权的分配产生实质影响。因此，关于市民权发展依靠争取的逻辑[①]并不一定成立，至少是不充分的。第二，地方政府为农民工提供了一定程度的社会服务。这种供给行为或许是被"均等化"价值所引导，但更大的可能是被市场机制所指引。在地方政府的表达中，这些因素被混合在一起，很难进行区分。因此，他们行为的自发性与被动性并行存在。第三，市场在塑造农民工社会权的过程中发挥着决定性作用。市场及其效用逻辑的渗透，为农民工群体与地方政府的行为塑造了一个空间，从而直接或间接地改变着农民工的市民权状况。这三者的相互作用，共同促使农民工的社会权获得了良性发展。

---

① 陈鹏：《公民权社会学的先声——读 T.H. 马歇尔〈公民权与社会阶级〉》，《社会学研究》2008 年第 4 期。

二、市场缩小了市民与农民工之间社会权的差距

社会权的发展预示着市民权本身或许会产生分化，即成员资格与资源分享权的分化。城市的外来者较难获得城市成员资格（在我国表现为城市户籍身份），但却有可能获得资源分享权，这成为突破现有城市刚性制度约束的一条途径。其中，市场经济的发展是造成这种变化的核心机制。市场的登场以通过权利商品化、农民工商品化等方式，在负面改变着市民权结构。[①] 而本研究却发现，当前市场却正在通过以下三种途径，从正面影响着社会权的分配：（1）创造平等机会。市场性的准入条件与政治性的准入条件不同，它不受市民身份的限制。一旦一种服务资源被市场所转化，农民工事实上都具有享有的权利。但是当前由于在较多领域内存在政治干预市场的行为（比如国有单位招工），因此，限制了农民工获得平等社会权的机会。（2）效用调节。社会服务的供给同样需要保证一定的效用。一种社会服务资源所产生的效用较低，将可能增加地方政府的投入。以往认为城市对农民工社会权的排斥，源自于服务资源稀缺的假设。但是，随着城市社会的发展，包括人口结构、劳动力结构等的变化，使一部分社会服务资源变得富余。依靠城市原有社会权配置方式，将造成这些领域内社会服务资源效用下降。因此，需要吸纳农民工进入服务范围，以对其进行平衡。这为农民工在城市中获得社会权创造了一定空间。（3）共同利益塑造。社会服务是一个比较宽泛的领域，地方政府具有较大的自主空间。因此，对农民工社会服务的供给受到地方政府主动性的影响。现有研究认为，地方政府对农民工权益往往通过多种方式进行剥夺，对其分享的主动性很小。[②] 但是，从对农民工社会权的分析看，市场在基层有塑造共利基础的可能性，从而增加了地方对农民工服务供给的积极性，并至少缩小了

---

① ［美］苏黛瑞：《在中国城市中争取公民权》，王春光、单丽卿译，浙江人民出版社 2009年版，第 6—90 页。

② 许叶萍、石秀印：《地方剥夺：观察农民工现象的东方视角》，《学海》2011 年第 1 期。

市民与农民工之间社会权差距。

　　尽管农民工的社会权呈现一些良好的变动迹象，但是这一结构性力量背后仍然缺乏最终能实现"社会服务均等化"的有效途径和动力。农民工自身的行为被现有结构所束缚，目前很难获得突破性发展；市场的效用与经济逻辑只能在一个有限的范围内发挥作用，不能等同于社会服务的公共性与公益性，并且其过度发展亦存在"异化"社会权的风险；排除市场因素，地方政府要依靠"正义与道义"价值理念，去突破现实利益与制度的制约，实现对社会权结构的理想改造，其中存在太多的不确定性和阻碍。

　　对农民工社会权的结构性变动的考察，有助于我们分析和判断当前政策实施的效果、有助于全面而系统地了解人口政策对流动人口家庭以及上海市的经济社会发展带来的影响、有助于对未来人口变动做出趋势性判断。在现实中，相关敏感政策的调整，可能引发社会关注，存在不稳定风险。如之前上海市采取的一直是较为宽松的人口政策，长期为来沪人员提供普惠式的公共服务，不少流动人口家庭已经习以为常，他们节衣缩食、居住在仅能容身的地方，压缩着生活空间，只为了享受上海市政府提供的教育、医疗卫生等优质服务资源。然而，这次政策调整的幅度很大，有相当规模的流动人口家庭深受影响。他们将如何选择去与留？如何"维护"自己的社会权？这些都是政策实施过程中需要密切关注的。社会服务是社会权利的外在表现，流动人口家庭争取社会权利的方式通常会通过社会服务需求表达出来，如果无视或忽视这些需求，将可能带来社会管理的巨大风险。因此，我们需要了解流动人口家庭社会权变动的逻辑结构，以及他们的社会服务需求表达，做到未雨绸缪。

局限与不足

　　本书的最终成果是建立在实证研究基础上的调研报告。所以，在方法上分为两大块：其一是问卷调查，其二是个案访谈。就问卷调查而言，由于是做上海市流动人口家庭的社会服务需求研究，需要相当大的样本量，本人发放的 1000 份问卷可能稍显单薄。为了弥补此缺陷，本人采用抽样调查的方法，将上海市的区县分为四大类：核心城区、中心城区、近郊区、远郊区，然后从中选取流动人口较多、相对能够代表本城区的平均发展水平的 4 个典型城区：静安区、徐汇区、闵行区、松江区。然后依据流动人口在核心城区、中心城区、近郊区和远郊区的分布比例分别抽取流动人口家庭户 1000 户，依据城市化发展的程度，将全市的街道、镇分为完全城市化类、快速城市化类和未城市化类，在 4 个城区按照上述发展类别主观选取 1—3 个代表性街道、镇，在每个街道、镇按照等距抽样的方法随机抽取 3 个居委会，在每个居委会按照简单随机抽样的方法抽取流动人口家庭户。因此，抽样的过程中可能会有偏差。在发放问卷的过程中，由于流动人口家庭配合度不够，本人只得依赖于政府机构的基层工作人员发放问卷，所以，有可能存在填报数据的不真实性，以及漏填情况，导致问卷的有效回收率只有 82.6%。

　　就个案访谈而言，本人从 1000 户家庭中抽样出了 30 户家庭，分散在上述四个区。受上海市人口调控政策的影响，一些流动人口家庭结构已经发生变化，社会服务需求也在调查问卷前后有了变化，尤其是他们的心态发生了很大变化。本人的入户访谈常常吃闭门羹，所以只好以电话访谈为主，这使得访谈的内容延展性不够、深度不够。而且有些流动人口家庭只愿意做简单的交流，常常是匆匆挂断电话。这些都使得 30 户个案访谈的资料不是很丰富和充实。

就研究内容而言，本书对流动人口家庭社会服务需求的问卷数据分析还可以进一步深入挖掘，30 户个案访谈的资料也可以进一步归纳梳理总结，寻找流动人口家庭分化后的一些共性的东西，这些都成为本人今后要继续追踪和关注研究的内容。

在本书的结构安排上，本人试图采用共性与个性、普遍性与特殊性相结合的方法，即全市社会服务需求问卷调查的数据分析与徐汇区计划生育服务个案研究相结合，将问卷调查所展示的一般性的内容与个案研究的深入具体内容相结合，从而拓展研究的深度。但由于水平有限，可能会引起以偏概全的歧义。

附　录

_____区_____街道_____居（村）委会

问卷编号_____

流动人口家庭对社区公共服务的需求
及满意度调查

您好！

　　为了更好地了解本市流动人口对社会公共服务资源的利用情况和服务需求，我们组织开展了《流动人口对社区公共服务的需求及满意度调查》，希望能够得到您的支持和配合。我们将根据您的宝贵意见，形成优化和整合区域公共服务资源配置的对策建议，为市政府相关部门决策提供参考。谢谢您的支持与配合！

2013 年 4 月

[填写说明]

1. 调查对象为居住在本市 6 个月及以上的 16 岁及以上人员，以家庭户为单位，当家中有多人符合调查对象要求时，以年龄最接近调查日期的人为调查对象。

　　2. 除非有特殊说明，问卷应由户主填写。

　　3. 请在每个适合自己情况的选项○上打√，或者在＿＿＿＿＿＿＿处或方格内填上适当的内容。

＿＿＿＿＿＿＿＿＿＿＿＿＿＿＿＿＿＿＿＿＿＿＿＿＿＿＿＿＿＿＿＿

　　调查员姓名：＿＿＿＿＿＿＿＿＿

　　调查员联系方式：＿＿＿＿＿＿＿＿＿＿

　　访问时间：＿＿＿＿＿年＿＿＿＿＿月＿＿＿＿＿日

　　被调查者联系方式：＿＿＿＿＿＿＿＿＿＿

第一部分：调查对象及其家庭基本情况

1. 请填写您本人以及您的家庭成员基本情况（请将相应的数字和文字填入表格内）

ID	A	B	C	D	E	F	G	H	I	J	K
	与本人的关系	性别	出生年月	受教育程度	户口性质	何时从何处搬来居住	户口登记地	婚姻状况	健康状况	就业状况	职业状况（就业状况为"在职"者填写）
成员序号	①本人 ②配偶 ③子女/媳婿 ④父母/岳父母/公婆 ⑤（外）祖父母 ⑥孙辈 ⑦兄弟姐妹及其配偶 ⑧其他	①男 ②女		①未上学 ②小学 ③初中 ④高中/中专/职技校 ⑤大学专科 ⑥大学本科 ⑦研究生	①农业 ②非农业	1. 迁入时间____年，是否办理过居住证：①已办 ②未办 2. 迁入前的居住地：____省（市）	①本市 ②外地，____	①已婚 ②未婚 ③丧偶 ④离婚 ⑤其他	①健康 ②身体残疾 ③长期患病 ④不能自理 ⑤其他	①在职 ②失业 ③离退休 ④料理家务 ⑤在校学生 ⑥学龄前儿童 ⑦其他	①国家与社会管理者/经理人员/私营企业主 ②专业技术人员 ③办事人员 ④个体工商户 ⑤商业服务业员工 ⑥产业工人 ⑦农业劳动者 ⑧无固定职业
1											
2											
3											
4											
5											
6											

注：如家庭成员超过6人，可另加表填写。

1. 您在这儿没办居住登记，是因为：
①不知道可以办 ②感到办了也没啥好处 ③感到不办也没啥坏处 ④想办但不知道怎么办 ⑤其他_____

2. 与您的原居住地相比，您认为这里的社区服务和管理：
①比原居住地好 ②不如原居住地 ③差不多 ④说不清 ⑤其他_____

3.	您的月收入：①无收入　②1000元以下　③1000－2000元　④2000－4000元　⑤4000－8000元　⑥8000元以上
4.	您与工作单位签订劳动合同了吗？ ①签订了（期限＿＿＿＿月）　②没有签订

第二部分：公共资源的利用情况及其满意度

学前及义务教育

注意：5～9题请有学龄前或全日制学习阶段（以义务教育为主）孩子的家庭填写。

5.	您步行15分钟以内是否能到达以下教育设施？ A. 托儿所　　　　　　　　　　（1）是　　（2）否 B. 幼儿园　　　　　　　　　　（1）是　　（2）否 C. 小学　　　　　　　　　　　（1）是　　（2）否 D. 中学　　　　　　　　　　　（1）是　　（2）否 E. 高中　　　　　　　　　　　（1）是　　（2）否 F. 成人教育和职业教育机构　　（1）是　　（2）否
6.	如果您家中有孩子正在本市接受以下某一阶段教育或托育服务，请问您家孩子正在接受哪一阶段教育或托育服务？ ①0－3岁早期教育　②托儿所　③幼儿园　④小学　⑤初中　⑥高中/职技校 ⑦大学　⑧其他＿＿＿＿＿ **请问您家孩子就学的地点：** ①本街道　②本区其他街道　③本市其他区：＿＿＿＿＿＿区
7.	请问您对该阶段的教育或托育设施和服务是否满意？ ①非常满意　②满意　③一般　④不满意　⑤非常不满意　⑥不好说
8.	**（第7题回答"④不满意"或"⑤非常不满意"的人回答此题）** 如果对该阶段的教育设施不满意或很不满意，请问原因是什么（最多选三项） ①距离太远　②师资较差　③设施不好　④数量太少　⑤收费太高　⑥其他＿＿＿＿＿
9.	对于上述教育设施和服务，您或您家人最希望改善的方面是： ①增加学校数量　②提高教育质量　③改善教育环境　④降低教育收费　⑤其他＿＿＿＿＿

医疗卫生

10.	您觉得平时看病方便吗？ ①非常方便　②方便　③一般　④不方便　⑤非常不方便　⑥不好说

11.	您步行 15 分钟以内能否到达以下医疗卫生设施？ A. 社区卫生服务中心　　　　　　　　　（1）是　（2）否 B. 社区卫生服务点（居委卫生室）　　　（1）是　（2）否 C. 综合医院　　　　　　　　　　　　　（1）是　（2）否
12.	以可获得的最快方式（如乘交通工具或自己开车）计算，从您家到最近医疗单位需多久？ ①15 分钟以内　②15—30 分钟　③31—45 分钟　④46 分钟—1 小时　⑤1 小时以上
13.	您或您家人身体不适需要就诊时，通常在以下哪类医疗机构内就诊？ ①社区卫生室/卫生服务站　②社区卫生服务中心/街道卫生院　③区/县级医 ④市级医院　⑤私人诊所　⑥其他（请说明）_____
14.	选择上述单位就诊的主要原因是：（最多选三项）： ①距离近　②收费合理　③技术水平高　④设备条件好　⑤药品丰富 ⑥服务态度好　⑦定点单位　⑧有熟人　⑨有信赖医生　⑩其他_____
15.	您或您家人是否曾经到社区卫生服务中心或街道（镇、乡）卫生院看过病？ ①是　　　　　　　②否（跳答 18 题）
16.	你们对所在街道的社区卫生服务满意吗？ ①很满意　②满意　③一般　④不满意　⑤非常不满意　⑥不好说
17.	**（第 16 题回答"④不满意"或"⑤非常不满意"的人回答此题）** 如果不满意，最主要的原因是什么？（最多选三项） ①距离太远　②服务项目少　③技术水平低　④设备条件差 ⑤服务态度差　⑥药品种类少　⑦收费不合理　⑧其他（请注明）_____
18.	假如您到本市/区/县医院就医，医药费用如何支付？ ①全部报销　②部分报销　③全部自己支付　④不清楚
19.	您或您家人最希望下列医疗卫生单位在哪些方面得到改善？（在表格相应单元中打✓）

医疗卫生单位	最希望改善的方面 （每类单位限填一项）				不需要改善
	①增加数量	②提高质量	③改善环境	④降低价格	
A. 社区卫生服务站					
B. 社区卫生服务中心/街道（镇、乡）卫生院					
C. 区/县级医院					
D. 市级医院					
E. 连锁药房					

养老

注意：20—22 题请家中有 60 岁及以上老人的家庭填写

20.	目前您家中老人在何处养老： ①家中　②养老机构　③其他_____　（请注明）

21.	(第20题选择"①家中"的人回答此题)。您家中老年人选择在家养老的主要原因是（最多选两项）： ①生活能够自理　②不愿离开家人　③养老院床位紧张　④无力支付养老的费用 ⑤养老院离家太远　⑥养老院设施太差　⑦其他（请注明）＿＿＿＿＿

22. 您或您家人最希望下列养老设施在哪些方面得到改善？（在表格相应单元中打√）

养老设施	最希望改善的方面（每种设施或服务限填一项）				⑤不需要改善
	①增加数量	②提高质量	③改善环境	④降低价格	
A. 养老院（福利院）					
B. 托老所					
C. 敬老院					
D. 老年护理院					
E. 老年医院					
F. 送餐服务					
G. 居家养老服务					

公共文体设施

23.	您出去参加文体活动（包括看电影）频率大约为 ①每月4次或更多　②每月2～3次　③每月1次或更少　④偶尔去，不确定　⑤从不参加
24.	您通常在哪里参加文体活动？ ①本街道　②本区其他街道　③本市其他区：＿＿＿＿＿区　④从不参加
25.	您一般用以下哪种方式进行体育锻炼？ ①社区健身点　②体育馆和健身房　③其他地点　④从不进行锻炼
26.	您步行15分钟以内是否能到达以下文化娱乐体育设施？ A. 科技站（科技宣传，教育，培训）　　　　　（1）是　　（2）否 B. 图书馆（图书阅览，多功能厅）　　　　　　（1）是　　（2）否 C. 社区文化活动中心（社区学校）　　　　　　（1）是　　（2）否 D. 体育活动场地（健身，球类，棋类活动室）　（1）是　　（2）否 E. 游泳池　　　　　　　　　　　　　　　　　（1）是　　（2）否 F. 电影院　　　　　　　　　　　　　　　　　（1）是　　（2）否 G. 舞厅　　　　　　　　　　　　　　　　　　（1）是　　（2）否 H. 公共绿地　　　　　　　　　　　　　　　　（1）是　　（2）否
27.	您对目前本辖区内的文化体育设施是否满意？ ①满意　②较满意　③一般　④不太满意　⑤不满意　⑥说不清
28.	您或您家人最希望下列文体设施和服务在哪些方面得到改善？（在表中相应处打√）

文化体育服务和设施	最希望改善的方面（每种服务或设施限填一项）				⑤不需要改善
	①增加数量	②提高质量	③改善环境	④降低价格	
A. 体育场所					
B. 健身房					
C. 社区健身点					

D. 露天公共活动场所	
E. 图书馆（室）	
F. 社区文化活动中心	
G. 社区学校	
H. 影剧院（场）	

人口计生

29. 您或您家人接受计划生育服务情况。
（如某一项"是否接受服务"一栏答"否"，直接跳到下一行填写下一项服务情况）

	是否接受过该项服务该项服务是否收费	
A. 宣传教育服务	1是　2否	1全部免费　2部分免费　3全部收费
B. 计划生育手术	1是　2否	1全部免费　2部分免费　3全部收费
C. 避孕药具	1是　2否	1全部免费　2部分免费　3全部收费
D. 计划生育奖励补助	1是　2否	1全部免费　2部分免费　3全部收费
E. 优生优育服务	1是　2否	1全部免费　2部分免费　3全部收费
F. 生殖健康服务	1是　2否	1全部免费　2部分免费　3全部收费
G. 生育关怀服务	1是　2否	1全部免费　2部分免费　3全部收费

30. 您对目前本区区以下人口计生服务项目是否满意？
A. 计生技术服务　①满意　②较满意　③一般　④不太满意　⑤不满意　⑥说不清
B. 优生优育服务　①满意　②较满意　③一般　④不太满意　⑤不满意　⑥说不清
C. 生殖健康服务　①满意　②较满意　③一般　④不太满意　⑤不满意　⑥说不清
D. 生育关怀服务　①满意　②较满意　③一般　④不太满意　⑤不满意　⑥说不清
E. 宣传教育服务　①满意　②较满意　③一般　④不太满意　⑤不满意　⑥说不清

31. 您或您家人最希望改善的人口和计生服务有哪些？（单选题，在表格相应单元中打√）

人口计生服务	最希望改善的方面（每种类型限填一项）				⑤不需要改善
	①增加数量	②提高质量	③改善环境	④降低价格	
A 计生技术服务					
B. 优生优育服务					
C. 生殖健康服务					
D. 生育关怀服务					
E. 宣传教育服务					

就业培训

32. 您或您家人有没有接受本区提供的任何形式劳动就业培训服务？
①有　②没有，原因是：＿＿＿＿＿＿＿

33.	如果有，您对目前本区目前提供的就业培训服务是否满意？					
	A. 就业政策咨询	①满意	②较满意	③一般	④不太满意	⑤不满意 ⑥说不清
	B. 职业介绍和指导	①满意	②较满意	③一般	④不太满意	⑤不满意 ⑥说不清
	C. 就业培训	①满意	②较满意	③一般	④不太满意	⑤不满意 ⑥说不清
	D. 就业信息提供	①满意	②较满意	③一般	④不太满意	⑤不满意 ⑥说不清
	E. 提供就业岗位	①满意	②较满意	③一般	④不太满意	⑤不满意 ⑥说不清
	F. 就业维权	①满意	②较满意	③一般	④不太满意	⑤不满意 ⑥说不清

34. 您或您家人最希望改善的劳动就业服务有哪些？（单选题，在表格相应单元中打√）

劳动就业服务	最希望改善的方面（每种类型限填一项）				⑤不需要改善
	①增加服务内容	②提高质量	③改善环境	④降低价格	
A. 就业法规咨询					
B. 职业介绍和指导					
C. 就业培训					
D. 就业信息提供					
E. 提供就业岗位					

第三部分：总体评价

35. 在本区的下列设施或服务中，您觉得哪些是最需要改善的（最需要改善的打 5 分，不需要改善的打 1 分，依次类推，不了解的为 0 分）（在表格相应单元中打√）

	5分	4分	3分	2分	1分	0分
①教育设施及相关方面						
②养老机构及老年服务						
③卫生医疗服务						
④娱乐和文化设施						
⑤体育场馆和设施						
⑥劳动就业服务						
⑦社区服务设施						
⑧计划生育服务设施						
⑨居住环境与设施						

第四部分：社区服务参与情况与参与意愿

36. 您或您家人参与社区公共服务的情况及意愿（请具体说明）。

社区服务名称	是否参与过？	参与的渠道和方式	参与的原因	是否愿意（继续）参与	希望政府为参与者提供哪些服务
①教育咨询活动					
②环境卫生整治					
③社区帮困活动					
④老年互助服务					
⑤社会治安管理					
⑥文化娱乐服务					
⑦体育健身活动					
⑧计划生育宣传服务					
⑨其他服务：请注明					

注：表中所指社区服务系指由社区组织居民参与的服务活动。

37. 您在本社区外参与的服务有哪些：＿＿＿＿＿＿＿＿＿

＿＿＿＿＿＿＿＿＿＿

38. 为了优化本区/街道的公共服务资源配置，提高公共资源的利用效率，您认为还有哪些方面需要特别重视和加强的？请给出您的宝贵意见，谢谢！

＿＿＿＿＿＿＿＿＿＿＿＿＿＿＿＿＿。

附录二：个案访谈

一、访谈提纲（流动人口家庭的社会服务需求及社会融入）

1. 您家有几口人在上海？您是从哪里迁来上海的？您们愿意在上海定居吗？您想长期留在上海还是回乡？决定您是否长久定居上海需要考虑的因素有哪些？您认为上海人口调控对您居留上海有什么影响？

2. 您在上海有住房吗？您居住的是哪一类住房？经济适用房还是公租房还是自己租住的房子？

3. 您家庭的月收入是多少？主要用于哪些消费支出？您对自己的收入满意吗？您理财吗？

4. 您是否参加了失业保险、工伤保险、生育保险、城市医疗保险、城市养老保险、农村合作医疗、农村养老保险？您去看过病吗？是自费还是医保卡支付？您通常去哪类医院看病？是社区卫生服务中心还是大医院？

5. 您是否参加过政府组织的职业技能培训？还是参加了由单位、老板或其他方面的培训？这些培训是免费还是自费的？

6. 你是否有子女在上海接收义务教育？如果有，是在公办学校还是民办学校？您对孩子目前的教育满意吗？您家有老人吗？您希望老人以后在哪里养老？老家还是上海？是在家里还是养老院？

7. 您办理居住证了吗？如果没有，原因是什么？

8. 您有几个孩子？您现在还想再要一个吗？您考虑的主要因素是什么？您接受过上海的计划生育公共卫生服务吗？包括生育咨询、计划生育技术服务、休假等，您对接受过的服务满意吗？

9. 您闲暇时间通常做什么？逛街购物还是去公园、影院或者健身？

10. 您是否接受过任何社会组织的帮助和支持？您是否参加过居住社区的活动？如果没有，您愿意参加吗？

11. 在公共服务需求偏好方面，您认为你最需要政府提供的公共服务是什么？是就业、住房、救济救助、子女读书、社会保险、解决工资拖欠、社会治安、卫生防疫、职业培训？

12. 在公共服务需求表达方面，您是否积极主动地向城市政府表达自己的利益诉求或公共服务需求偏好？是否有公共服务需求表达的机制？

13. 如果表达了，您的公共服务需求是否得到全面和有效的满足？您对政府的反馈是否满意？

14. 对于"积分制"的做法，即流动人口必须达到一定的分值才能获得政府提供的子女义务教育等公共服务的规定，您认为是否合理？您认为这是您留在上海的机会吗？

15. 您觉得您喜欢上海吗？您已经融入上海了吗？如果没有，您觉得什么因素让您难以融入上海，比如是语言，是上海人的排斥，还是公共服务的门槛太高，还是生活方式等？

二、30 户访谈资料

访谈者 1

付某，男性，36 岁，来上海工作 5 年了，一直在上海一家公司任职，住在公司提供的位于闵行区的人才公寓，单人间，月缴纳租金 500—700 元。付某持有上海市居住证，在上海参加了养老保险，由公司缴纳"五金"。

一家三口人，妻子和孩子在苏州定居，付某只身一人在上海工作，月收入 5000 元以上。付某有医保卡，但因为年轻，很少生病，五年来只去过社区门诊一次，就医时个人只需负担一部分挂号费，药费由医保卡支付。

付某五年前来上海，通过自身找到现在这份工作，一直干到今天，没换过。平时工作日在上海，每周末开车回苏州家里，很少参加上海的活动。

对于未来，有想要把家人接到上海来定居的想法，但鉴于上海的房价太高，生活成本较高，以及户口转不过来，所以只能是憧憬。但认为上海的居住证积分制很好，给来沪人员提供了落户口的机会。对于是否想要二孩，认为可以考虑，看情况而定。

谈到自己孤身一人在上海工作的原因时，付某强调主要是公司效益好，公司在上海，所以就在上海工作。

访谈者 2

王某，男，今年 48 岁，山东人，来上海已经十多年，现在是高级电工，收入近 1 万元。几年前，全家都来到上海闵行区居住。妻子在一家餐馆工作，月收入 3000 元左右；大女儿 22 岁，高中毕业，小女儿 20 岁，初中毕业，两人均在一家美容院工作，月收入 3000 元左右。小儿子没上完初中便来到上海，跟随父母一起居住，同时帮父亲打打下手。

王某及妻子和儿子在闵行区与其他家庭共同租住了一套房子，他们拥有 2 间独立卧室，并在卧室内安装了马桶（按规定这是不允许的）。王某及家人并不想在上海永久地定居，因为这里的房价和成活成本太高。但鉴于上海有比较好的就业机会，收入也高，他们选择在这里打工挣钱，准备等到攒够钱后回山东老家给儿子娶媳妇、买房子。

王某的两个女儿也面临这样的遭遇。她们觉得在上海很难找到合适的对象，同美容院的其他女孩子一样，她们根本没有交朋友的时间和渠道，所以只能依赖每年回家乡过春节的一周时间，密集地相亲。但是由于时间短、交往有限，也很难找到合适的婚配对象。两个女孩目前同美容院的其他女孩们一同租住在美容店的老板给她们租下的一套 50 多平米的房子，高低床、四人间、很拥挤，她们也仅仅把这里看作睡觉的地方。美容院的工作很忙碌，从上午 10 点到晚上 10 点，美容院的女孩子们回到房子里差不多倒头就睡了。每周休息一天，这一天的时间就是逛街买东西。据王某的大女儿说，她俩的月收入不高，所以基本上不用上交父母，自我维持就可以了。她们只需要解决自己的早餐，午餐和晚餐由美容院的老板给她们提供，所以她们的日常花销很小。但美容院的女孩们都爱美，在使客人变美的同时，她们也希望自己更漂亮。所以，她们的最大花销就是给自己买店里的美容产品，甚至是做整容手术，让自己更漂亮、更自信。比如，所有的女孩子都做了一万元左右的双眼皮手术，以及粘眼睫毛美容项目等。

因此，两姐妹基本上是"月光族"。

王某一家不知道上海有积分制，也不知道如何通过积分制来获得上海的福利待遇，他们仅仅把上海当作一个打工挣钱的城市，无所求于上海，也不与上海人或所在的社区打交道。即便是有社区民警上门查房，他们也从不开门。王某的大女儿告诉我，有一次她一个人在家里，听到敲门声，没有经验，就开了门。结果是社区民警，他们进入房内，拍照，测量房屋的面积，然后就走了。事后才知道社区民警是在取证他们是否群租。从那以后，她再也不敢随便给外人开门了。

至于社区，据王某的大女儿说，她们从不与居委会打交道，也从不参加社区的活动。因为涉嫌群租，她们很害怕居委会找到她们。甚至有一次，有个女孩子的助动车在小区丢掉了，都不敢到居委会报案和投诉，只能自认倒霉。

访谈者 3

金某，男，初中学历，40 岁左右，小五金店主，福建南平人，全家来上海已经 10 几年，居住在徐汇区。妻子，38 岁，无业，在家帮助丈夫卖东西，带孩子。

夫妻俩有三个孩子，大女儿上初一，已经 13 岁，在上海徐汇区公立幼儿园樱花园读完幼儿园后，本来可以直接去公立的樱花小学上学，但因为被安排在由来沪人员子女组成的班级里，他们觉得受到歧视，所以就选择回到自己家乡上最好的县级小学；二女儿 5 岁半，本打算读姐姐曾经就读的徐汇区公立幼儿园，结果正值 2013 年上海人口调控，教育政策收紧，进不了该幼儿园，只能托关系进入闵行区一家大型公立幼儿园就读，目前在读幼儿园大班，今后能否在上海公立的小学接受教育，父母还比较发愁。现在第三个孩子已经 2 岁了，今年 9 月就可以上幼儿园的托班了，但父母同样发愁能在哪里上幼儿园。"上海的教育无论怎样都比我们家乡好，还是尽可能让孩子留在上海接受学前教育和小学教育，到初中再回家上学吧，因为上海不允许中考和高考"。尽管他们已经办了居住证，但却没有积分，所以不符合入学政策。

据其妻子说，平时不知道政府有计划生育方面的服务，也不知道从哪里获得这些服务。并不是他们夫妻重儿轻女，才要了三个孩子。前两个女儿都是保胎才得来的，本来不想再生养第三个孩子了，结果第三个孩子却还是在不知不觉中来了，知道时已经好几个月了，只好生下来，结果还罚了26000元钱，"还好，不算多，因为是按照收入来的。孩子姑姑一家在福建南平，罚了20多万元呢"。"我们是喜欢女孩的，在我们那谁家生女孩，谁家就很幸福。女儿出嫁时娘家要陪很多嫁妆，但女婿得为岳父母养老。所以，我们对待三个孩子，一律平等，没有男女之别。只不过在生老二的时候，老大不高兴，害怕我们不爱她了。因为隔得远，一方面我会每年回去几趟看她，平时经常打电话；另一方面，我经常会给她说有姐妹的好处。后来老大想通了，但知道我又要生老三的时候，她已经大了，有想法了，埋怨我要这么多孩子。我也没有办法"。"现在感觉还是孩子多好，看到家乡有一家人老人病了，唯一的孩子不在身边，无法照料他。如果孩子多，看病的费用可以分摊，还可以轮流照料老人多好啊"。金某一家还是持传统的家庭养老观念，希望女儿可以养老送终，根本没有想到进养老院之类的。

"在我们家乡，女人是不用下地干活的，只需要烧饭，带孩子"，"孩子爸爸脾气好，不打也不骂孩子，孩子平时都很喜欢他，但也欺负他。我对孩子很严厉，他们都怕我。做错事我不打，但是要罚站，一站2小时，很累的，她们就很听话了"。其妻不无得意地说。

全家就靠这个小店，维持生计，已经十几年了。店主很勤快，经常骑着摩托车亲自送货到门。与邻居的关系也很好，经常见其妻抱着自己的儿子到处串门。问起今后的打算，其妻说："我们也不知道，走一步算一步，目前是不打算回去，毕竟开了这么多年的小店，积累了一些客户。再说如果回家乡的话，孩子们来到一个陌生的环境，还得重新适应，会影响他们的学习。""当然，我们也不会永远待在这里，上海这边有污染，环境不好，房价又高，我们恐怕一辈子都买不起房子。我们家乡空气很干净，气候也好，生活成本低，我们在那已经盖了一座三层楼的房子，准备继续加高到五层，住得又宽敞、又舒服。就是不回到家乡，我们也会去厦门养老，那里比上海要好。上海对于我们而言，就是挣钱的地方"。在上海，他们一家同另一家庭合租住在长兴坊一套五十多平方米的房子里，也就是人均大约5平方米。

当问起收入的时候，其妻说："我们每月的收入不多，除了每月供给在老家上学的大孩子600元生活费（居住在老师家里），还有老二的幼儿园学费，以及孩子爸爸的1000多元保险费，剩下的就用在我们一家的生活开销上，基本没有结余。反正我们也不想那么远，钱够花就可以了，不存钱，以后女儿结婚也不需要我们买房。只是我们最怕孩子生病。孩子爸在上海办了保险，我是在家乡参加镇保，一个月交几百块钱，三个孩子的户口在老家，参加的是农保。只要住院，我们就得带孩子回家乡，否则医疗费用无法报销。即使是门诊看病，孩子的一个小感冒，我们都得花几百元，甚至一千元，全是自费。"

访谈者 4

缪某，80后，江苏淮安人，来上海工作多年。现为徐汇区某知名连锁美发店总监，平均月收入超过8000元，多的时候上万元。

两年前缪某结婚，妻子是同一美发店的美容师。两人都来自江苏淮安。在家美发店相识相知，最后结婚。目前，他们已经有一个1岁多的小宝宝。为了方便照顾孩子，妻子暂时在家带孩子。等孩子1岁，可以抽开身时，妻子便出来另觅工作。由于家里的开销太大，他们一家租住在一套50多平方米的房子里，月租金要3000元左右。妻子在带孩子的过程中，看到了有些职业的前景，如月嫂月收入1万元以上，这对于月收入只有几千元的她来说是个极大的诱惑。于是，她便辞去美发店的工作，开始当专职的月嫂。为了照顾孩子，他们专门把家乡的岳母请过来，同时负责给他们烧饭。当问起两人是否想定居上海时，他们都表示愿意，但是又觉得上海的户籍很难获得，只能先这样走一步看一步。他们认为，只要有钱，就一定可以让孩子在上海接受好的教育。有这样一个动力，他们哪怕吃点苦也愿意。当问起他们是否了解上海的积分制时，他们一脸茫然。当知道有这样的政策，可以有机会办理上海市居住证，并通过积分来享受上海的福利待遇时，他们立刻便决定去当地的社区事务受理中心办理居住证了。

访谈者 5

张某，男，41 岁，初中学历，安徽省安庆人。一家五口人：本人、妻子和两个女儿一个儿子，其中小儿子是超生，被当地政府罚款。张某一家已在上海闵行区居住和生活了 11 年。

张某当初是与亲戚一起到上海来创业的，只想在上海做点小生意，因为上海的商机比较多，想多挣点钱提高生活质量，没有长期在上海生活的打算。目前在上海自主经营大米、面粉等零售工作，属于小本生意。

张某的门面生意经营状况不错，年纯收入在十万元以上。他们一家在郊区租借了当地农民的房屋，月租金 5000 元以上，生活起居与经营门店混在一起，租住地距离市区较远。张某说，现在生意不好做，收入主要用于子女上学及家庭日常开支。理财方面自己也不懂，但有钱就会把生意做大点。

全家人在上海办理了临时居住证，就是为了子女在上海读书使用，但医保等其他保险金均在老家缴费，在上海偶尔生病就自费处理。没有接受过上海的计生公共服务，也不太了解。也没有接受过上海市政府的就业培训服务，"干我们这一行的不需要什么培训，都是在自己身边亲戚或者朋友中相互传授的一点生意做法"。孩子上学前接受过当地学校的咨询服务，"由于时间问题，我们很少参加居住地社区的活动，如果有时间肯定愿意参加的，长长见识，这些方面都需要，但最主要的还是子女就学问题。平时没有什么闲暇时间，有点时间也是亲人朋友一起的，偶尔带孩子去公园"。

十年前大女儿年纪还小，在上海外来务工子女学校读书。目前大女儿该上高中了，由于不能参加上海市的高考，只能选择回老家安庆继续读高中。考虑到女儿在老家没人照顾，张某的妻子于 2016 年带领三个孩子同时回老家了，现在三个孩子都在安庆读书。老家还有张某的母亲，已经六十周岁，身体可以自理，没有跟随子女一起生活，但未来肯定还是要考虑在几个儿子家中轮流照顾，养儿防老。

目前妻子带孩子回老家陪读，张某只能一个人承担经营，感觉挺累的。对于未来，张某说只能等孩子读书毕业后再考虑全家是否一起到上海生活。如果到时老家有适当的生意可以做，也可能不到上海了。当然如果未来在上海挣大钱了，就在上海开饭店，再考虑在上海购房居住。即便如此，年纪大了还是肯定要回老家生活的，老家的生活环境更好。

孩子在上海读书时遇到很多麻烦，但张某说理解上海的人口政策。反正他们一家也没有想长期在上海居住，以后还是要回老家生活的，也不在乎积分制。不过，相比较其他城市他还是喜欢上海的，这里的商机更多，没有感觉身边的上海人排外，但语言交流方面还是有点困难。再就是上海人与外地人在生活理念和方式上有不一样的地方，有时会有误会的。

访谈者 6

陈某，男，31 岁，安徽铜陵人，大学本科学历。父母、妻子、儿子均在上海。7 年前夫妻俩大学毕业后到上海寻找发展机会。

目前陈某在上海一家教育培训机构担任老师，主要是针对初中、高中学生的业余学习进行辅导，年收入 10 万左右。

陈某的父母在上海闵行某工厂做厨师，在其父母的帮助下，陈某在闵行莘庄购置了一套 80 平米的住房，购房贷款由夫妻二人自己解决；由于儿子只有 3 岁，其妻子只能在家附近打临时工方便照顾孩子，目前陈某家庭每月除了还贷所剩无几，孩子读书等费用仍需要父母补助。

陈某本科毕业，在上海很难通过人才引进入户，目前全家人在上海都办理了临时居住证，按时缴纳综合保险，希望能按照上海现行的"积分制"来进一步获得上海的福利待遇。

陈某全家基本能适应上海的生活，对社区的一些公共活动也知悉、认可并参与。由于孩子还小，近期在上海接受公立机构的教育不成问题，对孩子未来是否能参加高考一事考虑不多，如果未来政策不改变也只能到初中阶段将孩子转学回老家继续读书。

访谈者 7

冯某，女性，40 岁，小学文化，居住在闵行区。2008 年左右便与自己的老公从山东临沂来到上海做生意。他们有两个孩子，哥哥今年 14 岁，弟弟今年 5 岁，还有公公、婆婆。2015 年受上海人口调控政策的影响，两个孩子都回农村上学了，弟弟进入幼儿园，哥哥回到农村读小学 6 年级。冯某说，之前她和老公一直在闵行区居住和做生意，但现在房价涨得很厉害，门面房也是如此，所以他们就选择在长宁区租下一个小的门面房，做水果生意，如今已经有半年了，收入相对不如以前。因为现在房租房价涨得厉害，生活成本提高，收入就相对减少，而且生意也越来越难做。不过，现还在闵行区居住，跟别人合租一套十几平方米的小房子，一个月租金也要 1000 多元，冯某说仅把它看作睡觉的地方。

冯某说，从未想过在上海买房子、在上海养老，只是把这里看作是挣钱的地方。因为老家穷，没有什么就业机会，所以在上海能待一天就待一天，只要能赚上钱。他们每月收入大概几千元，除去房租费、给孩子的生活费，还有一年几趟回家的路费，以及夫妻俩在上海的生活费，每月基本上攒不下钱。他们在农村有自己的房子，以后打算回老家养老。至于孩子，他们希望孩子以后能够通过考学来到上海发展。

冯某和丈夫属于灵活就业，他们本来一直办着居住证，大孩子一直在上海上学。但上海实行人口调控新政策之后，他们没有关注太多，也没能及时办理居住证签注手续。直到孩子上三年级的时候，老师提醒他们如果孩子要继续在上海上学，需要提供相应的材料：连续办理居住证满三年，灵活就业证要满 2 年。他们这才去办理，因为差了 2、3 个月没有续接上，所以孩子们都不能在上海上幼儿园和继续读书，只好送回农村老家，由爷爷奶奶看管。如今，也办不了和不想办居住证了，因为办理居住证需要提供合法的居住证明，冯某不愿意多交房东让其承担的房产营业税和个人所得税，房东也不提供给他们相应的证明材料，他们无法办理居住证。无所谓了，因为孩子已经回老家了，夫妻俩办理居住证意义不大。

他们一家在老家农村参加的新农合医疗保险，之前在上海看病基本不上医院或社区卫生服务中心，感冒发烧就自己去药店拿药，孩子也如此。好在他们身体都很好，基本没有大病。

"我们不了解上海政府给流动人口家庭提供的基本公共服务，包括计生、就业培训等，也不跟政府打交道。就是租住的小区，我们也很少跟居委会打交道，从不参加小区的任何活动。我们的生活就是'两点一线'，白天做生意，晚上睡觉，不觉得辛苦。我们现在最大的心愿就是多赚钱给孩子上学"。

"我们已经适应上海了，觉得上海人并不排斥、歧视外地人，我们也愿意跟上海人交往，现在我们的客户基本上都是周边小区的上海居民，我们的生意也依赖他们"。

"我家的二孩是超生，当时在老家被罚了4万元左右，还没有户口。直到2015年计生新政策出台后，我们赶紧在5月份给他上了户口。现在我们姐姐、弟弟等亲戚都在这里做生意。我对政府的最大的愿望是，让房价不要涨得这么快，或者政府可以给我们提供价格低廉的公租房"。

访谈者8

贾某，女性，34岁，初中学历，2004年从安徽老家来到上海，如今在一家养乐多公司上班，2015年从闵行养乐多公司调到松江养乐多公司。老公是上海人，还有一个儿子，已经上小学。

2016年一家人在徐汇区华泾镇购房，借贷几十万元，现一家三口居住在徐汇区，孩子也在附近上学。老公是自由职业者，没有交"五金"，不知道怎么交。

贾某新房对面就是社区卫生服务中心，看病很方便。但根据养乐多公司的规定，看病只能在指定的几家三级甲等医院看病住院。所以贾某选择新房附近的六院看病，公司实行实报实销，即自己先行垫付医药费，回来后公司全额报销，待遇不错。

贾某的户口问题还没有解决，根据上海的户籍政策，结婚满 10 年，年龄达到 35 岁，才可以落户上海。尽管已经结婚 13 年了，但年龄上还差一岁，所以贾某还不符合落户条件，但目前户口基本上不算大问题。据贾某说，他们公司员工的离职率很高，主要因为他们是外地人，孩子不符合上海的教育要求，必须回原籍读书。所以为了孩子，许多员工都辞职离开了上海。她是比较幸运的。目前，贾某在公司工作稳定，月收入 4000 元左右，公司替她缴纳"五金"，个人自就业以来，年年上居住证。所以贾某对自己的现状比较满意。

双方老人都没有跟他们居住，老公的父母居住在其兄长家，贾某的父母在老家居住，孩子是他们两口子自己带大的。孩子比较独立，从上小学开始，就自己乘车上学，基本不需要他们护送和操心。贾某说，尽管还年轻，但也不打算再要二孩儿，因为刚刚购房，经济压力大，养不起。

至于计生服务，贾某说，在生孩子之前，一直没有上班。怀孕 6 个月时就回家生孩子了，在老家接受的计生服务。所以她不了解上海这边的计生服务，也没有享受过这边的计生服务。

至于闲暇时间，贾某说，她一周休息两天，最希望睡睡懒觉调整一下，当然，有时也会陪老公和孩子上公园或者打打羽毛球。至于社区活动，基本上没有参加过，也从不跟居委会打交道，没有什么事情需要他们来解决。

谈到自己的工作，贾某说，工作是自己找的，没有听说政府有就业培训的服务。如果有，她特别希望参加，因为自己的学历很低，希望通过培训来充电。这是她对政府最大的希望。

访谈者 9

何某，女性，高中学历，今年 30 岁，来自湖南，21 岁来上海工作至今近 10 年。何某在长宁区一家服务公司工作，月收入不稳定，从 6000—

10000 元不等。其丈夫来自安徽，亦高中学历，在上海一家中原地产公司工作，收入稳定，在 1 万元左右。孩子 2 岁多，由爷爷奶奶来上海帮着带。爷爷奶奶都很年轻，只有 50 多岁。

何某自工作以来，公司就替其缴纳社保，本人也连续办理长期居住证。目前人口调控对自身的影响不大，即使孩子上学也符合条件。两人在父母的资助下，于 2011 年在闵行区龙柏四村买了房子，现每月需要还贷 4000 元，但对于两人的收入来说不在话下。

目前两人没有打算再要孩子，一是压力大，二是认为没必要，一个孩子就够了。孩子只去过一次医院，完全是自费，何某认为医院的服务还可以。何某和老公基本没有去过医院，因为身体好，很少生病。即使去看病，两人均有社保卡，可以享受部分免费医疗服务。

何某说，不了解政府有就业培训服务，也没有受过任何这方面的服务；至于计生服务，是在社区卫生服务中心获得了关于优生优育的信息服务，在单位得到了正常的产假，公司一直给发工资。

目前一家人的消费主要是围绕还贷和孩子。两人都很忙，一周只休息一天，而且每天晚上回来都 9、10 点钟了。所以，闲暇时间就是希望睡睡懒觉，或者帮忙带带孩子。至于居住小区的活动，从来没有参加过，也没有时间和精力去关注，也从不和居委会打交道。

爷爷奶奶最终还要回老家养老，他们在上海过不惯，主要是帮忙带孩子才留在这里。至于何某本人，她说既然已经在上海买了房子，而且习惯了上海的生活，打算长久在上海定居生活。她在上海交了一些朋友，有自己的社交圈。她认为，上海人还行，没有歧视。看来何某基本上已经融入上海了。如今对于何某来说，最大的愿望，就是获得上海的户口，成为真正的上海人。

访谈者 10

赵某，男性，高中学历，今年 30 岁，来自安徽宣城，2006 年来上海工作至今已有 12 年。赵某原来在静安区一家餐饮连锁公司当厨师，2012

年调到长宁区的连锁店，现在月收入 6000 多元。

赵某 2010 年结婚，爱人是大专学历，在黄浦区大世界上班，月收入 3000—4000 元。他们的儿子 2011 年出生，2014 年在普陀区长寿路一家私立的幼儿园读小班，后考虑到该幼儿园教学环境差，公立幼儿园又无法进入，就转回老家接受幼儿教育，由赵某的姐姐帮助抚养。赵某夫妻俩经常回老家探望孩子。

赵某夫妻现租住在静安区江宁路的老住宅小区里，属于即将拆迁的小区，租住面积 16—17 平方米，月房租为 1500 元左右。公司不管住，也不提供公租房。赵某觉得有没有廉价的公租房无所谓，他不打算长久在上海生活。

当问起赵某是否想在上海长久定居，赵某说没有这个规划。他个人觉得老家和上海没有太大的差别，都很方便。尽管老家的生活成本也很高，但生活环境好，尤其是人脉圈广、朋友多，可以聊天，有精神支持。所以还是想回老家，等再赚几年钱，孩子上小学了，就准备回老家。赵某夫妻俩已于 2014 年在宣城市买了房子。不过，如果上海的机会特别好，发展得很顺利，收入高一些，也可能会考虑留在上海。但他认为这不大可能，因为"厨师是个饿不死、也赚不了钱的职业"。当然，这只是他个人的打算，他爱人却不这么想，还是想留在上海。

赵某说自己早些时候办了临时居住证，但后来由于居住的房子是没有产权的老公房，房东无法提供规范的合同证明，加之自己经常回老家，耽误了半年一次的临时居住证刷卡，没有衔接上，所以无法在继续办理居住证了。

对赵某来说，他在上海最看重的是教育，认为上海的教育质量比老家好。但由于自己无法办理长期居住证，孩子没法在上海接受公立幼儿园的良好教育，所以选择送回老家。现在办理居住证对他来说已经无所谓了。

公司是连锁公司，比较规范，每年给赵某缴纳"三险"变为缴纳"五险"。所以，在看病就医方面，很便利。赵某说，自己生病每次都去三级医院，可以享受大部分的免费医疗，个人只需要支付 20%—30% 的门诊

费。公司每年还提供免费的职业技能培训，在长宁区的这五年，赵某已经
接受了 4 次培训。

赵某说自己的休息时间不固定，有可能是在周一、有可能是周五，主
要是看店里的营业情况。闲暇时间，他喜欢出去走走，逛逛公园。

至于是否还想要二孩，赵某说一个就够了，不是因为生活压力，也不
是因为没人带，就是自己不想要。爱人在怀孕以后就辞去了工作，在当时
租住地的社区卫生服务中心接受产前检查和优生优育咨询服务。生孩子时
爱人回了老家，一直将孩子带到 3 岁，才又重回上海工作。

两人基本上不关注所在社区的活动，也不和居委会打交道。

访谈者 11

何某，女，61 岁，湖南人，小学学历。现在一家马上要有 6 口人了：
本人、老伴、儿子、儿媳、大孙子，还有即将出生的第 2 个孙子（女）。

儿子最先来到上海，是在 2002 年。本人及老伴是在 2006 年来到上
海，为了照顾怀孕的儿媳。他们只有一个儿子。如今大孙子已经 10 岁了，
在松江区一家公立小学上三年级，第二个孙子（女）也即将出生。全家人
于 2009 年在松江区方松街道紫东新苑居民区买了房子，100 平房米左右。

儿子在上海的一家公司上班，何某说，"收入很低，只够糊口，儿媳
在湖南一家公司驻上海的分公司上班，收入也不高。我和老伴是农村人，
没有工资。我的身体不好，腰椎间盘突出，走路都不方便，老伴身体也不
怎么好。我们一家应该算是困难户"。

目前何某全家人都有上海市居住证，其儿子办了长期居住证，公司给
他交社保；儿媳因为公司不在上海，社保不知如何交。孙子上幼儿园及小
学都是在公立机构，因为有房子，教育方面基本不受户口影响。

何某一家看病基本上都是在松江区第一人民医院，全部是自费。包括
儿媳当时生孩子，上午还在上班，下午紧急住院，第二天就剖腹产生了，
她们公司当时给出了一部分费用，此后休了 2 个月的产假，工资不知是否
发了。现在又要生育二孩儿，还在上班。何某说，自己的媳妇很坚强。产

前检查儿媳一直是在松江区妇幼保健院做的，完全自费。

讲到业余时间，何某说，自己平时喜欢玩电脑，在电脑上看新闻、打牌，或者跟朋友去玩，她们都是何某来到上海后新认识的本小区的居民，也是来自全国各地，如江西、湖南、安徽等，一起逛逛超市；有时全家也会去公园玩玩。儿子一周休息一天，很忙，儿媳一周休息两天。

何某参加了本小区的志愿活动"清洁家园"行动，每个礼拜天要捡拾垃圾四个小时；同时担任楼组长。"我们应该算是困难户，但因为户口不在这里，所以也享受不到小区的救助、补助等帮扶""我跟楼里的居民都很熟悉，整个楼组就我们一家外地人，他们对我们很尊敬、很友好，还经常送东西给我们。上海人很好的"。儿子儿媳很忙，没有参加过小区的活动。

至于未来，何某说，"我们只有一个儿子，如果孙子大了，我们可以回老家养老。如果我们身体不好，就准备待在儿子这里了。我没有想到去上海的养老院，儿子儿媳负担得起，我觉得还是养儿防老"。

访谈者 12

陆某，男性，47 岁，江苏南通人，初中学历，居住在松江区方松街道某小区。陆某很早就同爱人一起来到上海做蔬菜生意，先是在中心城区，后生意难做，于 2008 年来到松江区某菜市场做生意。夫妻俩租住在菜市场附近的一居民小区里，月租金要 1000 元左右。孩子今年 20 岁，在江苏某高等专科学校上学。不过孩子从小就在老家上学，由陆某的岳父岳母照看。

一提到菜场的生意，陆某就很激动。他说，现在房价和摊位费不断上涨，赚不了多少钱。街道直接管理的摊位还好，兰桥菜场是被私人承包，然后又转租给陆某以及其他人，水电费乱收，价格很贵。除去摊位费，每月只能挣 2000—3000 元，要交房租，还要给孩子生活费以及夫妻俩的生活费，所剩无几。所以陆某很是不满。至于未来，他说："做到哪算到哪，不知道自己还能在上海留多久。"菜场里绝大多数是外地人，当然也有本地人，很少。陆某说，摊位费的征收，跟人没有关系，主要是看经营的内容，收费不一样。

陆某办理了居住证，并且一直按时去刷。因为是小摊贩，无法交社保，都是在农村老家交农保。因此，在上海看病基本上都是自费，看病就去社区卫生服务中心，那里收费便宜。

访谈者 13

曹某，女性，33 岁，高中学历，来自江苏，现在居住在松江区华泾镇某小区。家里有三口人，爱人和孩子。爱人高中学历。孩子今年 10 岁了，在一家公立小学上学。

曹某在一家公司上班，月收入超过 5000 元。公司按时为其缴纳社保，已连续缴纳多年"三金"。公司有免费的业务培训，本人参加了几次，效果还可以。

全家人都办理了长期居住证。孩子从出生就在上海，幼儿园、小学都是在上海的公立机构就读，没有受到人口调控的影响。

一家人租住在沙家浜小区。问其是否想买房子，曹某说，想买房，但主要原因是没有连续缴纳社保，中间断开了，所以不符合购房条件，希望以后可以。

全家人看病基本上都是在大医院，自己有社保卡，部分自费。

因为还在上班，所以匆匆挂断电话。

访谈者 14

裴某，男性，43 岁，初中学历，来自河南，原来居住在松江区新桥街道某居民区，现在居住在浦东新区。全家共有五口人，只有其爱人及大儿子与他在上海生活。

裴某 2009 年与爱人一起来到上海找工作，2010 年在春申居委会附近的大众橡胶厂工作，月收入 4000 元左右，一直到 2014 年工厂裁员，被裁下来。当时，工厂发了补偿金，每月 2000 多元，连续发了 4 个月。之后，裴某和爱人回到老家休整，2016 年年初又来到上海，这次是在浦东安顿下来，找了一间小民房，每月房租费加水电费是 500—600 元。目前自己和爱人都在找工作，很难找到合适的工作。一方面工厂都在裁员，另一方面个人年龄偏大。一般工厂喜欢招 30 多岁的年轻人。虽然找了中介公司帮忙介绍工作，但个人开的中介公司中介费太高，而且等待的时间太长。

裴某说，自己之前一直办理居住证，而且工厂给他缴纳综合保险。后来自己被工厂裁掉后，个人负责缴纳保险，但居住证没有及时续签，所以现在办不下来长期居住证。

大儿子 2015 年高中毕业，来到上海，一直在一家超市上班，算是有了稳定的工作，其他两个孩子还在老家上学。因为没有长期居住证，孩子也没法在上海上学。

裴某说，上海的房价太高，生活成本也太高，全家准备在上海再挣两年钱，就回老家发展。老家在农村，有宅基地，有房子。当然，如果今年还是找不到工作，就提前回老家了，再也不来了。裴某说，自己在上海白待了这么长时间，连个工作都找不到。虽然有熟人朋友在上海，但他们也都面临被裁员或已经被裁，根本帮不上忙。裴某没有想过通过政府的就业培训服务去找工作。

访谈者 15

唐某，男，42 岁，本科学历（自学），来自安徽铜陵。来上海已经 22 年，当时夫妻俩一起过来的。一开始两人在浦东新区做土建生意，后来自己注册公司，承接土建及市政工程项目，业务范围在上海及浙江。夫妻俩年收入在 200 万元—500 万元，唐某在上海买了一套别墅和一套高层住宅。

一家六口人：本人、妻子及 4 个孩子，妻子、大女儿、小儿子和自己都在上海。大女儿在上海上职业高中，二女儿、三女儿被送到浙江上住宿的私立中学。因为唐某的朋友在浙江，而且他认为浙江的私立学校更好。唐某对这两个女儿的规划设计就是以后出国读大学，小儿子在上海一家私立幼儿园读大班。

全家人都有上海市居住证，唐某有长期居住证。唐某在生活上已经适应和融入上海，但在心理认同上还有距离，他有点瞧不起上海人。唐某最大的心愿是拥有上海市户口，在身份上真正成为上海人。由于唐某一心想要儿子，所以家中2个孩子是超生，当时在老家还罚了5万元左右，按照居住证积分制关于计划生育一票否决的规定，唐某没有资格申请长期居住证转上海市户口。

唐某夫妻俩自己交保险，所以看病就医可以享受部分免费。平时很忙，周末都在忙于处理业务和人际关系，没有闲暇时间，也从不参加社区活动。

唐某的父母在老家，偶尔过来看看他们。老人不愿意在上海定居。唐某一家打算长久定居上海，因为这里有他们创业的根基。但本人在退休后不一定会留在上海。

访谈者 16

周某，男，52岁，大专学历（自学），来自安徽枞阳。周某从海军部队转业后来到上海找工作，一晃就过去了20多年。

周某一家四口：本人、妻子、儿子和女儿。除儿子外，其他家庭成员均在上海。周某来上海时跟亲戚合作土建生意，后来自己组建工程队，承接项目。妻子如今已经赋闲在家，带孙子。他们于2000年在闵行区虹桥机场附近购买了一套3室2厅的房子。

周某的儿子今年30岁左右，之前一直在上海就读，高考前回到老家，之后通过考大学的方式出来读书，2009年大学毕业后经朋友介绍来到携程公司南通总部工作，如今已经结婚成家，并在南通买了房子，孩子也已经出生放在上海父母处抚养。周某的女儿大专毕业后在上海经营一家养生店，还没有结婚，同周某夫妻住在一起。周某的父母均在老家，不习惯在上海生活。

周某及妻子自己交着"三金"，办理居住证，看病就医享受部分免费。

周某喜欢参加社区公益活动，也适应了上海的生活，打算长期定居上海。周某不喜欢在养老院养老，他说自己还是持有"养儿防老"的观念。

访谈者 17

刘某，男，33 岁，初中毕业，来自江西。6 年前夫妻俩来到上海，与亲戚一起做铝合金门窗的生意，后在一家大型装修市场租赁门面房做生意。

一家四口人：本人、妻子、大女儿、小儿子。女儿 8 岁，一直在老家长大，由爷爷奶奶照看，如今上小学三年级；小儿子 5 岁，一直带在夫妻俩身边，在上海生活，如今在上私立幼儿园。夫妻俩每逢过节就回老家看女儿和父母。

夫妻俩年收入 50 万元—100 万元左右，在上海闵行郊区租农民的房子，每月租金 2000 元。夫妻俩有意在上海买房，但只持有临时居住证，不具备买房的条件。在老家定期缴纳"新农合"，在上海未交保险，所以看病全都是自费，孩子也无法享受上海公立机构的教育。

刘某说，老家有房，自己以后也不打算定居在上海，只是把这当作挣钱的地方。以后老了，还是会回到老家。对于他来说，最大的希望就是孩子能够在上海接受良好的教育。

访谈者 18

郭某，男，36 岁，大专学历，福建人。2002 年来上海，居住在松江区。2009 年郭某在松江区新桥街道购房，工作在闵行。

郭某一家四口人均在上海：郭某、妻子、儿子和母亲。儿子上小学，在上海的一家公立机构念书，目前没有受到上海人口调控的影响，母亲在家照看孩子。

郭某自己开了一家公司，在做文化创意产业，给自己交着"三险"，年收入大约上百万，但不固定，要看公司的业绩。公司有免费的企业文化精神的培训。看病就医部分自费。平时很忙，没有闲暇时间，接受了 2 次简短的访谈，匆匆结束。郭某说自己很想参加本社区的活动，尤其是社区公益活动，因为自己也在做文化创意产业，但确实太忙参加不了，心有余而力不足。

郭某说自己准备再要一个孩子，独生子女太孤单，现在政策放开了，自己也具备生养和抚育二孩的能力。

郭某说自己在上海待了快 20 年，很适应上海，决定长期定居在上海，目前正在申请办理长期居住证，还没有办下来。如今最大的愿望就是孩子在上海持续接受教育，一直上大学，但目前还不具备这样的条件，不能在上海参加中考高考。他希望政府能够给他这样的创业型来沪人员提供教育方面的便利，并希望再过几年上海的居住证政策能够更加宽松。

访谈者 19

杨某，男，40 岁左右，研究生学历，来自江苏南京。2002 年来到上海发展，一直在闵行区居住和工作。本人持有长期居住证，已经 5 年了，还差 2 年就可以排队申请上海市户口了。

杨某一家四口人居住在上海，妻子、岳母和孩子。杨某一家 2010 年在闵行区莲花街道某小区买房，2015 年又重新换购房，在外环以外。

杨某目前在一家公司上班，之前已经换过多次工作。公司按时给其缴纳综合保险，公司还有每年一次的免费培训。杨某月收入超过 5000 元，看病就医部分自费，主要选择在大医院看病。

杨某的孩子今年 10 岁，在闵行某公立小学上学。孩子 2 岁时从江苏来到上海，之后在上海的公立幼儿园上学，一直到公立小学。夫妻俩还没有计划再要二孩。谈到孩子的教育，杨某说，这是他最看重上海的地方，希望孩子可以在上海接受良好的教育。目前人口调控对其及孩子教育以及整个家庭没有多大的影响，所以杨某并不知道人口调控是怎么回事。但他比较抱怨闵行区的教育。他说，这边的教学质量不好，教学机构的口碑也不好。外环以外新建了许多小区，居住者的素质都不错，但新建小区附近的教育基础设施，尤其是教育师资跟不上，孩子没法接受良好的教育。他希望政府在这方面多关注，加大服务资源的投入。

至于医疗卫生，杨某觉得还不错，闵行区的医疗资源也比较多。而且网上挂号，有助于公平。至于计生服务，由于没有享受过，所以不了解。杨某平时上班，周末就是接送孩子参加各种培训班。没有时间参加小区的活动，但其岳母会参加。小区有时也会举办针对孩子的活动。

杨某打算长期定居在上海，认为上海的发展机会多，自己也适应了上海的生活。无论是在居住区，还是工作地，都没有上海人排外的现象。在比较南京和上海以后，他说两者各有特点、各有利弊。他留在上海就是希望孩子接受好的教育，所以他盼望尽快拿到上海市户籍，这样孩子以后的升学就不受影响了。

访谈者 20

孙某，女性，35 岁，初中学历，来自安徽，2007 年来到上海。持有上海市长期居住证。一家三口人：本人、丈夫和孩子。丈夫是本科学历。孙某工作稳定，一直未换过，月收入 5000 元以上，单位按时缴纳社保，所以孙某持有社保卡，可享受部分免费医疗。

孩子 8 岁，在一家公立机构上学。因为一家人较早地在闵行区莲花街道购房，所以孩子目前在上海接受教育并不受到影响。目前还没有考虑要二孩。

孙某对自己的现状非常满意，居住稳定、就业稳定，认为没有需要政府支持和帮助的。至于流动人口家庭比较关注的上海市户口，在她看来也无所谓，顺其自然。

访谈者 21

孙某，近 50 岁，初中学历，司机，来自安徽，在上海工作多年，中间回老家休整。其儿子也已经 20 岁，在上海找工作。全家人租住在闵行区华漕街道。

提到个人的服务需求，孙某说道："我年龄大了，在上海待不了几年，要回老家养老。现在我在上海一个月收入只有 3000 元左右，甚至有时还不到，除去房租、生活开支，几乎剩下不了多少，待在上海没什么意思。家里有几亩地、有房子，吃的住的都不用掏钱。至于孩子，现在也大了，可以自己出来工作了，也不打算留在上海。所以，我们在上海没有什么服务需求。"

访谈者 22

洪某，女性，62 岁，来自福建，五年前来到上海儿子家，替他们照看孙子。

洪某的儿子，今年 38 岁，高中学历，是一名从事器官模型制造的技术工人。高中毕业后在厦门工作，后在师傅的带领下，于 2000 年左右来到上海发展，在上海松江区的一家器模公司工作，并认识了现在的妻子。俩人于 2009 年结婚，2010 年生下一子。目前夫妻俩自己开了一家器模厂，雇了 10 个人，年收入在几十万元。洪某的儿子在外跑客户，儿媳妇在厂里主事，老人在家帮着他们带孙子。

一家人先是在洪某儿子工作地附近租房子，月租金 3000—4000 元，后为了孩子上学，于 2014 年在松江区买了 69 平方米的房子，洪某的孙子也顺利进入附近的一家松江区公立幼儿园读书（按照松江区公立幼儿园的规定，购房满 2 年即可入园）。房子虽小，但解决了孩子的入学问题，洪某的儿子、儿媳为了工作上的便利，还先后购置了两辆小车。

洪某说，自己平时一个人带孙子，很忙。儿子儿媳也很忙，只有晚上才回到家。儿媳除了工作，周末还要攻读本科学历。洪某一个人既要接送孙子去幼儿园，还要买菜做饭，同时她还比较挂念远在福建农村的老伴。老伴孤身一人在老家，自己种田、自己烧饭、自己照顾自己。她希望老伴能跟她一起来上海照看孙子，互相有个照应，但媳妇不同意，不愿意跟两个老人住在一起，而且房子很小，也很难容纳两个老人。所以，洪某说，她想等到孙子上小学、儿媳妇稍微清闲些，结束学业，她就回福建老家和老伴待在一起。她个人觉得还是老家好，环境好、生活本低、生活悠闲。

至于儿子儿媳，目前已办理居住证，定期缴纳社保，看病就医部分自
费。他们已经适应了上海的生活，打算长久定居在上海。目前两人没有要
二孩的想法，一是工作太忙，而是觉得生活压力太大。两人基本上没有业
余时间，周末还在外面跑业务，儿媳还在接受继续教育。

访谈者 23

韩某，女性，38 岁，本科学历，江苏泰州人，2007 年来到上海，在
一家外企公司工作。公司所在地是在上海徐汇区。韩某在闵行区古美街道
某小区居住，持有上海市长期居住证，2016 年就可以和孩子一起办理好
居住证转上海市户口。韩某对自己的现状比较满意。

一家四口人：本人、丈夫、孩子和奶奶。丈夫本科学历，在驻上海的
一家公司工作；孩子今年 10 岁，上小学三年级；奶奶从 2007 年就过来帮
着照看孙女。

韩某买房较早，2007 年就在上海买了房。女儿上学基本上不受上海
人口调控的影响，可以接受上海的公立机构的教育。但韩某夫妻俩认为，
上海的民办教育机构质量更好，理念更新，不会给孩子太多的压力，所以
从幼儿园阶段就让孩子接受民办教育，然后是民办小学——逸夫小学。

韩某所在的外企公司按时给其缴纳社保，所以韩某看病就医只需要部
分自费。公司效益不错，韩某从事财务工作，月收入超过 1 万元，而且公
司定期对员工进行免费的技能培训，如注册会计师的培训等；其丈夫所在
的公司总部在苏州，公司在苏州为其缴纳社保，看病就医不太方便，大病
住院需要回苏州报销。丈夫的收入与韩某差不多，但不固定，上下浮动
很大。

目前韩某不想要二孩，主要是觉得精力不够，太累了，晚上要加班，
平时还要辅导孩子的功课。再就是觉得女儿已经大了，以后俩孩子的年龄
差异太大。尽管奶奶在这边帮着照顾女儿，也希望他们生二胎，但韩某本
人决定不要再生。韩某是在苏州生育的孩子，所以不关注，也没有享受过
上海这边的卫生计生服务。

韩某从未参加过社区活动，主要是没有关注过，也从不和居委会打交道。她本人虽是党员，但关系在单位，所以韩某也未曾到社区报到，未曾参加党员的志愿活动。业余时间韩某就是听音乐、带着孩子去旅游等。

目前韩某基本上已经适应上海，能够听懂上海话，也有自己的同事朋友圈。她不觉得上海同事有排外的心理，但承认在生活的其他领域有个别的排外现象。

韩某认为，上海市的医疗卫生、教育、环境等领域的公共设施还有待改进，服务质量还有提升的空间，如"看病难"还普遍存在，挂号就诊排队等待的时间太长，有时挂号还挂不上。自己一家小病基本上在药店买药来解决，很少去社区卫生服务中心，但大病还是去三级甲等医院，但服务不是很方便，希望政府能够改进。

访谈者 24

吴某，女性，29 岁，本科学历，来自江苏，2010 年来到上海，在一家私企上班。丈夫是研究生学历，也在上海的一家私企上班。两人月收入均超过 1 万元，丈夫的收入更高些。目前没有孩子，也没有计划要孩子。

两人在闵行区古美街道租了一套房子，月租金 5000 元左右。本来他们准备买房，但因为这两年房价上涨太快，准备的购房资金不足，再加上房价上涨趋势不明朗，所以俩人决定再攒些钱。吴某说，他们决定自己买房，不依靠双方的父母。目前准备购置新房的资金全部来自两人的收入。

吴某的公司待遇很好，不但按时为其缴纳社保，还每月给其住房补贴2000 多元，所以租房的压力不是很大。而且公司每年都有免费培训任务，每个人必须参加。吴某持有社保卡，看病可以部分免费。

吴某在 2011 年办理了上海市居住证，以后每年都续签，从未间断。但吴某不知道办理居住证与转上海市户口的关系，也不关注上海市的户口问题，只是觉得既然公司给缴纳社保了，那就去办理居住证好了。吴某很少参加所在社区的活动，至于卫生计生服务，也没有关注过。她说："似乎居委会有免费孕检、免费药具发放的通知，但因为自己上班很忙，下班很晚，所以也没有去居委会咨询过，也就没有享受过相关的卫生计生服务。"周末吴某会休息，通常就跟老公或者朋友出去玩。

吴某说，自己已经适应了上海，在上海有自己的社交圈，也没有感觉到上海人有排外的现象。她觉得上海人和外地来沪人员在生活方式、消费方式以及观念方面已经没有太大的差异，仅仅是户口的区别而已。

吴某对自己的现状很满意，她说，自己对政府没有服务需求，拥有一套自己的住房是最大希望，但在这个问题上政府是不能提供什么帮助的，只有依靠自己和老公。

访谈者 25

乔某，男，38 岁，本科学历，浙江人，2010 年左右来上海。目前一家人居住在松江区某小区。

乔某是计算机专业，在上海市一家美国企业工作，收入丰厚，但非常忙碌。妻子是重庆人，本科学历，在上海的一家台湾企业上班，工作灵活，可以在家上班，月收入 8000 元左右（除去"五金"）。两人有一个儿子，今年 3 岁。之前一直是妻子在家照看孩子，因为准备生二胎，所以乔某让自己的父母把浙江丽水的房子卖了，在松江区自家居住地附近又买了新房，方便照顾儿子和怀孕的妻子。

乔某的父母 65 岁左右，均已退休，只有乔某一个儿子。他们在几年前资助乔某一家买了新房之后，再次在上海为自己购买房子，既是为了养老，也是为了与儿子在一起，方便相互照应。乔某的母亲说，自己是不愿意与儿子一家住在一起，不自由也不方便。但还是希望离儿子近些，可以常常看到孙子。儿子一家每天晚上来他们这里吃饭，孙子也是由他们负责接送。

乔某持有上海市居住证，属于人才引进类的居住证，正在申办居住证转户籍。乔某的儿子在一家公立幼儿园就读，没有受到上海人口调控政策的影响。

访谈者 26

张某，男，45 岁，高中学历，来自江苏，2005 年来到上海。现一家人居住在徐汇区枫林街道某小区。

张某的妻子，高中学历，江苏人，2002 年来到上海，并在枫林街道宛南片区购房，在当时上海户籍政策比较宽松的情况下，于 2003 年取得上海市户籍。孩子跟随妈妈，也取得了上海市户籍，一路上学比较顺利，都是在公立教育机构就读，如今孩子准备参加中考。妻子和孩子看病就医都可以享受公费医疗。张某的岳父岳母也跟他们住在一起，以后在上海养老。张某一家没有要二孩的打算，主要是考虑到生活成本太高，压力大。

张某持有上海市居住证，但没有连续办理，主要是太忙，无暇顾及。张某以前在江苏那边缴纳保险，来到上海后，先后更换过 2 家公司，都是私营公司，中间未能按时缴纳"三险"，所以张某无法获得社会保障卡，就医看病全是自费。但张某的收入较高，月收入超过 1 万元，而且公司还提供免费的职业技能培训。

张某的妻子月收入接近 8000 元，她对自己家的生活状况比较满意。她认为自己来上海这么多年，已经适应了上海的生活，觉得上海人也不像以前那么排外了，毕竟外地人越来越多。所以张某一家决定长期定居在上海，包括老人。

访谈者 27

王某，男，37 岁，本科学历，来自山东，2005 年来到上海。现在一家人居住在徐汇区康健街道某小区。

王某一家三口人：本人、妻子和女儿。王某先是在上海的一家外贸公司上班，2015 年辞职，然后利用已有的客户关系在家做生意，收入超过 1 万元。妻子来自江苏，在一家外贸公司上班，经常在国内外出差，月收入超过 1 万元。女儿四岁多，通过交赞助费的形式，在小区附近的一所高校附属幼儿园接受小班教育。

据王某说，自己早就办理 A 类居住证了，单位也一直帮着缴纳社保，只因中间因为没有衔接好，工作很忙，没有及时去刷证，所以居住证的年限不够长。其妻子已连续缴纳 7 年社保，并且连续刷证，已经初步具备申请上海市户籍的年限条件，只要明年再拿上中级职称，就可以申请上海市户籍了。全家于 2013 年购买了现在的住房，78.5 平方米，女方的父母资助一些，剩余都是两人的收入和贷款。

目前孩子的教育已受到政策影响，因为户口不在上海，加之购房的年限较短，孩子只能在徐汇区选择上私立幼儿园。后来通过交赞助费的形式得以进入某高校附属的幼儿园。

访谈者 28

张某，男性，41 岁，高中学历，老家是浙江杭州千岛湖，来上海已经 21 年，现全家人居住在闵行区虹桥街道。一家五口：本人、妻子、两个孩子和母亲。

张某是自由职业者，一直在上海从事壁纸装修，手下带着十几个人，搞承包。因为是自由职业者，无法在上海缴纳社保，于是挂靠朋友的公司，自己交了 2 年的社保，并且办了居住证。妻子今年 37 岁，也是承包了一家美甲店，带着十几个美甲师在做。夫妻俩月收入超过 4 万元。他们于 6 年前买了房子，当时政策比较宽松，也买了车子，上了上海车牌。虽然还想在上海买套大房子，但现行政策已不允许。他们只好在浙江千岛湖风景区买了套大房子，但一直空置，无人居住。

大女儿 13 岁，读六年级，在老家出生，出生第二年来到上海，之后一直在上海生活。大女儿从幼儿园到小学一直都在上海的公立机构就读，小的是在二孩政策调整后出生的，有十几个月了。现在全家人比较担心大女儿的中考和高考，因为中考即将到来，按照目前上海的政策，女儿是必须回老家中考的，张某也在托朋友想办法，说实在不行就在上海上职校，因为实在不愿意一家人分成两处。当然，最坏的打算就是让女儿回老家参加中考，妻子回去陪读。小儿子也许可以赶上政策，因为自己一家人都办了上海居住证，按照目前的积分方法，再过若干年应该可以拿到上海市户籍的，儿子可以赶上参加高考。

张某抱怨说，自己在上海的壁纸行业也算小有名气了，干了这么多年。当初是跟着台湾人学的手艺，学得比较扎实，而且熬过了最艰难的时期，现在是在收获果实时期。因为这一行业比较辛苦，没有三五年是做不好的，很少有从事者能够坚持下来，所以上海只有20多个人在做壁纸装修。这一行业不像电工、水暖工等其他行业可以有职级，壁纸装饰行业是特种行业，不能考等级，否则张某早就应该是高级工，可以积分了。张某说，希望国家以后在这个行业能有资格技能的认定标准，也希望上海在设计居住证积分时能够考虑他这样在上海生活了20多年的外地人，不要只考虑高学历的人才。

张某说，自己几乎没有周末，这个行业就是休息时间忙，平时喜欢全家旅游。如今张某和妻子在上海也有了自己的朋友圈和客户圈，出门靠朋友。小儿子出生时，妻子已经是高龄产妇，依托朋友的关系，妻子进了国际妇幼和平保健院，接受产检和生产。大女儿当时能在公立幼儿园就读也是上海的朋友帮忙。中国是个人情社会，一切靠关系，自己一家人在上海也积累了人脉。所以，他们愿意长久地定居在上海。

访谈者 29

蒋某，38岁，男，大学本科学历，河南人。一家五口人：本人、妻子、父母和女儿。现居住在松江区。

蒋某大学毕业后就在上海闯荡，目前就职于松江区罗莱家纺公司，从事销售。妻子是重庆人，也是本科毕业后留在上海，与蒋某在同一家公司任职。两人在公司相识并结为夫妻，目前孩子也已经有2岁了。两人工作非常忙，经常加班到晚上10点，周末也经常没有闲暇时间。所以，妻子怀孕时蒋某就将自己的父母从河南老家接过来，照顾妻子，后来负责带孩子，一直到现在。蒋某一家2年前在松江区购了69平方米的新房，房子虽小，但总算有了固定的居所。孩子上公立幼儿园有了着落。蒋某的母亲也与小区居民混得很熟，每天带孩子出来唠家常。

蒋某和妻子目前办了居住证，一直在按时缴纳社保。夫妻俩虽然很忙，但收入还可以，因为是搞外贸，从事对外销售，月收入超过上万元。他们决定长期在上海定居。

访谈者 30

吕某，26岁，内蒙古人，硕士研究生，在上海闵行区某高校任职辅导员。2013年吕某以优异的成绩毕业于中国矿业大学，然后来到上海寻找工作。上海某高校招聘学生辅导员，在300多名的报名求职者中，吕某脱颖而出，成为佼佼者，并成功受聘。

吕某工作很忙，但个人兴趣广泛，尤其是喜欢排练喜剧。学校收入中等，吕某年薪在8万元左右，自己感到很知足。只是按照上海市的居住证积分制政策，自己在中国矿业大学期间学习优秀，获得三好学生奖，以及其他奖项，还有英语四、六级成绩等，在上海都是可以加分的。由于申报较晚，错过了时期，所以这些加分都没有落实，只能靠自己入职后的工作积累及其职称评定了。但吕某说，由于从事学生辅导员工作，平时很少有时间搞科研，即便是根据工作实践写了一点文章，但很少有杂志愿意发表，其一是自己不出名，其二是辅导员写的文章很难发表，没有学术含量。吕某只好自嘲地说，走一步看一步，现在还没有考虑太多。反正不想读博，实在不行，转行去外企或考公务员吧。

由于之前一直忙于学习，吕某还未有男朋友，来到上海后，更缺乏社交圈，仍然是孤家寡人。

附录三：政策文件

1. 国家基本公共服务体系"十三五"规划

国务院关于印发"十三五"
推进基本公共服务均等化规划的通知

国发〔2017〕9号

各省、自治区、直辖市人民政府，国务院各部委、各直属机构：

现将《"十三五"推进基本公共服务均等化规划》印发给你们，请认真贯彻执行。

国务院

2017年1月23日

（此件公开发布）

"十三五"推进基本公共服务均等化规划

基本公共服务是由政府主导、保障全体公民生存和发展基本需要、与经济社会发展水平相适应的公共服务。基本公共服务均等化是指全体公民都能公平可及地获得大致均等的基本公共服务，其核心是促进机会均等，重点是保障人民群众得到基本公共服务的机会，而不是简单的平均化。享有基本公共服务是公民的基本权利，保障人人享有基本公共服务是政府的重要职责。推进基本公共服务均等化，是全面建成小康社会的应有之义，对于促进社会公平正义、增进人民福祉、增强全体人民在共建共享发展中的获得感、实现中华民族伟大复兴的中国梦，都具有十分重要的意义。

本规划依据《中华人民共和国国民经济和社会发展第十三个五年规划纲要》编制，是"十三五"乃至更长一段时期推进基本公共服务体系建设的综合性、基础性、指导性文件。

第一章　规划背景

第一节　发展基础

　　"十二五"以来，我国已初步构建起覆盖全民的国家基本公共服务制度体系，各级各类基本公共服务设施不断改善，国家基本公共服务项目和标准得到全面落实，保障能力和群众满意度进一步提升。截至 2015 年，义务教育均衡发展深入推进，国民受教育机会显著增加，九年义务教育巩固率达到 93%，进城务工人员随迁子女在流入地公办学校就读的比例超过 80%；实施就业优先战略，公共就业创业服务和职业培训不断强化，全国就业人员达到 77451 万人，劳动者参加就业技能培训后就业率平均达 70% 以上；覆盖城乡的社会保障体系进一步健全，城乡居民养老保险制度实现整合，保障水平稳步提高，社会服务体系继续完善，临时救助制度全面实施，残疾人小康进程加快推进；基本公共卫生服务项目增加到 12 类，全民医保体系加快健全，基本医保参保率超过 95%，大病保险覆盖全部城乡居民医保参保人员，国家基本公共卫生服务经费和城乡居民基本医疗保险补助标准分别提高到每人每年 40 元和 380 元，人民健康水平总体上达到中高收入国家平均水平；城镇保障性安居工程和农村危房改造力度加大，全国累计开工城镇保障性安居工程住房 4013 万套，其中改造棚户区住房 2191 万套，改造农村危房 1794 万户；现代公共文化服务体系建设积极推进，农村公共文化服务能力增强，全民健身活动蓬勃开展，广播、电视人口综合覆盖率均达到 98%。

　　同时，我国基本公共服务还存在规模不足、质量不高、发展不平衡等短板，突出表现在：城乡区域间资源配置不均衡，硬件软件不协调，服务水平差异较大；基层设施不足和利用不够并存，人才短缺严重；一些服务项目存在覆盖盲区，尚未有效惠及全部流动人口和困难群体；体制机制创新滞后，社会力量参与不足。

第二节　发展环境

"十三五"时期是全面建成小康社会的决胜阶段，我国发展仍处于可以大有作为的重要战略机遇期，完善国家基本公共服务体系、推动基本公共服务均等化水平稳步提升，面临新的机遇和挑战。

——经济进入新常态。经济增长从高速转向中高速，经济结构深度调整，发展动力加快转换，保民生兜底线的任务更加艰巨。同时民生持续改善也会为经济发展创造更多有效需求，为推进供给侧结构性改革提供强大内生动力。

——人口形成新结构。人口总量增长势头明显减弱，劳动年龄人口减少，人口老龄化加速，老年抚养比上升，新型城镇化推动城乡人口结构变化，对公共服务供给结构、资源布局、覆盖人群等带来较大影响。

——社会呈现新特征。社会结构深刻变动、利益格局深刻调整，人民群众的公平意识、民主意识、权利意识不断增强，合理引导社会预期、加快基本公共服务均等化任务更加艰巨。

——消费体现新需求。中等收入群体规模不断扩大，群众提高生活水平和改善生活质量的愿望更加强烈，消费需求更加多样化多层次，提高公共服务供给质量和水平的要求更加紧迫。

——科技孕育新突破。新一轮科技革命和产业变革正在兴起，移动互联网、物联网、大数据、云计算等技术快速发展，推动公共服务新业态不断发展、供给方式不断创新、服务模式更加丰富。

第二章　指导思想和主要目标

第一节　指导思想

高举中国特色社会主义伟大旗帜，全面贯彻党的十八大和十八届三中、四中、五中、六中全会精神，深入贯彻习近平总书记系列重要讲话精神和治国理政新理念新思想新战略，认真落实党中央、国务院决策部署，统筹推进"五位一体"总体布局和协调推进"四个全面"战略布局，牢固树立和贯彻落实新发展理念，坚持以人民为中心的发展思想，坚持以社会主义核心价值观为引领，从解决人民群众最关心最直接最现实的利益问题入手，以普惠性、保基本、均等化、可持续为方向，健全国家基本公共服务制度，完善服务项目和基本标准，强化公共资源投入保障，提高共建能力和共享水平，努力提升人民群众的获得感、公平感、安全感和幸福感，实现全体人民共同迈入全面小康社会。

——兜住底线，引导预期。立足基本国情，充分发挥基本公共服务兜底作用，牢牢把握服务项目，严格落实服务指导标准。坚持尽力而为、量力而行，合理引导社会预期，通过人人参与、人人尽力，实现人人共享。

——统筹资源，促进均等。统筹运用各领域各层级公共资源，推进科学布局、均衡配置和优化整合。加大基本公共服务投入力度，向贫困地区、薄弱环节、重点人群倾斜，推动城乡区域人群均等享有和协调发展。

——政府主责，共享发展。深化简政放权、放管结合、优化服务改革，划清政府与市场界限，增强政府基本公共服务职责，合理划分政府财政事权和支出责任，强化公共财政保障和监督问责。充分发挥市场机制作用，支持各类主体平等参与并提供服务，形成扩大供给合力。

——完善制度，改革创新。推进基本公共服务均等化、标准化、法制化，促进制度更加规范。加快转变政府职能，创新服务提供方式，消除体制机制障碍，全面提升基本公共服务质量、效益和群众满意度。

第二节　主要目标

到 2020 年，基本公共服务体系更加完善，体制机制更加健全，在学有所教、劳有所得、病有所医、老有所养、住有所居等方面持续取得新进展，基本公共服务均等化总体实现。

——均等化水平稳步提高。城乡区域间基本公共服务大体均衡，贫困地区基本公共服务主要领域指标接近全国平均水平，广大群众享有基本公共服务的可及性显著提高。

——标准体系全面建立。国家基本公共服务清单基本建立，标准体系更加明确并实现动态调整，各领域建设类、管理类、服务类标准基本完善并有效实施。

——保障机制巩固健全。基本公共服务供给保障措施更加完善，基层服务基础进一步夯实，人才队伍不断壮大，供给模式创新提效，可持续发展的长效机制基本形成。

——制度规范基本成型。各领域制度规范衔接配套、基本完备，服务提供和享有有规可循、有责可究，基本公共服务依法治理水平明显提升。

"十三五"时期基本公共服务领域主要发展指标

指　　标	2015 年	2020 年	累　计
基本公共教育			
九年义务教育巩固率（％）	93	95	-
义务教育基本均衡县（市、区）的比例（％）[1]	44.48	95	-
基本劳动就业创业			
城镇新增就业人数（万人）[2]	-	-	＞5000
农民工职业技能培训（万人次）	-	-	4000
基本社会保险			
基本养老保险参保率（％）[3]	82	90	-
基本医疗保险参保率（％）[4]	-	＞95	-
基本医疗卫生			
孕产妇死亡率（1/10 万）	20.1	18	-
婴儿死亡率（‰）	8.1	7.5	-
5 岁以下儿童死亡率（‰）	10.7	9.5	-
基本社会服务			
养老床位中护理型床位比例（％）	-	30	-
生活不能自理特困人员集中供养率（％）[5]	31.8	50	-
基本住房保障			
城镇棚户区住房改造（万套）	-	-	2000
建档立卡贫困户、低保户、农村分散供养特困人员、贫困残疾人家庭等 4 类重点对象农村危房改造（万户）			585
基本公共文化体育			
公共图书馆年流通人次（亿）	5.89	8	-
文化馆（站）年服务人次（亿）	5.07	8	-
广播、电视人口综合覆盖率（％）[6]	＞98	＞99	-
国民综合阅读率（％）[7]	79.6	81.6	-

经常参加体育锻炼人数（亿人）[8]	3.64	4.35	-
残疾人基本公共服务			
困难残疾人生活补贴和重度残疾人护理补贴覆盖率（%）[9]	-	>95	-
残疾人基本康复服务覆盖率（%）[10]	-	80	-

注：1. 指通过省级评估、国家认定程序认定的义务教育均衡发展县（市、区）占全国所有县（市、区）的比例。

2. 指城镇累计新就业人数减去累计自然减员人数。其中城镇累计新就业人数是指报告期内城镇累计新就业的城镇各类单位、私营企业和个体经济组织、社区公益性岗位就业人员和各种灵活形式就业人员的总和；累计自然减员人数是指报告期内因退休、伤亡等自然原因造成的城镇累计减少的就业人员数。

3. 指按照国家有关法律和社会保险政策规定，实际参加基本养老保险的人数与法定应参加基本养老保险的人数之比。

4. 指按照国家有关法律和社会保险政策规定，实际参加基本医疗保险的人数与法定应参加基本医疗保险的人数之比。

5. 指在机构集中供养的生活不能自理特困人员与生活不能自理特困人员总数之比。

6. 指在对象区内能接收到中央、省（区、市）、市（地、州）、县（市、区）广播、电视传输机构以无线、有线、卫星等方式传输的广播、电视节目信号的人口数占对象区总人口数的比重。

7. 指全国每年有阅读行为（包括阅读书报刊物和数字出版物、手机媒体等各类读物）的人数与总人口数的比例。

8. 指每周参加体育锻炼3次及以上、每次体育锻炼持续时间30分钟及以上、每次体育锻炼的运动强度达到中等及以上的人数。

9. 指困难残疾人享受生活补贴和重度残疾人享受护理补贴的人数达到应享受补贴人数的比例。

10. 指有康复需求的残疾儿童和持证残疾人接受康复评估、手术、药物、功能训练、辅具适配等基本康复服务的比例。

第三章　国家基本公共服务制度

第一节　制度框架

国家基本公共服务制度紧扣以人为本，围绕从出生到死亡各个阶段和不同领域，以涵盖教育、劳动就业创业、社会保险、医疗卫生、社会服务、住房保障、文化体育等领域的基本公共服务清单为核心，以促进城乡、区域、人群基本公共服务均等化为主线，以各领域重点任务、保障措施为依托，以统筹协调、财力保障、人才建设、多元供给、监督评估等五大实施机制为支撑，是政府保障全民基本生存发展需求的制度性安排。

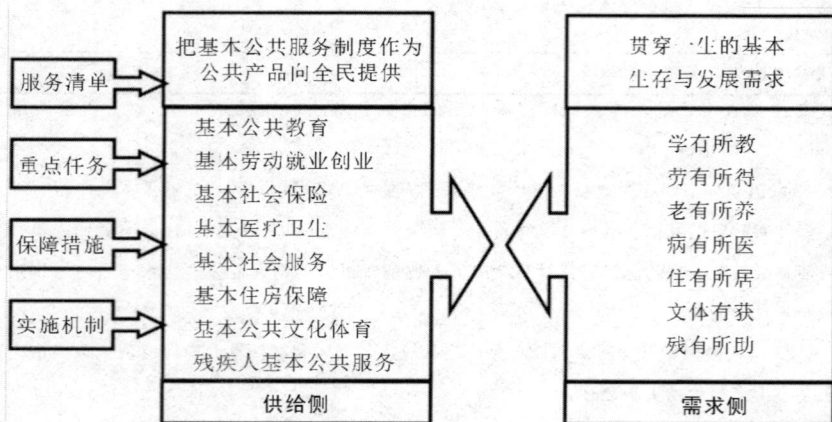

国家基本公共服务制度框架

第二节　服务清单

国家建立基本公共服务清单制，依据现行法律法规和相关政策确定基本公共服务主要领域，以及各领域具体服务项目和国家基本标准，向社会公布，作为政府履行职责和公民享有相应权利的依据。《"十三五"国家基本公共服务清单》（以下简称《清单》，详见附件1）包括公共教育、劳动就业创业、社会保险、医疗卫生、社会服务、住房保障、公共文化体育、残疾人服务等八个领域的81个项目。每个项目均明确服务对象、服务指导标准、支出责任、牵头负责单位等。其中，服务对象是指各项目所面向的受众人群；服务指导标准是指各项目的保障水平、覆盖范围、实现程度等；支出责任是指各项目的筹资主体及承担责任；牵头负责单位是指国家层面的主要负责单位，具体落实由地方各级人民政府及有关部门、单位按职责分工负责。

《清单》是"十三五"时期实现基本公共服务均等化的重要基础，各项目服务内容和标准要在规划期内落实到位。在本规划实施过程中，可结合经济社会发展状况，按程序对《清单》具体内容进行动态调整。

第三节　实施机制

国家建立健全科学有效的基本公共服务实施机制，改善人财物等基础条件，以推动规划目标顺利实现，确保国家基本公共服务制度高效运转。

——统筹协调机制。加强中央和地方、政府和社会的互动合作，促进各级公共服务资源有效整合，形成实施合力。

——财力保障机制。拓宽资金来源，增强县级政府财政保障能力，稳定基本公共服务投入。

——人才建设机制。加强人才培养培训，强化激励约束，促进合理流动，相关政策重点向基层倾斜，不断提高服务能力和水平。

——多元供给机制。积极引导社会力量参与，推进政府购买服务，推广政府和社会资本合作（PPP）模式。

——监督评估机制。坚持目标导向和问题导向，完善信息统计收集和需求反馈机制，加强对本规划实施的动态跟踪监测，推动总结评估和督促检查。

第四章　基本公共教育

国家完善基本公共教育制度，加快义务教育均衡发展，保障所有适龄儿童、青少年平等接受教育，不断提高国民基本文化素质。本领域服务项目共8项，具体包括：免费义务教育、农村义务教育学生营养改善、寄宿生生活补助、普惠性学前教育资助、中等职业教育国家助学金、中等职业教育免除学杂费、普通高中国家助学金、免除普通高中建档立卡等家庭经济困难学生学杂费。

第一节　重点任务

——义务教育。建立城乡统一、重在农村的义务教育经费保障机制，加大对中西部和民族、边远、贫困地区的倾斜力度。统筹推进县域内城乡义务教育一体化改革发展，推进建设标准、教师编制标准、生均公用经费基准定额、基本装备配置标准统一和"两免一补"政策城乡全覆盖，基本实现县域校际资源均衡配置，扩大优质教育资源覆盖面，提高乡村学校和教学点办学水平。落实县域内义务教育公办学校校长、教师交流轮岗制度。保障符合条件的进城务工人员随迁子女在公办学校或通过政府购买服务在民办学校就学。加强国家通用语言文字教育基础薄弱地区双语教育。加强学校体育和美育教育。

——高中阶段教育。重点支持中西部贫困地区尤其是集中连片特困地区高中阶段教育发展，积极发展中等职业教育。逐步分类推进中等职业教育免除学杂费，率先从建档立卡等家庭经济困难学生（含非建档立卡的家庭经济困难残疾学生、农村低保家庭学生、农村特困救助供养学生）实施普通高中免除学杂费。

——普惠性学前教育。大力发展公办幼儿园，积极扶持民办幼儿园提供普惠性服务。扩大集中连片特困地区、少数民族地区学前教育资源。支持地方健全学前教育资助制度，资助普惠性幼儿园在园家庭经济困难儿童、孤儿和残疾儿童接受学前教育。

——继续教育。建立个人学习账号和学分累计制度，完善学分认定和转换办法，拓宽学分认定转换渠道，探索建立多种形式学习成果认定转换机制，促进各类学习资源开放共享，推动构建惠及全民的终身教育体系。

第二节　保障措施

——义务教育学校标准化建设。以中西部贫困地区为重点，新建和改扩建校舍、运动场地、食堂（伙房）、厕所、饮水等设施条件，采购课桌凳、学生用床、图书、计算机等教学设施设备，全面改善贫困地区义务教育薄弱学校基本办学条件，逐步推进未达标城乡义务教育学校校舍、场所标准化。

——高中阶段教育设施建设。普及高中阶段教育，改善中西部贫困地区普通高中基本办学条件，逐步实现办学条件达到国家规定的基本标准。改善中等职业学校基本办学条件，重点支持中等职业学校通过校企合作方式加强实习实训设施建设，推动职业教育产教融合发展。

——学前教育行动计划。加强普惠性幼儿园建设，新建、改扩建一批公办幼儿园，积极扶持企事业单位办幼儿园、集体办幼儿园和民办幼儿园向社会提供普惠性学前教育服务，重点保障中西部农村适龄儿童和实施全面两孩政策新增适龄儿童入园需求。

——教师队伍建设。实施乡村教师支持计划。逐步扩大农村教师特岗计划实施规模。落实并完善集中连片特困地区和边远艰苦地区乡村教师生活补助政策。实施中西部中小学首席教师岗位计划，加大"国培计划"对中西部地区乡村教师校长培训的集中支持力度。加强乡村学校音体美等师资紧缺学科教师和民族地区双语教师培训。

——教育信息化建设。鼓励探索网络化教育新模式，对接线上线下教育资源，扩大优质教育资源覆盖面。加快推进"三通两平台"（即"宽带网络校校通、优质资源班班通、网络学习空间人人通"，教育资源公共服务平台、教育管理公共服务平台）建设与应用，继续提升农村中小学信息化水平，通过政府购买服务等方式支持国家级优质教育资源平台建设。建立个人学习账号和学分认证平台，为学习者提供学分认定服务。

第五章　基本劳动就业创业

国家实施就业优先战略，大力推动大众创业、万众创新，鼓励以创业带动就业，健全覆盖城乡的公共就业创业服务体系，加强职业培训，维护职工和企业合法权益，构建和谐劳动关系，推动实现比较充分和更高质量的就业。本领域服务项目共 10 项，具体包括：基本公共就业服务、创业服务、就业援助、就业见习服务、大中城市联合招聘服务、职业技能培训和技能鉴定、"12333"人力资源和社会保障服务热线电话咨询、劳动关系协调、劳动人事争议调解仲裁、劳动保障监察。

第一节　重点任务

——公共就业服务。全面落实就业政策法规咨询、信息发布、职业指导和职业介绍、就业登记和失业登记等公共就业服务制度，组织开展就业服务专项活动。加强对就业困难人员的就业援助，确保有就业能力的零就业家庭、低保家庭至少有一人就业。做好高校毕业生就业和农村劳动力转移就业，以及化解过剩产能过程中的职工安置工作。加快推进流动人员人事档案信息化服务。建立健全行业人力资源需求预测和就业状况定期发布制度，完善人力资源市场供求分析。

——创业服务。鼓励公共就业服务机构为创业者提供项目选择、开业指导、融资对接、跟踪扶持等服务。把创新创业课程纳入国民教育体系，建立健全衔接创业教育和创业实践的创业培训体系。深化行政审批制度改革和商事制度改革，推行市场主体登记注册便利化，减少政府对企业生产服务项目的行政许可和对正常经营活动的行政干预，落实降低企业负担的税费政策。落实创业担保贷款政策，提高就业重点群体和困难人员金融服务的可获得性。加快发展众创空间等创业服务载体，健全创业辅导制度。

——职业培训。大力开展就业技能培训、岗位技能提升培训和创业培训，开展贫困家庭子女、未升学初高中毕业生、农民工、失业人员和转岗职工、退役军人、残疾人免费接受职业培训行动，打通技能劳动者从初级工、中级工、高级工到技师、高级技师的职业发展通道。

——劳动关系协调和劳动权益保护。完善劳动用工制度，健全最低工资标准调整和工资支付保障长效机制，落实职工带薪年休假制度。加强劳动保障监察和劳动人事争议调解仲裁，推进劳动保障监察综合执法，建立劳动保障监察举报投诉案件省级联动处理机制，健全完善劳动人事争议多元处理机制，维护用人单位和劳动者合法权益。定期发布职业薪酬信息和重点行业人工成本信息。

第二节　保障措施

——基层劳动就业和社会保障服务平台建设。充分依托现有条件和政府综合服务场所，完善县、乡镇两级劳动就业和社会保障服务设施设备，推进基层综合服务全覆盖，保障基层开展就业创业、社会保险经办等服务。

——职业技能公共实训基地建设。充分利用现有设施设备，结合地区实际，建设一批区域性大型公共实训基地、市级综合型公共实训基地和县级地方产业特色型公共实训基地。

——省、市级人力资源服务设施建设。充分依托现有条件和政府综合服务场所，完善省、市级人力资源综合服务设施，改善就业创业和人才服务、劳动关系协调、劳动人事争议调解仲裁、劳动保障监察等综合服务条件。

——信息服务平台建设。建设面向人人的公共就业创业服务平台，推进公共就业服务全程信息化，实现各类就业信息统一发布和信息监测。以"12333"电话咨询为重点，配备必要的服务场地和设施设备，健全咨询服务队伍和服务机制，为社会公众提供政策咨询、信息查询、信息公开、在线受理和投诉举报等服务。

第六章　基本社会保险

国家构建全覆盖、保基本、多层次、可持续的社会保险制度，实施全民参保计划，保障公民在年老、疾病、工伤、失业、生育等情况下依法从国家和社会获得物质帮助。本领域服务项目共 7 项，具体包括：职工基本养老保险、城乡居民基本养老保险、职工基本医疗保险、生育保险、城乡居民基本医疗保险、失业保险、工伤保险。

第一节　重点任务

——社会保险政策制度。继续实行统账结合的城镇职工基本养老保险制度，完善个人账户，健全激励约束机制，提高收付透明度，坚持精算平衡，推动实现职工基础养老金全国统筹。落实机关事业单位养老保险制度改革举措。推进实施城乡居民基本养老保险制度。健全基本医疗保险稳定可持续的筹资和报销比例调整机制，制定城乡居民医保政府补助三年规划，在提高政府补助标准的同时适当提高个人缴费比重，逐步将个人缴费与城乡居民家庭收入水平挂钩。完善医保缴费参保政策，改进个人账户，开展门诊费用统筹。实现基本医保基金中长期精算平衡，增强制度可持续性。改革医保支付方式，合理控制医疗费用，整合城乡居民医保政策和经办管理。全面实施城乡居民大病保险制度。将生育保险与基本医疗保险合并实施。探索建立长期护理保险制度，开展长期护理保险试点。继续完善预防、补偿、康复三位一体的工伤保险制度体系。推动医疗保险、失业保险、工伤保险逐步实现省级统筹。结合社会平均工资和物价变动等因素，合理确定相关社会保险待遇水平。

——社会保险关系转续。建立标准统一、全国联网的社会保障管理信息系统，完善并简化转续流程，推行网上认证、网上办理转续，力争实现全国范围内社会保险待遇异地领取、直接结算，方便参保职工、失业和退休人员流动就业、异地生活。

第二节　保障措施

——社会保障卡工程。全面发行和应用社会保障卡，持卡人口覆盖率达到90％，实现社会保障一卡通，支持社会保障卡跨业务、跨地区、跨部门应用，建立社会保障卡应用平台和覆盖广泛的用卡终端环境，健全社会保障卡便民服务体系，完善社会保障卡规范管理和安全保障体系。

——省、市级社会保障服务设施建设。充分依托现有条件和政府综合服务场所，完善省、市级社会保障服务设施，推动改善社保经办等服务条件。

——全民社会保障信息化。建设部门和省级公共服务信息化平台，支持各类业务系统和各类服务渠道的统一接入、有序整合和统筹调度，推动电话、网站、移动应用、短信、自助服务一体机等多种渠道的协同应用，实现一个窗口对外、一条龙服务。开展网上社保办理、个人社保权益查询、跨地区医保结算等互联网应用。

第七章　基本医疗卫生

国家建立健全覆盖城乡居民的基本医疗卫生制度，推进健康中国建设，坚持计划生育基本国策，以基层为重点，以改革创新为动力，预防为主、中西医并重，提高人民健康水平。本领域服务项目共20项，具体包括：居民健康档案、健康教育、预防接种、传染病及突发公共卫生事件报告和处理、儿童健康管理、孕产妇健康管理、老年人健康管理、慢性病患者管理、严重精神障碍患者管理、卫生计生监督协管、结核病患者健康管理、中医药健康管理、艾滋病病毒感染者和病人随访管理、社区艾滋病高危行为人群干预、免费孕前优生健康检查、基本药物制度、计划生育技术指导咨询、农村部分计划生育家庭奖励扶助、计划生育家庭特别扶助、食品药品安全保障。

第一节　重点任务

——重大疾病防治和基本公共卫生服务。继续实施国家基本公共卫生服务项目和国家重大公共卫生服务项目。开展重大疾病和突发急性传染病联防联控，提高对传染病、慢性病、精神障碍、地方病、职业病和出生缺陷等的监测、预防和控制能力。加强突发公共事件紧急医学救援、突发公共卫生事件监测预警和应急处理。深入开展爱国卫生运动，继续推进卫生城镇创建工作，开展健康城市、健康村镇建设，实施全国城乡环境卫生整洁行动，加快农村改厕，农村卫生厕所普及率提高到85%。加强居民身心健康教育和自我健康管理，做好心理健康服务。

——医疗卫生服务。落实区域卫生规划和医疗机构设置规划，依据常住人口规模和服务半径等合理配置医疗卫生资源。深化基层医改，巩固完善基本药物制度，全面推进公立医院综合改革，推动形成基层首诊、双向转诊、急慢分治、上下联动的分级诊疗模式。完善中医医疗服务体系，发挥中医药特色优势，推动中医药传承与创新。

——妇幼健康和计划生育服务管理。实施全面两孩政策，改革完善计划生育服务管理，实施生育登记服务。开展孕前优生健康检查，加强高危孕产妇和新生儿健康管理。提高妇女常见病筛查率和早诊早治率，扩大农村妇女宫颈癌、乳腺癌项目检查覆盖范围。继续落实计划生育技术服务基本项目，将流动人口纳入城镇计划生育服务范围。加强出生人口性别比综合治理。完善农村部分计划生育家庭奖励扶助制度、计划生育家庭特别扶助制度，继续实施"少生快富"工程。

——食品药品安全。实施食品安全战略，完善法规制度，提高安全标准，全面落实企业主体责任，提高监督检查频次，扩大抽检监测覆盖面，实行全产业链可追溯管理。深化药品医疗器械审评审批制度改革，探索按照独立法人治理模式改革审评机构，推行药品经营企业分级分类管理。加大农村食品药品安全治理力度，完善对网络销售食品药品的监管。

第二节　保障措施

——基层医疗卫生服务能力提升。在县级区域依据常住人口数，原则上办好 1 个县办综合医院和 1 个县办中医类医院（含中医、中西医结合、民族医等），每个乡镇（街道）办好 1 所标准化建设的乡镇卫生院（社区卫生服务中心），每个行政村办好 1 个村卫生室。优先支持 832 个国家扶贫开发工作重点县和集中连片特困地区县县级医院和基层医疗卫生机构建设，打造 30 分钟基层医疗服务圈，基层医疗卫生机构标准化达标率达到 95％以上。

——疾病防治和基本公共卫生服务能力强化。加强卫生应急、疾病预防控制、精神卫生、血站、卫生计生监督能力建设。提高肿瘤、心脑血管疾病、呼吸系统疾病等疑难病症防治能力。支持肿瘤、心脑血管疾病、糖尿病、精神病、传染病、职业病、地方病等薄弱领域服务能力建设。

——妇幼健康服务保障。加强儿童医院和综合性医院儿科以及妇幼健康服务机构建设，合理增加产床。加快产科和儿科医师、助产士及护士人才培养，力争增加产科医生和助产士 14 万名。落实孕前优生健康检查，开展再生育技术服务。

——中医药传承创新。改善中医医院基础设施条件，支持中医重点学科和重点专科（专病）建设，加强中医临床研究基地和科研机构建设，鼓励基层医疗卫生机构开设中医综合服务区（中医馆），继续实施中医药传承与创新人才工程，实施中药民族药标准化行动。

——医疗卫生人才培养。加强住院医师规范化培训，力争到 2020 年经过规范化培训的住院医师数量达到 50 万人，每万人口全科医生数达到 2 名。继续实施助理全科医生培训、全科医生转岗培训和农村订单定向免费培养医学生政策，加强基层医务人员继续教育，完善城市医疗卫生人才对口支援农村制度。

——食品药品安全治理体系建设。完善食品安全协调工作机制，健全检验检测等技术支撑体系和信息化监管系统，建立食品药品职业化检查员队伍，实现各级监管队伍装备配备标准化。

——人口健康信息化。以全民健康保障信息化工程和健康中国云服务计划为基础，依托现有资源统筹建立人口健康信息平台。推进居民电子健康档案应用。积极利用移动互联网提供在线预约诊疗、健康咨询、检查检验报告查询等服务，提高重大疾病和突发公共卫生事件防控能力。完善中西部地区县级医院电子病历等信息系统功能，加强县级医院与对口三级医院、县级医院与基层医疗卫生机构之间的远程诊疗信息系统建设，健全基于互联网、大数据技术的分级诊疗信息系统。

第八章　基本社会服务

国家建立完善基本社会服务制度，为城乡居民提供相应的物质和服务等兜底帮扶，重点保障特定人群和困难群体的基本生存权与平等参与社会发展的权利。本领域服务项目共 13 项，具体包括：最低生活保障、特困人员救助供养、医疗救助、临时救助、受灾人员救助、法律援助、老年人福利补贴、困境儿童保障、农村留守儿童关爱保护、基本殡葬服务、优待抚恤、退役军人安置、重点优抚对象集中供养。

第一节　重点任务

——社会救助。推进城乡低保统筹发展，健全低保对象认定办法，建立低保标准动态调整机制，确保农村低保标准逐步达到国家扶贫标准。完善特困人员认定条件，合理确定救助供养标准，适度提高救助供养水平。合理界定医疗救助对象，健全疾病应急救助制度，全面开展重特大疾病医疗救助工作，加强医疗救助与基本医疗保险、大病保险和其他救助制度的衔接。全面、高效实施临时救助制度。降低法律援助门槛，扩大法律援助范围。

——社会福利。全面建立针对经济困难高龄、失能老年人的补贴制度，并做好与长期护理保险的衔接。提高城乡社区卫生服务机构为老年人提供医疗保健服务的能力，加快社区居家养老信息网络和服务能力建设，推进医养结合发展。进一步完善孤儿基本生活保障制度，做好困境儿童保障工作，统筹推进未成年人社会保护试点和农村留守儿童关爱保护。全面推进精神障碍患者社区康复服务。

——社会事务。建立和完善公民婚姻信息数据库，探索开展异地办理婚姻登记工作。完善儿童被收养前寻亲公告程序，全面建立收养能力评估制度。推进基本殡葬公共服务，巩固提高遗体火化率，推行火葬区骨灰和土葬改革区遗体规范、集中节地生态安葬。做好第二次全国地名普查，健全地名管理法规标准，加强地名文化保护，开展多种形式的地名信息化服务。

——优抚安置。全面落实优抚安置各项制度政策，提升对复员退伍军人、军休人员的优抚安置和服务保障能力。完善优抚政策和优抚对象抚恤优待标准调整机制。将优抚安置对象优先纳入社区、养老、医疗卫生等服务体系，探索建立优抚安置对象社会化服务平台。

第二节　保障措施

——社会救助经办服务体系建设。充分依托现有条件和政府综合服务场所，推动乡镇人民政府和街道办事处设置社会救助经办平台，加强社会救助管理信息系统与居民家庭经济状况核对系统的整合、集成，提升基层社会救助经办服务能力。

——公共法律服务体系建设。加强法律援助综合服务平台和便民窗口、法律服务中心（站、工作室）、"12348"法律服务热线等基础设施建设，改善服务条件。加强基层普法阵地、人民调解组织、司法鉴定机构建设，健全服务网络。

——养老服务体系建设。支持主要面向失能、半失能老年人的老年养护院，医养结合设施和社区老人日间照料中心，荣誉军人休养院、光荣院，农村特困人员救助供养服务机构等服务设施建设，增加护理型床位和设施设备。推进无障碍通道、老年人专用服务设施、旧楼加建电梯建设，以及适老化路牌标识、适老化照明改造。积极开展养老护理人员培养培训。搭建养老信息服务网络平台，推广应用便携式体检、紧急呼叫监控等设备。

——社会福利服务设施建设。结合地区实际，建设一批县级儿童福利设施。依托现有设施资源，试点建设县级未成年人保护设施。支持尚无精神病人福利设施的地市建设一所精神病人福利设施，为特殊困难精神障碍患者提供集中养护服务。

——殡葬服务设施建设。在火葬区尚无殡仪馆的县（市、区）新建殡仪馆，对已达危房标准、设施设备陈旧的殡仪馆进行改造或改扩建。更新改造已达到强制报废年限或不符合国家环境保护标准的火化炉。试点建设县（市、区）公益性骨灰安放设施。

——自然灾害救助物资储备体系建设。进一步优化中央救灾物资储备库布局，设区的市级以上人民政府和自然灾害多发、易发地区的县级人民政府应当根据自然灾害特点、居民人口数量和分布等情况，按照布局合理、规模适度的原则，设立救灾物资储备库（点），并视情在多灾易灾乡镇（街道）和城乡社区设置救灾物资储备室。

——社会工作者队伍建设。实施社会工作专业人才服务贫困地区计划、农村留守人员社会保护计划、城镇流动人口社会融入计划、特殊群体社会关爱计划，推进社会工作者专业化、职业化，力争到 2020 年社会工作专业人才总规模达 145 万人。

第九章　基本住房保障

国家建立健全基本住房保障制度，加大保障性安居工程建设力度，加快解决城镇居民基本住房问题和农村困难群众住房安全问题，更好保障住有所居。本领域服务项目共 3 项，具体包括：公共租赁住房、城镇棚户区住房改造、农村危房改造。

第一节　重点任务

——公共租赁住房。转变公租房保障方式，实行实物保障与租赁补贴并举，推进公租房货币化。支持公租房保障对象通过市场租房，政府对符合条件的家庭给予租赁补贴。完善租赁补贴制度，结合市场租金水平和保障对象实际情况，合理确定租赁补贴标准。在城镇稳定就业的外来务工人员、新就业大学生和青年医生、青年教师等专业技术人员，符合当地城镇居民公租房准入条件的，应纳入公租房保障范围。提高公租房运营保障能力，健全准入退出管理机制。

——城镇棚户区住房改造。围绕实现约 1 亿人居住的城镇棚户区、城中村和危房改造目标，实施棚户区改造行动计划和城镇旧房改造工程，基本完成城镇棚户区和危房改造任务。将棚户区改造与城市更新、产业转型升级更好结合起来，加快推进集中成片棚户区和城中村改造，有序推进旧住宅小区综合整治、危旧住房和非成套住房改造，棚户区改造政策覆盖全国重点镇。完善配套基础设施，加强工程质量监管。

——农村危房改造。合理确定农村危房改造补助对象和标准，优先帮助住房最危险、经济最贫困农户解决最基本的住房安全问题。加快推进贫困地区危房改造，按照精准扶贫、精准脱贫要求，重点解决建档立卡贫困户、低保户、农村分散供养特困人员、贫困残疾人家庭的基本住房安全问题。

第二节　保障措施

——保障必要用地需求。在土地利用年度计划中根据保障性住房建设需要，单独列出，做到应保尽保。依法收回的闲置土地、具备净地出让条件的储备土地和农用地转用计划指标，应优先保证保障性住房用地需求。

——实施财税优惠政策。统筹运用政府财力，加大对基本住房保障的支持力度。继续落实好城镇保障性安居工程建设和运营管理涉及的行政事业性收费、政府性基金（含土地出让收入）以及相关税收减免政策。土地出让收益用于保障性安居工程的比例不低于10％。

——加大融资支持力度。支持符合条件的企业发行债券融资，用于保障性安居工程建设。进一步发挥开发性、政策性金融机构作用，加大对棚户区改造项目的信贷支持力度。鼓励商业银行在风险可控、商业可持续的前提下，开发适合住房租赁业务发展需要的信贷产品。

——合理确定住房价格。依据当地经济社会发展水平、保障对象的承受能力以及建设成本等因素，合理制定、调整保障性住房价格或租金标准。

第十章　基本公共文化体育

国家构建现代公共文化服务体系和全民健身公共服务体系，促进基本公共文化服务和全民健身基本公共服务标准化、均等化，更好地满足人民群众精神文化需求和体育健身需求，提高全民文化素质和身体素质。本领域服务项目共 10 项，具体包括：公共文化设施免费开放、送地方戏、收听广播、观看电视、观赏电影、读书看报、少数民族文化服务、参观文化遗产、公共体育场馆开放、全民健身服务。

第一节　重点任务

——公共文化。落实国家基本公共文化服务指导标准和地方实施标准。深化公益性文化事业单位改革，积极搭建公益性文化活动平台，以群众需求为导向，推行"菜单式"、"订单式"公共文化服务。加大政府向社会力量购买公共文化服务力度。深入推进公共图书馆、博物馆、美术馆、文化馆和综合文化站免费开放工作。以县级文化馆、图书馆为中心推进总分馆制，实现农村、城市社区公共文化服务资源整合和互联互通。加强文化遗产保护。

——广播影视。采用地面无线、直播卫星和有线网络等方式，推动数字广播电视基本实现全覆盖、户户通。进一步改善农村电影放映条件。努力增加贴近基层群众需要的服务性广播电视栏目节目。

——新闻出版。推动全民阅读，加强残疾人等特殊群体的基本阅读权益保障。扶持实体书店发展，加快推进实体书店或各类图书代销代购网点覆盖全国所有乡镇。完善农家书屋出版物补充更新工作。加强"三农"出版物出版发行。推动少数民族语言文字及双语出版物出版发行、数字化传播和少数民族语言文字作品创作。

——群众体育。实施全民健身计划，组织实施国民体质监测，推行《国家体育锻炼标准》，开展全民健身活动，实行科学健身指导。推动公共体育场馆向社会免费或低收费开放。全面实施青少年体育活动促进计划，培养青少年体育爱好和运动技能，推广普及足球、篮球、排球和冰雪运动等。

第二节　保障措施

——公共文化服务体系建设。推动各地区进一步完善图书馆、文化馆（站）、博物馆等基本公共文化服务设施。在乡镇（街道）和村（社区）统筹建设集宣传文化、党员教育、科学普及、普法教育、体育健身等功能于一体的综合性文化服务中心。为集中连片特困地区和西藏、四省藏区、新疆南疆四地州以及国家扶贫开发工作重点县、新疆生产建设兵团边境团场和南疆困难团场每个县级文化馆配备一辆流动文化车，为村文化活动室购置基本公共文化服务设备。

——广播影视服务体系建设。加强广播电视数字化覆盖、广播电视无线发射台站、全国有线电视网络互联互通平台、国家和地方应急广播体系、基层广播电视播出机构制播能力、广播电视和视听新媒体监管平台等建设，支持直播卫星平台扩容。实施农村电影放映工程，继续巩固"一行政村一月放映一场电影"成果。加强少数民族语言广播影视节目译制、制作、播出和传输覆盖能力建设。

——新闻出版服务体系建设。举办"书香中国"系列活动，充分利用现有设施，统筹建设社区阅读中心、数字农家书屋、公共数字阅读终端等设施。合理规划建设农村和中小城市出版物发行网点，建设城乡阅报栏（屏），支持革命老区、民族地区、边疆地区、贫困地区公共阅读设施建设。实施少数民族新闻出版东风工程、盲文出版工程、儿童阅读书报发放计划、市民阅读发放计划。

——遗产保护服务体系建设。重点支持全国重点文物保护单位、国家历史文化名城、国家级非物质文化遗产、国家级风景名胜区、国家森林公园、国家地质公园等文化和自然遗产保护利用设施建设。

——公共体育服务设施建设。重点支持足球场地设施、中小型全民健身中心、县级体育场、农民体育健身工程、社区多功能运动场、冰雪运动设施、科学健身指导服务平台等建设。充分利用体育中心、公园绿地、闲置厂房、校舍操场、社区空置场所等，拓展公共体育设施场所。

——数字文化服务平台建设。推动全国文化信息资源共享、数字图书馆博物馆建设等公共数字文化工程建设。提高公共文化大数据采集、存储和分析处理能力。科学规划公共数字文化资源，建设分布式资源库群，实施"互联网＋中华文明"行动计划，鼓励各地区挖掘整合中华优秀文化资源，开发特色数字文化产品。

第十一章　残疾人基本公共服务

国家提供适合残疾人特殊需求的基本公共服务，为残疾人平等参与社会发展创造便利化条件和友好型环境，让残疾人安居乐业、衣食无忧，生活得更加殷实、更加幸福、更有尊严。本领域服务项目共 10 项，具体包括：困难残疾人生活补贴和重度残疾人护理补贴、无业重度残疾人最低生活保障、残疾人基本社会保险个人缴费资助和保险待遇、残疾人基本住房保障、残疾人托养服务、残疾人康复、残疾人教育、残疾人职业培训和就业服务、残疾人文化体育、无障碍环境支持。

第一节　重点任务

——残疾人基本生活。全面落实困难残疾人生活补贴和重度残疾人护理补贴制度。生活困难、靠家庭供养且无法单独立户的成年无业重度残疾人，经个人申请，可按照单人户纳入最低生活保障范围。对获得最低生活保障后仍有困难的重度残疾人采取必要措施给予生活保障。完成农村贫困残疾人家庭存量危房改造。

——残疾人就业创业和社保服务。为有劳动能力和就业意愿的城乡残疾人免费提供就业创业服务，按规定提供免费职业培训。落实好针对就业困难残疾人的各项就业援助和扶持政策，为智力、精神和重度肢体残疾人提供辅助性、支持性就业服务等。落实贫困和重度残疾人参加社会保险个人缴费资助政策，完善重度残疾人医疗报销制度，做好重度残疾人就医费用结算服务。

——残疾人康复、教育、文体和无障碍服务。继续实施残疾儿童抢救性康复、贫困残疾人辅助器具适配、防盲治盲、防聋治聋等重点康复项目，加强残疾人健康管理和社区康复。积极推进为家庭经济困难的残疾儿童、青少年提供包括义务教育和高中阶段教育在内的 12 年免费教育。加强国家通用手语、通用盲文的规范与推广。推动公共文化体育场所设施免费或优惠向残疾人开放，为视力、听力残疾人等提供特需文化服务。加快推进公共场所和设施的无障碍改造。

第二节　保障措施

——残疾人服务体系建设。支持各地建设一批专业化残疾人康复设施、托养设施和综合服务设施，配备基本服务设备，推动形成功能完善、网络健全的残疾人专业康复和托养服务体系。

——县域残疾人综合服务能力提升。强化县级残疾人康复、托养、职业培训、辅助器具适配、文化体育等服务能力，充分发挥基层公共服务设施助残功能，推动形成县（市、区）、乡（镇）、村（居）三级联动互补的残疾人基层服务网络。

——特殊教育基础能力提升。依托现有特教学校构建特殊教育资源中心，提升特殊教育普及水平、保障条件和教育质量。完善特殊教育体系，积极创造条件保障完成义务教育且有意愿的残疾学生有机会接受适宜的中等职业教育。

——残疾人服务专业人才培养。建设康复大学，提升高等院校特殊教育专业办学水平，推动师范院校开设特殊教育课程。加快培养残疾人康复、托养、特殊教育、护理照料、就业服务、社会工作等方面的人才队伍。

——残疾人服务信息化。完善残疾人人口基础信息和基本服务需求信息数据管理系统。依托中国残疾人服务网，搭建残疾人就业创业网络服务平台。加快推进智能化残疾人证试点。鼓励支持服务残疾人的电子产品、移动应用软件等开发应用。

第十二章　促进均等共享

以贫困地区和贫困人口为重点，着力扩大覆盖范围、补齐短板、缩小差距，不断提高城乡、区域、人群之间基本公共服务均等化程度。

第一节　推动基本公共服务全覆盖

——开展贫困地区脱贫攻坚。加大革命老区、民族地区、边疆地区、集中连片特困地区脱贫攻坚力度，保障贫困人口享有义务教育、医疗卫生、文化体育、住房安全等基本公共服务，推动贫困地区基本公共服务主要领域指标接近全国平均水平。深入开展教育扶贫、健康扶贫、文化扶贫。在易地扶贫搬迁、整村推进、就业促进等工作中，按照精准扶贫、精准脱贫的要求，确保基本公共服务不留缺口。推动地区对口帮扶，加大基本公共服务资金、项目和人才支援力度。

——重点帮扶特殊困难人群。对农村留守人员、困境儿童和残疾人进行全面摸底排查，建立翔实完备、动态更新的信息台账。逐步完善救助管理机构、福利机构场所设施条件，满足农村留守儿童临时监护照料需要。在外出就业较为集中的农村地区，充分利用布局调整后闲置资源开展托老、托幼等关爱服务。健全孤儿、弃婴、法定抚养人无力抚养儿童、低收入家庭重病重残等困境儿童的福利保障体系。对低保家庭中的老年人、未成年人、重度残疾人等重点救助对象，提高救助水平，保障基本生活。

——促进城镇常住人口全覆盖。深化户籍制度改革，推动有能力在城镇稳定就业和生活的农业转移人口举家进城落户。推进居住证制度覆盖全部未落户城镇常住人口，加大对农业转移人口市民化的财政支持力度并建立动态调整机制，保障居住证持有人在居住地享有教育、就业、卫生等领域的基本公共服务。为农民工提供新市民培训服务，提高农民工综合素质和融入城市的能力。

第二节　促进城乡区域均等化

——缩小城乡服务差距。加快义务教育、社会保障、公共卫生、劳动就业等制度城乡一体设计、一体实施。重点以县（市、区）为单位，有步骤、分阶段推动规划、政策、投入、项目等同城化管理，统筹设施建设和人员安排，推动城乡服务内容和标准统一衔接。把社会事业发展重点放在农村和接纳农业转移人口较多的城镇，补齐农村和特大镇基本公共服务短板。鼓励和引导城镇公共服务资源向农村延伸，促进城市优质资源向农村辐射。

——提高区域服务均等化水平。强化省级人民政府统筹职能，加大对省域内基本公共服务薄弱地区扶持力度，通过完善事权划分、规范转移支付等措施，逐步缩小县域间、地市间服务差距。强化跨区域统筹合作，促进服务项目和标准水平衔接。着力推进京津冀地区、长江经济带等重点区域基本公共服务均等化，形成可复制、可推广的经验。

——夯实基层服务基础。整合相关资源，持续改善基层各类公共服务设施条件。依托政府综合服务大厅完善相关经办服务设施，推动基层综合公共服务平台统筹发展和共建共享。简化基层办事环节和手续，优化服务流程，明确办理时限，推行一站式办理、上门办理、预约办理等服务方式。在山区、草原等地广人稀、居住分散地区，配备必要的教学点，开展卫生巡诊等上门服务。

第十三章 创新服务供给

紧扣增进民生福祉，加快推进社会事业改革，吸引社会力量参与，扩大基本公共服务有效供给，提高服务质量和水平。

第一节 培育多元供给主体

——加快事业单位分类改革。理顺政府与事业单位在基本公共服务供给中的关系，强化提供基本公共服务事业单位的公益属性，推动去行政化和去营利化，逐步将有条件的事业单位转为企业或社会组织。进一步落实事业单位法人自主权，深化人事、收入分配等配套制度改革，确保依法决策、独立自主开展活动并承担责任。

——积极引导社会力量参与。进一步规范和公开基本公共服务机构设立的基本标准、审批程序，严控审批时限，鼓励有条件的地方采取招标等方式确定举办或运营主体。积极推动基本公共服务领域民办非营利性机构享受与同行业公办机构同等待遇。

——大力发展社会组织。深化社会组织登记管理制度改革，落实税收优惠政策。加强社会组织孵化培育和人才扶持，采取人员培训、项目指导、公益创投等多种途径和方式，提升社会组织承接政府购买服务能力。采取降低准入门槛、加强分类指导和业务指导等办法，大力培育发展社区社会组织，支持其承接基层基本公共服务和政府委托事项。

第二节 推动供给方式多元化

——推进政府购买公共服务。能由政府购买服务提供的，政府不再直接承办，交由具备条件、信誉良好的社会组织、机构、事业单位和企业等承担。制定实施政府购买公共服务指导性目录，确定政府购买公共服务的种类、性质和内容，规范项目遴选、信息发布、组织购买、项目监管、绩效评价等流程，加强政府购买公共服务的财政预算管理。

——加强政府和社会资本合作。能由政府和社会资本合作提供的，广泛吸引社会资本参与。政府通过投资补助、基金注资等多种方式，优先支持 PPP 项目。在实践证明有效的领域，推行通过公开招标、邀请招标、竞争性磋商、竞争性谈判等多种方式，公平选择具有相应管理经验、专业能力、融资实力以及信用状况良好的社会资本作为合作伙伴。

——鼓励发展志愿和慈善服务。广泛动员志愿服务组织与志愿者参与基本公共服务提供，定期发布志愿服务项目需求和岗位信息，建立健全志愿服务记录制度，完善激励保障措施。发挥慈善组织、专业社会工作服务机构在基本公共服务提供中的重要补充作用，落实慈善捐赠的相关优惠政策。

——发展"互联网＋"益民服务。加快互联网与政府公共服务体系的深度融合，推动公共数据资源开放，促进公共服务创新供给和服务资源整合，构建面向公众的一体化在线公共服务体系。推动具备条件的服务事项实行网上受理、网上办理、网上反馈、实时查询，对暂不具备条件的事项提供全程在线咨询服务。积极应用大数据理念、技术和资源，及时了解公众服务需求和实际感受，为政府决策和监管提供支持。

——扩大开放交流合作。鼓励通过合资、合作等方式，支持合作办医，共建养老和残疾人托养机构。加强公共教育、公共文化体育等领域对外交流与合作。借鉴国际先进管理和服务经验，提升基本公共服务供给质量和水平。

第十四章　强化资源保障

优化资源配置，加强财力保障，加大重大工程项目、服务管理人才和规划用地等投入力度，为促进基本公共服务均等化提供支撑。

第一节　提升财政保障能力

——加大财政投入力度。稳定基本公共服务投入，明确保障措施和

《清单》项目支出责任，确保服务项目及标准落实到位。中央和地方各级财政要为提高贫困地区基本公共服务水平提供必要支持。加大地方政府债券对基本公共服务保障的支持力度。

——优化转移支付结构。合理划分中央和地方财政事权与支出责任，适度加强中央政府承担基本公共服务的职责和能力。推进转移支付制度改革，增加一般性转移支付规模和比例，重点增加对老少边穷地区的转移支付，缩小地区间财力差距，提高县级财政保障能力，引导地方将一般性转移支付资金投入到民生等重点领域。对新疆维吾尔自治区、新疆生产建设兵团、西藏自治区、四省藏区、革命老区、集中连片特困地区的民生保障和改善、基础设施建设、基层政权和社会管理能力建设等项目，中央预算内投资给予倾斜支持。

——提高资金使用效率。清理、整合、规范专项转移支付，完善资金管理办法，提高项目管理水平。简化财政管理层级，扩大省直管县财政管理体制改革覆盖面，加大省级人民政府转移支付对省域内基本公共服务财力差距的调节力度。统筹安排、合理使用、规范管理各类公共服务投入资金。对医院、学校、保障性住房等建筑质量实行单位负责人和项目负责人终身负责制。

第二节　加强人才队伍建设

——加强人才培养培训。支持高等院校和中等职业学校开设相关学科专业，扩大专业服务和管理人才培养规模。健全从业人员继续教育制度，强化定岗、定向培养，完善远程教育培训。建立政府、社会、用人单位和个人相结合的投入机制，对参加相关职业培训和职业技能鉴定的人员，按规定给予补贴。探索公办与非公办公共服务机构在技术和人才等方面的合作机制，对非公办机构的人才培养、培训和进修等给予支持。

——促进人才合理流动。实施东部带西部、城市带农村的人才对口支持政策，引导公共服务和管理人才向中西部地区和基层流动。深化公办机构人事制度改革，健全公开招聘和竞争上岗制度，推动服务人员保障社会化管理，逐步由身份管理向岗位管理转变。

——提升基层人员能力。完善基层人员工资待遇、职称评定、医疗保险及养老保障等激励政策。推进基层公共服务队伍轮训，实施高校毕业生基层培养计划，继续做好"三支一扶"计划、西部志愿者计划、大学生村官计划、农村教师特岗计划、全科医生特岗计划、社会工作专业人才队伍建设等工作。鼓励通过优化编制资源配置、积极推进政府购买服务等方式，保障基层服务力量。

第三节　完善配套政策体系

——加强规划布局和用地保障。综合服务半径、服务人口、资源承载能力等因素，对城乡公共服务设施进行统筹布局。结合新型城镇化和人口发展趋势，对土地供给进行前瞻规划，优先保障基本公共服务建设用地。新建居住区要按相关规定，完善教育、卫生、文化体育、养老托幼、社区服务等配套设施，并在合理服务半径内尽量集中安排。

——建立健全服务标准体系。各行业主管部门会同国务院标准化行政主管部门等，分别制定实施基本公共服务各领域设施建设、设备配置、人员配备、经费投入、服务规范和流程等具体标准，推动城乡、区域之间标准衔接。推进基本公共服务标准化工程建设，在有条件的地区开展公共服务标准化试点。

——强化社会信用体系支撑。增强全民诚信意识，健全个人信用档案。加强公共服务行业自律和社会监督，将公共服务机构、从业人员、服务对象诚信情况记入信用记录，纳入全国信用信息共享平台，对严重失信主体采取失信惩戒或依法强制退出等措施。

第十五章　推进规划实施和监督评估

按照长效可行、分工明晰、统筹有力、协调有序的要求，扎实推进规划实施和监督评估，促进政策和项目落地。

第一节　明确责任分工

——国务院各有关部门要按照职责分工，做好行业发展规划、专项建设规划与本规划的衔接，明确工作责任和进度安排，推动各领域重点任务、保障措施和《清单》项目有效落实。要加强部门间统筹协调，共同研究推动解决基本公共服务均等化工作中跨部门、跨行业、跨区域及政策创新等重大问题。

——省级人民政府要强化主体责任，以本规划为指导，结合实际制定推进本地区基本公共服务均等化规划、行动计划或基本公共服务清单，科学确定服务范围和项目内容，分年足额落实财政投入，切实促进省域内基本公共服务均等化。

——市、县级人民政府负责推进落实国家和省级人民政府确定的基本公共服务清单及相关政策措施，制定办事指南，明确责任单位，优化服务流程，提高质量效率，保证清单项目落实到位，并及时向上级政府和有关部门报告进展情况。

第二节　加强监督问责

——国家发展改革委要会同国家统计局等有关部门，建立健全基本公共服务综合评估指标体系，推进基本公共服务基础信息库建设，开展年度统计监测。适时组织开展本规划实施情况中期评估，重大情况及时向国务院报告。

——国务院各有关部门、地方各级人民政府要建立政府主导与社会参与的良性互动机制，推动政务公开和政府信息公开，拓展公众参与渠道，做好舆情监测预警和应对，定期开展基本公共服务需求分析和社会满意度调查，及时妥善回应社会关切。

——地方各级人民政府要加强绩效评价和监督问责，强化过程监管，把本规划落实情况纳入绩效考核。要依法接受同级人大及其常委会的监督，自觉接受人民政协的民主监督，接受社会和人民群众监督。

附件：1."十三五"国家基本公共服务清单

2.重点任务分工方案

附件1

"十三五"国家基本公共服务清单

序号	服务项目	服务对象	服务指导标准	支出责任	牵头负责单位
一、基本公共教育					
1	免费义务教育	义务教育学生	对城乡义务教育学生免除学杂费,免费提供教科书;统一城乡义务教育学校生均公用经费基准定额。	中央和地方财政按比例分担。	财政部、教育部
2	农村义务教育学生营养改善	贫困地区农村义务教育学生在集中连片特困地区开展国家试点,中央财政为试点地区学生提供每生每年800元的营养膳食补助,鼓励各地因地制宜开展地方试点。	国家试点县学生营养膳食补助所需资金由中央财政承担;地方试点县学生营养膳食补助所需资金由地方财政承担,中央财政给予奖励性补助。	教育部、财政部	
3	寄宿生生活补助	义务教育家庭经济困难寄宿学生	小学生每生每年1000元,初中生每生每年1250元。	中央和地方财政按5:5比例共同分担。	财政部、教育部
4	普惠性学前教育资助	经县级以上教育行政部门审批设立的普惠性幼儿园在园家庭经济困难儿童、孤儿和残疾儿童	减免保育教育费,补助伙食费,具体资助方式和资助标准由省级人民政府结合本地实际自行制定。	地方人民政府负责,中央财政予以奖补。按照"地方先行,中央补助"的原则开展相关工作。	财政部、教育部
5	中等职业教育国家助学金	中等职业学校全日制正式学籍一、二年级在校涉农专业学生和非涉农专业家庭经济困难学生;六盘山区等11个集中连片特困地区和西藏、四省藏区、新疆南疆四地州中等职业学校农村(不含县城)学生	国家助学金每生每年2000元,中央财政按区域确定家庭经济困难学生比例,西部地区按在校学生的20%确定,中部地区按在交学生的15%确定,东部地区按在校学生的10%确定。	中央和地方财政按比例分担:西部地区(不分生源地)以及中部、东部地区(生源地为西部的),中央与地方分担比例为8:2;对中部地区(生源地不是西部的)以及东部地区生源地为中部的,中央与地方分担比例为6:4;东部地区(生源地不是西部、中部的)分担比例分省(市)确定。	财政部、教育部、人力资源社会保障部

续表

序号	服务项目	服务对象	服务指导标准	支出责任	牵头负责单位
6	中等职业教育免除学杂费	公办中等职业学校全日制正式学籍一、二、三年级在校生中所有农村（含县镇）学生，城市涉农专业学生和家庭经济困难学生（艺术类相关表演专业学生除外），符合条件的民办职业学校学生	按各省（区、市）人民政府及其价格、财政主管部门确定的学费标准免除学杂费。公办中等职业学校，中央财政统一按平均每生每年2000元标准，与地方按比例分担免除学费补助资金。符合条件的民办职业学校学生参照当地同类型、同专业公办学校免除学杂费标准予以补助。	中央和地方财政按比例分担：西部地区（不分生源地）以及中部、东部地区（生源地为西部的），中央与地方分担比例为8：2；对中部地区（生源地不是西部、中部的）以及东部地区生源地为中部的，中央与地方分担比例为6：4；东部地区（生源地不是西部、中部的）分担比例分省（市）确定。	财政部、教育部、人力资源社会保障部
7	普通高中国家助学金	普通高中在校生中的家庭经济困难学生	国家助学金平均资助标准为每生每年2000元，具体标准由各地结合实际分档确定。	中央和地方财政按比例分担：西部地区中央与地方分担比例为8：2；中部地区分担比例为6：4；东部地区除直辖市外，按照财力状况分省确定。	财政部、教育部
8	免除普通高中建档立卡等家庭经济困难学生学杂费	公办普通高中建档立卡等家庭经济困难在校学生（含非建档立卡的家庭经济困难残疾学生、农村低保家庭学生、农村特困救助供养学生），符合条件的民办普通高中学生	按各省（区、市）人民政府及其价格、财政主管部门确定的学费标准免除学杂费（不含住宿费）。中央财政逐省（区、市）核定免学杂费财政补助标准。符合条件的民办学校学生参照当地同类型公办学校免除学杂费标准予以补助。	中央和地方财政按比例分担：西部地区中央与地方分担比例为8：2；中部地区分担比例为6：4；东部地区除直辖市外，按照财力状况分省确定。	财政部、教育部
二、基本劳动就业创业					
9	基本公共就业服务	有就业需求的劳动年龄人口	提供就业政策法规咨询、职业供求信息、市场工资指导价位信息和职业培训信息、职业指导和职业介绍、就业登记和失业登记、流动人员人事档案管理等服务。	国务院有关部门所属人才中介服务机构开展流动人员人事档案管理所需经费由中央财政予以补助，其余由地方人民政府负责。	人力资源社会保障部
10	创业服务	有创业需求的劳动者	提供项目选择、开业指导、融资对接、岗位信息等服务，对符合政策规定的创业者提供创业担保贷款扶持。	地方人民政府负责。	人力资源社会保障部、财政部、人民银行

序号	服务项目	服务对象	服务指导示准	支出责任	牵头负责单位
11	就业援助	零就业家庭和符合条件的就业困难人员	提供政策咨询、职业指导、岗位信息等服务，使城镇有就业能力的零就业家庭至少一人就业。	地方人民政府负责。	人力资源社会保障部
12	就业见习服务	离校一年内未就业高校毕业生	组织有意愿的离校未就业毕业生参加就业见习；指导见习单位和见习人员签订见习协议，安排带教老师，为见习人员办理人身意外保险；见习单位和地方人民政府为见习人员提供基本生活补助。对见习期满留用率达到50％以上的见习单位，适当提高见习补贴标准。	见习人员基本生活补助所需资金由见习单位和地方人民政府分担。	人力资源社会保障部、财政部
13	大中城市联合招聘服务	有求职愿望的高校毕业生和青年人才以及有招聘需求的各类用人单位提供大中城市联动、线上线下融合的招聘服务，方便服务对象登录用人单位需求库和求职简历库；提供职业能力测试和评估、简历（岗位）筛查和需求分析、预就业创业体验、双向定制推荐岗位（人才）信息、就业创业指导、实用基础课程培训等就业服务。	地方人民政府负责。	人力资源社会保障部
14	职业技能培训和技能鉴定	城乡各类有就业创业、提升岗位技能要求和培训愿望的劳动者	贫困家庭子女、毕业年度高校毕业生、城乡未继续升学的应届初高中毕业生、农村转移就业劳动者、城镇登记失业人员，以及符合条件的企业在职职工可按规定享受职业培训补贴；按规定给予参加劳动预备制培训的农村学员和城市低保家庭学员一定生活费补贴；符合条件人员享受职业技能鉴定补贴。	地方人民政府负责，国家给予适当补助。	人力资源社会保障部、财政部

续表

序号	服务项目	服务对象	服务指导标准	支出责任	牵头负责单位
15	"12333"人力资源和社会保障服务热线电话咨询	所有单位和个人	提供就业、社会保障、劳动关系、人事制度、人才建设、工资收入分配等方面的政策咨询及信息查询服务。人工服务为5×8小时，自助语音服务为7×24小时，综合接通率达到80%以上。	地方人民政府负责。	人力资源社会保障部
16	劳动关系协调	用人单位和与之建立劳动关系的劳动者	提供劳动关系政策咨询、劳动用工指导、获得劳动合同和集体合同示范文本、劳动纠纷调解、集体协商指导等服务，推动企业劳动合同签订率达到90%以上。	地方人民政府负责。	人力资源社会保障部
17	劳动人事争议调解仲裁	存在劳动人事关系的用人单位和劳动者	提供劳动人事争议调解和仲裁服务，推动劳动人事争议调解成功率达到60%以上，仲裁案件结案率达到90%以上。	地方人民政府负责。	人力资源社会保障部
18	劳动保障监察	各类用人单位和劳动者	提供法律咨询和执法维权服务。	地方人民政府负责。	人力资源社会保障部
三、基本社会保险					
19	职工基本养老保险	符合条件的参保退休人员	发放基本养老金，包括基础养老金和个人账户养老金，对改革前参加工作、改革后退休的参保人员增发过渡性养老金，建立基本养老金合理调整机制。	用人单位原则上缴纳工资总额的20%，职工缴纳本人缴费工资的8%。在基本养老保险基金中支出，基本养老保险基金支付不足时财政给予补助。	人力资源社会保障部
20	城乡居民基本养老保险	符合条件的城乡居民	发放基础养老金和个人账户养老金。目前，国家确定的基础养老金最低标准为每人每月70元。根据经济发展和物价变动等情况，建立基础养老金水平合理调整机制。	在基本养老保险基金中支出。国家确定基础养老金最低标准。中央财政对中西部地区按国家确定的基础养老金标准给予全额补助，对东部地区给予50%补助。地方人民政府对参保人缴费给予补贴。	人力资源社会保障部、财政部

序号	服务项目	服务对象	服务指导标准	支出责任	牵头负责单位
21	职工基本医疗保险	职工、无雇工的个体工商户、非全日制从业人员及灵活就业人员	政策范围内住院费用医保基金支付比例稳定在75％左右。	用人单位缴纳工资总额的6％左右，职工缴纳本人缴费工资的2％。具体缴费比例由各统筹地区规定。	人力资源社会保障部
22	生育保险	各类企业、机关、事业单位、社会团体等用人单位	基金支付生育期间的医疗费和生育津贴，生育津贴按职工所在用人单位上年度职工月平均工资计发。	用人单位按照不超过工资总额1％的比例缴纳生育保险费，累计结余超过9个月的统筹地区，应将费率控制在用人单位工资总额的0.5％以内。具体缴费比例由各统筹地区规定。	人力资源社会保障部
23	城乡居民基本医疗保险	除职工基本医疗保险应参保人员以外的其他所有城乡居民（包括农村人口和城镇非就业人员）	整合城镇居民基本医疗保险和新型农村合作医疗保险，政策范围内住院费用医保基金支付比例稳定在75％左右，大病保险的报销比例达到50％以上。	个人缴费和政府补助相结合。	人力资源社会保障部、国家卫生计委、财政部
24	失业保险	依法参保并足额缴纳失业保险费的用人单位及其职工、失业人员	对符合条件的失业人员支付失业保险金、基本医疗保险费、丧葬补助金和抚恤金等，对符合条件的企业给予各类稳定岗位补贴。参保人数在1.8亿人左右。	按照《失业保险条例》，城镇企业事业单位按照本单位工资总额的2％缴纳失业保险费，职工按照本人缴费工资的1％缴纳失业保险费，农民合同制工人本人不缴纳失业保险费。按照《人力资源社会保障部财政部关于阶段性降低社会保险费率的通知》（人社部发〔2016〕36号），从2016年5月1日起，失业保险总费率在2015年已降低1个百分点基础上可阶段性降至1％—1.5％。其中个人费率不超过0.5％，降低费率的期限暂按两年执行。具体方案由各省（区、市）确定。	人力资源社会保障部

续表

序号	服务项目	服务对象	服务指导标准	支出责任	牵头负责单位
25	工伤保险	企业、事业单位、社会团体、民办非企业单位、基金会、律师事务所、会计师事务所等组织的职工和个体工商户的雇工	保障因工作遭受事故伤害或者患职业病的职工获得医疗救治和经济补偿，促进工伤预防和职业康复。工伤保险基金和用人单位按规定支付工伤医疗和康复费用、伤残津贴和补助、生活护理费及工亡补助等。参保人数达到2.2亿人以上。	工伤预防的宣传、培训等费用，劳动能力鉴定费用和工伤保险待遇费用依法由工伤保险基金和用人单位支付。	人力资源社会保障部

四、基本医疗卫生

序号	服务项目	服务对象	服务指导标准	支出责任	牵头负责单位
26	居民健康档案	城乡居民	为辖区常住人口建立统一、规范的居民电子健康档案，建档率逐步达到90%。	地方人民政府负责，中央财政适当补助。	国家卫生计生委
27	健康教育	城乡居民	提供健康教育、健康咨询等服务。	地方人民政府负责，中央财政适当补助。	国家卫生计生委
28	预防接种	0—6岁儿童和其他重点人群	在重点地区，对重点人群进行针对性接种国家免疫规划疫苗。以乡镇（街道）为单位，适龄儿童免疫规划疫苗接种率逐步达到90%以上。	地方人民政府负责，中央财政适当补助。	国家卫生计生委
29	传染病及突发公共卫生事件报告和处理	法定传染病病人、疑似病人、密切接触者和突发公共卫生事件伤病员及相关人群	就诊的传染病病例和疑似病例以及突发公共卫生事件伤病员及时得到发现、登记、报告、处理，提供传染病防治和突发公共卫生事件防范知识宣传和咨询服务。传染病报告率和报告及时率均达到95%，突发公共卫生事件相关信息报告率达到100%。	地方人民政府负责，中央财政适当补助。	国家卫生计生委
30	儿童健康管理	0—6岁儿童	提供新生儿访视、儿童保健系统管理、体格检查、儿童营养与喂养指导、生长发育监测及评价和健康指导等服务。0—6岁儿童健康管理率逐步达到90%。	地方人民政府负责，中央财政适当补助。	国家卫生计生委

续表

序号	服务项目	服务对象	服务指导标准	支出责任	牵头负责单位
31	孕产妇健康管理	孕产妇	提供孕期保健、产后访视及健康指导服务。孕产妇系统管理率逐步达到90%以上。	地方人民政府负责，中央财政适当补助。	国家卫生计生委
32	老年人健康管理	65岁及以上老年人	提供生活方式和健康状况评估、体格检查、辅助检查和健康指导等健康管理服务。65岁及以上老年人健康管理率逐步达到70%。	地方人民政府负责，中央财政适当补助。	国家卫生计生委
33	慢性病患者管理	原发性高血压患者和Ⅱ型糖尿病患者	提供登记管理、健康指导、定期随访和体格检查服务。全国计划管理高血压患者约1亿人，糖尿病患者约3500万人。	地方人民政府负责，中央财政适当补助。	国家卫生计生委
34	严重精神障碍患者管理	严重精神障碍患者	提供登记管理、随访指导服务。在册患者管理率和精神分裂症治疗率逐步均达到80%以上。	地方人民政府负责，中央财政适当补助。	国家卫生计生委
35	卫生计生监督协管	城乡居民提供食品安全信息报告、饮用水卫生安全巡查、学校卫生服务、非法行医和非法采供血信息报告等服务。逐步覆盖90%以上的乡镇。	地方人民政府负责，中央财政适当补助。	国家卫生计生委	
36	结核病患者健康管理	辖区内确诊的肺结核患者	提供肺结核筛查及推介转诊、入户随访、督导服药、结果评估等服务。结核病患者健康管理服务率逐步达到90%。	地方人民政府负责，中央财政适当补助。	国家卫生计生委
37	中医药健康管理	65岁以上老人、0—3岁儿童	通过基本公共卫生服务项目为65岁以上老人提供中医体质辨识和中医保健指导服务，为0—3岁儿童提供中医调养服务。目标人群覆盖率逐步达到65%。	地方人民政府负责，中央财政适当补助。	国家卫生计生委、国家中医药局

续表

序号	服务项目	服务对象	服务指导标准	支出责任	牵头负责单位
38	艾滋病病毒感染者和病人随访管理	艾滋病病毒感染者和病人	在医疗卫生机构指导下，为艾滋病病毒感染者和病人提供随访服务。感染者和病人规范管理率逐步达到90%。	地方人民政府负责，中央财政适当补助。	国家卫生计生委、国家中医药局
39	社区艾滋病高危行为人群干预	艾滋病性传播高危行为人群	为艾滋病性传播高危行为人群提供综合干预措施。干预措施覆盖率逐步达到90%。	地方人民政府负责，中央财政适当补助。	国家卫生计生委
40	免费孕前优生健康检查	农村计划怀孕夫妇	提供健康教育、健康检查、风险评估和咨询指导等孕前优生服务。目标人群覆盖率逐步达到80%。	中央和地方财政按比例分担。	国家卫生计生委
41	基本药物制度	城乡居民	政府办基层医疗卫生机构全部实行基本药物零差率销售，按规定纳入基本医疗保险药品报销目录，逐步提高实际报销水平。	地方人民政府负责，中央财政适当补助。	国家卫生计生委
42	计划生育技术指导咨询	育龄人群	提供计划生育技术指导咨询服务、计划生育相关的临床医疗服务、符合条件的再生育技术服务和计划生育宣传服务。	农村避孕节育技术服务经费由地方财政保障，中央财政对西部困难地区给予补助。	国家卫生计生委、财政部
43	农村部分计划生育家庭奖励扶助	年满60周岁、只生育一个子女或两个女孩的农村计划生育家庭夫妇	发放一定数额的奖励扶助金，并根据经济社会发展水平实行奖励扶助标准动态调整。	中央和地方财政按比例共同负担。	国家卫生计生委、财政部
44	计划生育家庭特别扶助	符合条件的独生子女伤残、死亡的父母及节育手术并发症三级以上人员	根据不同情况，给予适当扶助，并根据经济社会发展水平实行特别扶助标准动态调整。	中央和地方财政按比例共同负担。	国家卫生计生委、财政部
45	食品药品安全保障	城乡居民	对供应城乡居民的食品药品开展监督检查，及时发现并消除风险。对药品医疗器械实施风险分类管理，提高对高风险对象的监管强度。	中央和地方人民政府分类负责。	食品药品监管总局

五、基本社会服务

序号	服务项目	服务对象	服务指导标准	支出责任	牵头负责单位
46	最低生活保障	家庭成员人均收入低于当地最低生活保障标准，且符合当地最低生活保障家庭财产状况规定的家庭	按照共同生活的家庭成员人均收入低于当地最低生活保障标准的差额，按月发给最低生活保障金。	地方人民政府负责，中央财政对困难地区适当补助。	民政部、财政部
47	特困人员救助供养	无劳动能力、无生活来源且无法定赡养、抚养、扶养义务人，或者其法定义务人无赡养、抚养、扶养能力的老年人、残疾人以及未满16周岁的未成年人	提供基本生活条件；对生活不能自理的给予照料；提供疾病治疗；办理丧葬事宜；对符合规定标准的住房困难的分散供养特困人员，给予住房救助；对在义务教育阶段就学的特困人员，给予教育救助；对在高中教育（含中职）、普通高等教育阶段就学的特困人员，根据实际情况给予适当教育救助。	地方人民政府负责，中央财政对困难地区适当补助。	民政部、财政部
48	医疗救助	重点救助对象：最低生活保障家庭成员和特困救助供养人员。低收入救助对象：低收入家庭的老年人、未成年人、重度残疾人和重病患者，以及其他特殊困难人员。重特大疾病医疗救助对象：除上述救助对象以外，还包括因病致贫家庭重病患者。疾病应急救助对象：在中国境内发生急重危伤病、需要急救但身份不明确或无力支付相应费用的患者。	对重点救助对象参加城乡居民基本医疗保险的个人缴费部分进行补贴，对特困救助供养人员给予全额资助，对最低生活保障家庭成员给予定额资助。重点救助对象在定点医疗机构发生的政策范围内住院费用中，对经过基本医疗保险、城乡居民大病保险及各类补充医疗保险、商业保险报销的个人负担费用，在年度救助限额内按不低于70%的比例给予救助。对重点救助对象和低收入救助对象经基本医疗保险、城乡居民大病保险及各类补充医疗保险、商业保险等报销后个人负担的合规医疗费用，直接予以补助；因病致贫家庭重病患者等其他救助对象负担的合规医疗费用，先由其个人支付，对超过家庭负担能力的部分予以救助。医疗机构对疾病应急救助对象紧急救治所发生的费用，可向疾病应急救助基金申请补助。	地方人民政府负责，中央财政适当补助。	民政部、国家卫生计生委、财政部

续表

序号	服务项目	服务对象	服务指导标准	支出责任	牵头负责单位
49	临时救助	家庭对象：因火灾、交通事故等意外事件，家庭成员突发重大疾病等原因，导致基本生活暂时出现严重困难的家庭；因生活必需支出突然增加超出家庭承受能力，导致基本生活暂时出现严重困难的最低生活保障家庭；遭遇其他特殊困难的家庭。个人对象：因遭遇火灾、交通事故、突发重大疾病或其他特殊困难，暂时无法得到家庭支持，导致基本生活陷入困境的个人。	为救助对象发放临时救助金；根据临时救助标准和救助对象基本生活需要，发放衣物、食品、饮用水，提供临时住所；对给予临时救助金、实物救助后，仍不能解决临时救助对象困难的，可分情况提供转介服务。县级以上地方人民政府根据救助对象困难类型、困难程度，统筹考虑其他社会救助制度保障水平，合理确定临时救助标准，并适时调整。	地方人民政府负责，中央财政对困难地区适当补助。	民政部、财政部
50	受灾人员救助	基本生活受到自然灾害严重影响的人员	及时为受灾人员提供必要的食品、饮用水、衣被、取暖、临时住所、医疗防疫等应急救助；对住房损毁严重的受灾人员进行过渡性安置；及时核实本行政区域内居民住房恢复重建补助对象，并给予资金、物资等救助；受灾地区人民政府应当为因当年冬寒或者次年春荒遇到生活困难的受灾人员提供基本生活救助。	中央和地方人民政府共同负责。	民政部、财政部
51	法律援助	经济困难公民和特殊案件当事人	提供必要的法律咨询、代理、刑事辩护等无偿法律服务。	地方人民政府负责，中央财政引导地方加大投入力度。	司法部、财政部
52	老年人福利补贴	经济困难的高龄、失能老年人	对经济困难的高龄老年人，逐步给予养老服务补贴；对生活长期不能自理、经济困难的老年人，给予护理补贴。	地方人民政府负责。	民政部、财政部

续表

序号	服务项目	服务对象	服务指导标准	支出责任	牵头负责单位
53	困境儿童保障	因家庭贫困导致生活、就医、就学等困难的儿童，因自身残疾导致康复、照料、护理和社会融入等困难的儿童，以及因家庭监护缺失或监护不当遭受虐待、遗弃、意外伤害、不法侵害等导致人身安全受到威胁或侵害的儿童	为困境儿童提供基本生活、基本医疗、教育等服务，落实监护责任。各地统筹考虑困境儿童的困难类型、困难程度、致困原因，完善落实社会救助、社会福利等保障政策。	地方人民政府负责。	民政部、财政部
54	农村留守儿童关爱保护	父母双方外出务工或一方外出务工另一方无监护能力、未满16周岁的农村户籍未成年人	强化家庭监护主体责任；落实县、乡镇人民政府和村（居）民委员会职责；加大教育部门和学校关爱保护力度；动员群团组织开展关爱服务；推动社会力量积极参与。	地方人民政府负责。	民政部
55	基本殡葬服务	执行国家殡葬政策的困难群众	为城乡困难群众以减免费用或补贴方式提供遗体接运、暂存、火化、骨灰寄存等基本殡葬服务；为优抚对象及城乡困难群众免费或低收费提供骨灰节地生态安葬服务。	地方人民政府负责。	民政部、财政部
56	优待抚恤	享受国家抚恤补助的优抚人员	建立完善优抚对象待遇与贡献相一致的优抚保障体系，将优抚对象优先纳入覆盖一般群众的救助、养老、医疗、住房以及残疾人保障等各项社会保障制度体系。	中央和地方人民政府分级负担。	民政部、财政部
57	退役军人安置	退役军人	自主就业的，在领取退役金后，按规定享受扶持就业优惠政策；其他分别采取安排工作、退休、供养等方式予以安置。	中央和地方人民政府共同负责。	民政部、财政部

续表

序号	服务项目	服务对象	服务指导标准	支出责任	牵头负责单位
58	重点优抚对象集中供养	需要常年医疗或者独身一人不便分散安置的一级至四级残疾退役军人；老年、残疾或者未满 16 周岁的烈士遗属、因公牺牲军人遗属、病故军人遗属和进入老年的残疾军人、复员军人、退伍军人中无法定赡养人（扶养人、抚养人）或赡养人（扶养人、抚养人）无赡养（扶养、抚养）能力且享受国家定期抚恤补助待遇的优抚对象	建立完善优抚对象待遇与贡献相一致的优抚保障体系，依托优抚医院、光荣院，给予符合条件的重点优抚对象集中供养、医疗等保障。	中央和地方人民政府共同负责。	民政部、财政部

六、基本住房保障

序号	服务项目	服务对象	服务指导标准	支出责任	牵头负责单位
59	公共租赁住房	符合条件的城镇低收入住房困难家庭、城镇中等偏下收入住房困难家庭、新就业无房职工、城镇稳定就业的外来务工人员实行实物保障与货币补贴并举，并逐步加大租赁补贴发放力度。	市、县级人民政府负责，引导社会资金投入，省级人民政府给予资金支持，中央财政给予资金补助。	住房城乡建设部、财政部	
60	城镇棚户区住房改造	符合条件的城镇居民	实物安置和货币补偿相结合，具体标准由市、县级人民政府确定（有国家标准的，执行国家标准）。全国开工改造包括城市危房、城中村在内的各类棚户区住房2000 万套	政府给予适当补助，企业安排一定的资金，住户承担一部分住房改善费用。	住房城乡建设部、财政部
61	农村危房改造	居住在危房中的建档立卡贫困户、分散供养特困人员、低保户、贫困残疾人家庭等贫困农户	支持符合条件的贫困农户改造危房，各省份确定不同地区、不同类型、不同档次的省级分类补助标准，中央财政给予适当补助，基本完成存量危房改造任务。地震设防地区结合危房改造，统筹开展农房抗震改造。	地方人民政府负责，中央财政安排补助资金，地方财政给予资金支持、个人自筹等相结合。	住房城乡建设部、财政部

七、基本公共文化体育

序号	服务项目	服务对象	服务指导标准	支出责任	牵头负责单位
62	公共文化设施免费开放	城乡居民	公共图书馆、文化馆（站）、公共博物馆（非文物建筑及遗址类）、公共美术馆等公共文化设施免费开放，基本服务项目健全。	地方人民政府负责，中央财政适当补助。	文化部、国家文物局、财政部
63	送地方戏	农村居民	根据群众实际需求，采取政府购买服务等方式，为农村乡镇每年提供戏曲等文艺演出服务。	地方人民政府负责，中央财政适当补助。	文化部、教育部、新闻出版广电总局、财政部
64	收听广播	城乡居民	为全民提供突发事件应急广播服务。通过直播卫星提供不少于17套广播节目，通过无线模拟提供不少于6套广播节目，通过数字音频提供不少于15套广播节目。	中央和地方人民政府共同负责。	新闻出版广电总局、财政部
65	观看电视	城乡居民	通过直播卫星提供25套电视节目，通过地面数字电视提供不少于15套电视节目，未完成无线数字化转换的地区提供不少于5套电视节目。	中央和地方人民政府共同负责。	新闻出版广电总局、财政部
66	观赏电影	农村居民、中小学生	为农村群众提供数字电影放映服务，其中每年国产新片（院线上映不超过2年）比例不少于1/3。为中小学生每学期提供2部爱国主义教育影片。	地方人民政府负责，中央财政适当补助。	新闻出版广电总局、财政部
67	读书看报	城乡居民	公共图书馆（室）、文化馆（站）和行政村（社区）综合文化服务中心（含农家书屋）等配备图书、报刊和电子书刊，并免费提供借阅服务；在城镇主要街道、公共场所、居民小区等人流密集地点设置公共阅报栏（屏），提供时政、"三农"、科普、文化、生活等方面的信息服务。	地方人民政府负责，中央财政适当补助。	文化部、新闻出版广电总局、财政部

续表

序号	服务项目	服务对象	服务指导标准	支出责任	牵头负责单位
68	少数民族文化服务	主要少数民族地区居民	通过有线、无线、卫星等方式提供民族语言广播影视节目；提供民族语言文字出版的、价格适宜的常用书报刊、电子音像制品和数字出版产品。提供少数民族特色的艺术作品，开展少数民族文化活动。	地方人民政府负责，中央财政对部分事项予以补助。	新闻出版广电总局、文化部、财政部
69	参观文化遗产	未成年人、老年人、现役军人、残疾人和低收入人群	参观文物建筑及遗址类博物馆实行门票减免，文化和自然遗产日免费参观。	中央和地方财政分别负担。	国家文物局、财政部
70	公共体育场馆开放	城乡居民	有条件的公共体育设施免费或低收费开放；推进学校体育设施逐步向公众开放。	地方人民政府负责，中央财政对部分事项予以补助。	体育总局、教育部、财政部
71	全民健身服务	城乡居民	提供科学健身指导、群众健身活动和比赛、科学健身知识等服务；免费提供公园、绿地等公共场所全民健身器材。	地方人民政府负责，中央财政对部分事项予以补助。	体育总局、教育部、财政部

八、残疾人基本公共服务

序号	服务项目	服务对象	服务指导标准	支出责任	牵头负责单位
72	困难残疾人生活补贴和重度残疾人护理补贴	困难残疾人和重度残疾人	为低保家庭中的残疾人提供生活补贴，为残疾等级被评定为一级、二级且需要长期照护的重度残疾人提供护理补贴。有条件的地方可逐步提高补贴标准、扩大补贴范围。	地方人民政府负责，中央财政适当补助。	民政部、财政部、中国残联
73	无业重度残疾人最低生活保障	生活困难、靠家庭供养且无法单独立户的成年无业重度残疾人经个人申请，可按照单人户纳入最低生活保障范围。	地方人民政府负责，中央财政适当补助。	民政部、中国残联	
74	残疾人基本社会保险个人缴费资助和保险待遇	贫困和重度残疾人	为参加居民基本养老保险、居民基本医疗保险的服务对象按规定提供个人缴费补贴；将符合规定的医疗康复项目、基本的治疗性康复辅助器具逐步纳入基本医疗保障范围。	缴费资助由地方人民政府负责或医疗救助基金支出；报销由基本医疗保险基金支出。	人力资源社会保障部、民政部、国家卫生计生委、中国残联

续表

序号	服务项目	服务对象	服务指导标准	支出责任	牵头负责单位
75	残疾人基本住房保障	残疾人	对符合基本住房保障条件的城镇残疾人家庭给予优先轮候、优先选房等政策；同等条件下优先为经济困难的残疾人家庭实施农村危房改造，完成农村贫困残疾人家庭存量危房改造任务。	由地方人民政府负责，中央财政安排补助资金、地方财政给予资金支持、个人自筹等相结合。	住房城乡建设部、中国残联
76	残疾人托养服务	就业年龄段智力、精神及重度肢体残疾人	支持日间照料机构和专业托养服务机构为100万残疾人提供护理照料、生活自理能力和社会适应能力训练、职业康复、劳动技能培训、辅助性就业等服务。	地方人民政府负责，中央财政适当补助。	中国残联、财政部
77	残疾人康复	有康复需求的持证残疾人、残疾儿童提供康复建档、评估、训练、心理疏导、护理、生活照料、辅具适配、咨询、指导和转介等基本康复服务；开展残疾儿童康复救助，逐步为0—6岁视力、听力、言语、智力、肢体残疾儿童和孤独症儿童免费提供手术、辅助器具配置和康复训练等服务。	地方人民政府负责，中央财政适当补助。	中国残联、国家卫生计生委、民政部
78	残疾人教育	残疾儿童、青少年	逐步为家庭经济困难的残疾学生提供包括义务教育、高中阶段教育在内的12年免费教育；对残疾儿童普惠性学前教育予以资助；对残疾学生特殊学习用品、教育训练、交通费等予以补助。	地方人民政府负责，中央财政适当补助。	财政部、教育部、中国残联
79	残疾人职业培训和就业服务	有劳动能力和就业意愿的城乡残疾人	各级公共就业服务机构及残疾人就业服务机构按规定为城镇残疾人提供有针对性的职业技能培训、岗位技能提升培训、创业培训等就业创业服务；为50万中西部地区农村贫困残疾人提供农业实用技术培训。	地方人民政府负责，中央财政适当补助。	中国残联、人力资源社会保障部、农业部

续表

序号	服务项目	服务对象	服务指导标准	支出责任	牵头负责单位
80	残疾人文化体育	残疾人	能够收看到有字幕或手语的电视节目，在公共图书馆得到盲文和有声读物等阅读服务；为基层残疾人体育活动场所和残疾人综合服务设施配置适宜的器材器械。	地方人民政府负责，中央财政适当补助。	中国残联、文化部、新闻出版广电总局、体育总局
81	无障碍环境支持残疾人、老年人等	推进公共场所和设施无障碍改造；对贫困重度残疾人家庭继续开展无障碍改造；逐步开展互联网和移动互联网无障碍信息服务。	地方人民政府负责。	住房城乡建设部、工业和信息化部、中国残联	

附件 2

重点任务分工方案

序号	重 点 任 务	责 任 单 位
1	完善国家基本公共服务制度，建立基本公共服务清单制，建立健全科学有效的基本公共服务实施机制。	国家发展改革委牵头，其他有关部门按职责分工负责
2	推动基本公共教育领域发展指标、重点任务、保障措施有效落实。	教育部牵头，其他有关部门按职责分工负责
3	推动基本劳动就业创业领域发展指标、重点任务、保障措施有效落实。	人力资源社会保障部牵头，其他有关部门按职责分工负责
4	推动基本社会保险领域发展指标、重点任务、保障措施有效落实。	人力资源社会保障部牵头，其他有关部门按职责分工负责
5	推动基本医疗卫生领域发展指标、重点任务、保障措施有效落实。	国家卫生计生委、食品药品监管总局、国家中医药局分别牵头，其他有关部门按职责分工负责
6	推动基本社会服务领域发展指标、重点任务、保障措施有效落实。	民政部牵头，其他有关部门按职责分工负责
7	推动基本住房保障领域发展指标、重点任务、保障措施有效落实。	住房城乡建设部牵头，其他有关部门按职责分工负责
8	推动基本公共文化体育领域发展指标、重点任务、保障措施有效落实。	文化部、新闻出版广电总局、体育总局、国家文物局分别牵头，其他有关部门按职责分工负责

9	推动残疾人基本公共服务领域发展指标、重点任务、保障措施有效落实。	中国残联牵头，其他有关部门按职责分工负责
10	开展贫困地区脱贫攻坚。	国务院扶贫办牵头，其他有关部门按职责分工负责
11	重点帮扶特殊困难人群。	民政部牵头，其他有关部门按职责分工负责
12	促进基本公共服务城镇常住人口全覆盖。	公安部牵头，其他有关部门按职责分工负责
13	缩小城乡基本公共服务差距，提高区域服务均等化水平，夯实基层服务基础。	国家发展改革委、财政部牵头，其他有关部门安职责分工负责
14	加快事业单位分类改革，理顺政府与事业单位在基本公共服务供给中的关系。	中央编办牵头，其他有关部门按职责分工负责
15	大力发展社会组织，支持其承接基层基本公共服务和政府委托事项。	民政部牵头，其他有关部门按职责分工负责
16	推进政府购买公共服务。	财政部牵头，其他有关部门按职责分工负责
17	积极引导社会力量参与基本公共服务供给，加强政府和社会资本合作。	财政部、国家发展改革委牵头，其他有关部门安职责分工负责
18	鼓励发展志愿和慈善服务，扩大基本公共服务供给。	民政部牵头，其他有关部门按职责分工负责

序号	重点任务	责任单位
19	加大财政对基本公共服务的投入力度，优化转移支付结构，提高资金使用效率。	财政部牵头，其他有关部门按职责分工负责
20	加强公共服务人才培养培训。	教育部、人力资源社会保障部牵头，其他有关部门按职责分工负责
21	促进公共服务人才合理流动，提升基层人员能力。	人力资源社会保障部牵头，其他有关部门按职责分工负责
22	加强公共服务设施规划布局和用地保障。	住房城乡建设部、国土资源部牵头，其他有关部门按职责分工负责
23	建立健全公共服务标准体系。	质检总局牵头，其他有关部门按职责分工负责
24	加强公共服务行业自律和社会监督，强化社会信用体系支撑。	国家发展改革委牵头，其他有关部门按职责分工负责
25	建立健全基本公共服务综合评估指标体系，推进统计信息库建设，开展年度统计监测。	国家发展改革委、国家统计局牵头，其他有关部门按职责分工负责
26	组织规划评估，加强绩效评价和监督问责。	国家发展改革委牵头，地方各级人民政府和其他有关部门按职责分工负责

2. 国家基本公共服务体系"十二五"规划

国务院关于印发国家基本公共服务体系"十二五"规划的通知

国发〔2012〕29号（正文）

序言

"十二五"时期是我国全面建设小康社会的关键时期，是深化改革开放、加快转变经济发展方式的攻坚时期。建立健全基本公共服务体系，促进基本公共服务均等化，是深入贯彻落实科学发展观的重大举措，是构建社会主义和谐社会、维护社会公平正义的迫切需要，是全面建设服务型政府的内在要求，对于推进以保障和改善民生为重点的社会建设，对于切实保障人民群众最关心、最直接、最现实的利益，对于加快经济发展方式转变、扩大内需特别是消费需求，都具有十分重要的意义。

本规划根据《中华人民共和国国民经济和社会发展第十二个五年规划纲要》（以下简称"十二五"规划纲要）的有关要求编制，主要阐明国家基本公共服务的制度安排，明确基本范围、标准和工作重点，引导公共资源配置，是"十二五"乃至更长一段时期构建国家基本公共服务体系的综合性、基础性和指导性文件，是政府履行公共服务职责的重要依据。

第一章　规划背景
第一节　基本概念

基本公共服务，指建立在一定社会共识基础上，由政府主导提供的，与经济社会发展水平和阶段相适应，旨在保障全体公民生存和发展基本需求的公共服务。享有基本公共服务属于公民的权利，提供基本公共服务是政府的职责。

基本公共服务范围，一般包括保障基本民生需求的教育、就业、社会保障、医疗卫生、计划生育、住房保障、文化体育等领域的公共服务，广义上还包括与人民生活环境紧密关联的交通、通信、公用设施、环境保护等领域的公共服务，以及保障安全需要的公共安全、消费安全和国防安全等领域的公共服务。

基本公共服务标准，指在一定时期内为实现既定目标而对基本公共服务活动所制定的技术和管理等规范。

基本公共服务均等化，指全体公民都能公平可及地获得大致均等的基本公共服务，其核心是机会均等，而不是简单的平均化和无差异化。

基本公共服务体系，指由基本公共服务范围和标准、资源配置、管理运行、供给方式以及绩效评价等所构成的系统性、整体性的制度安排。

第二节　规划范围

根据"十二五"规划纲要，为突出体现"学有所教、劳有所得、病有所医、老有所养、住有所居"的要求，本规划的范围确定为公共教育、劳动就业服务、社会保障、基本社会服务、医疗卫生、人口计生、住房保障、公共文化等领域的基本公共服务。

"十二五"规划纲要还明确了基础设施、环境保护两个领域的基本公共服务重点任务，包括：行政村通公路和客运班车，城市建成区公共交通全覆盖；行政村通电，无电地区人口全部用上电；邮政服务做到乡乡设所、村村通邮；县县具备污水、垃圾无害化处理能力和环境监测评估能力；保障城乡饮用水水源地安全等。这些内容分别纳入综合交通运输、能源、邮政、环境保护等相关"十二五"专项规划中，不在本规划中予以阐述。

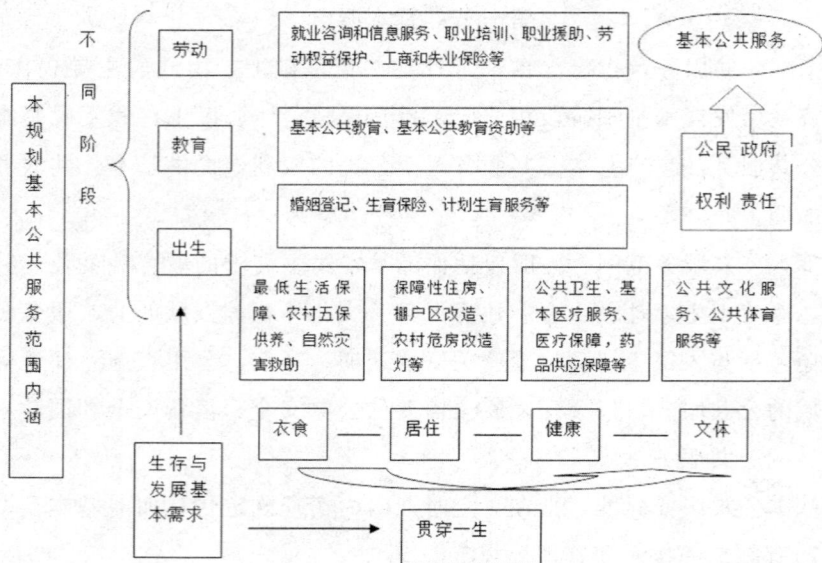

第三节　发展环境

经过30多年的改革开放和发展建设，我国经济实力、综合国力和国际地位显著提高，人民生活明显改善。"十一五"以来，各地区、各有关部门认真贯彻落实党中央、国务院的决策部署，我国基本公共服务体系建设取得了显著成效。城乡免费义务教育全面实施，公共教育体系日趋完备，国民平均受教育年限达到9年。实施积极就业政策，初步建立起面向全体劳动者的公共就业服务体系。社会保险制度逐步由城镇向农村、由职工向居民扩展，保障水平逐步提高，城乡社会救助体系和社会福利体系基本形成。医药卫生体制改革深入推进，免费基本公共卫生服务项目全面实施，城乡基层医疗卫生服务体系逐步健全，国家基本药物制度初步建立。保障性安居工程加快建设，以廉租住房、公共租赁住房和农村危房改造等为主要内容的基本住房保障制度初步形成。基本实现县县有文化馆图书馆、乡乡有综合文化站，广播电视全面覆盖 20 户以上已通电自然村，公共博物馆、纪念馆、美术馆、公共图书馆、文化馆、科技馆等公共文化设施逐步向社会免费开放。全民健身稳步推进。公共服务财政投入显著增加。从总体上看，我国基本公共服务的制度框架已初步形成，人民群众上学、就业、就医、社会保障、文化生活等难点问题得到有效缓解。

但是，我国基本公共服务供给不足、发展不平衡的矛盾仍然十分突出，建立健全基本公共服务体系仍然面临许多困难和挑战。基本公共服务的规模和质量难以满足人民群众日益增长的需求；农村、贫困地区和针对社会弱势群体的基本公共服务尚未得到充分保障；体制机制有待于进一步完善，城乡区域间制度设计不衔接，管理条块分割，资源配置不合理，服务提供主体和提供方式比较单一，基层政府财力与事权不匹配，以及监督问责缺位等问题较为突出。必须深刻认识到，基本公共服务体系不健全，不仅难以保障发展成果惠及全民，不利于社会和谐稳定，而且还会制约经济社会健康协调可持续发展。

"十二五"时期，我国发展仍处于可以大有作为的重要战略机遇期，也是加快构建基本公共服务体系的关键时期。从需求看，工业化、信息化、城镇化、市场化、国际化深入发展，城乡居民收入水平不断提高，消费结构加快转型升级，各类公共服务需求日趋旺盛。从供给看，经济继续保持平稳较快发展，财政收入不断增加，基本公共服务财政保障能力进一步加强。从体制环境看，有利于科学发展的体制机制加快建立，教育、卫生、文化等社会事业改革深入推进，建立健全基本公共服务体系的体制条件不断完善。要牢牢抓住难得的历史机遇，顺应各族人民过上更好生活新期待，努力提升基本公共服务水平和均等化程度，推动经济社会协调发展，为全面建成小康社会夯实基础。

第二章　指导思想和主要目标

第一节　指导思想

高举中国特色社会主义伟大旗帜，以邓小平理论和"三个代表"重要思想为指导，深入贯彻落实科学发展观，把基本公共服务制度作为公共产品向全民提供，着力保障城乡居民生存发展基本需求，着力增强服务供给能力，着力创新体制机制，不断深化收入分配制度改革，加快建立健全符合国情、比较完整、覆盖城乡、可持续的基本公共服务体系，逐步推进基本公共服务均等化。

把基本公共服务制度作为公共产品向全民提供，是我国公共服务发展从理念到体制的创新。我国实行社会主义制度，公民都有获得基本公共服务的权利。保障人人享有基本公共服务是政府的职责，必须着眼制度设计、系统规划、整体推进，建立健全基本公共服务体系。基本要求是：

——以人为本，保障基本。从最广大人民群众的根本利益出发，立足我国社会主义初级阶段的基本国情，坚持尽力而为、量力而行，优先保障基本公共教育、劳动就业服务、社会保险、基本社会服务、基本医疗卫生、人口和计划生育、基本住房保障、公共文化体育等服务的提供，随着经济社会发展逐步扩大范围和提高标准。

——政府主导，坚持公益。牢牢把握基本公共服务的公益性质，明确政府的主体责任，完善公共财政体系，科学划分各级政府基本公共服务事权与支出责任，健全地方政府为主、统一与分级相结合的公共服务管理体制。加强立法、规划、投入、监管和政策支持，有效促进公平公正。

——统筹城乡，强化基层。打破行业分割和地区分割，加快城乡基本公共服务制度一体化建设，大力推进区域间制度统筹衔接，加大公共资源向农村、贫困地区和社会弱势群体倾斜力度，实现基本公共服务制度覆盖全民。把更多的财力、物力投向基层，把更多的人才、技术引向基层，切实加强基层公共服务机构设施和能力建设，促进资源共建共享，全面提高基本公共服务水平。

——改革创新，提高效率。完善财政保障、管理运行和监督问责机制，形成保障基本公共服务体系有效运行的长效机制。创新基本公共服务供给模式，引入竞争机制，积极采取购买服务等方式，形成多元参与、公平竞争的格局，不断提高基本公共服务的质量和效率。

第二节　主要目标

今后一个时期，要把建立健全基本公共服务体系作为完善保障和改善民生制度安排、加快构建再分配调节机制的重大任务，并与全面建设小康社会战略目标和任务紧密衔接。"十二五"时期的主要目标是：

——供给有效扩大。政府投入大幅增加，基本公共服务预算支出占财政支出比重逐步提高。基本公共服务国家标准体系和标准动态调整机制逐步健全，各项制度实现全覆盖。创新公共服务供给方式，实现提供主体和提供方式多元化。

——发展较为均衡。资源布局更趋合理，优质资源共享机制加快建立，县（市、区）域内基本公共服务均衡发展基本实现，农村和老少边穷地区基本公共服务水平明显提高。

——服务方便可及。以基层为重点的基本公共服务网络全面建立，设施标准化和服务规范化、专业化、信息化水平明显提高，城乡居民能够就近获得基本公共服务。

——群众比较满意。城乡居民基本公共服务需求表达机制有效建立，服务成本个人负担比率合理下降，绩效评价和行政问责制度比较健全，社会满意度不断提高。

经过努力，"十二五"时期，覆盖城乡居民的基本公共服务体系逐步完善，推进基本公共服务均等化取得明显进展；到 2020 年实现全面建设小康社会奋斗目标时，基本公共服务体系比较健全，城乡区域间基本公共服务差距明显缩小，争取实现基本公共服务均等化。

第三章　基本公共教育

国家建立基本公共教育制度，保障所有适龄儿童、少年享有平等受教育的权利，提高国民基本文化素质。

"十二五"时期，政府提供如下基本公共教育服务：

◆为适龄儿童、少年提供免费九年义务教育，为农村义务教育阶段寄宿生提供免费住宿，并为家庭经济困难寄宿生提供生活补助；

◆为贫困地区农村义务教育学生实施营养改善计划；

◆为农村学生、城镇家庭经济困难学生和涉农专业学生提供免费中等职业教育；

◆为家庭经济困难学生接受普通高中教育提供资助；

◆为家庭经济困难儿童、孤儿和残疾儿童接受学前教育提供资助。

第一节　重点任务

重点巩固提高九年义务教育，基本普及高中阶段教育和学前一年教育，完善以政府为主导、多种方式并举的家庭经济困难学生资助政策，建立健全基本公共教育服务体系。

——九年义务教育。巩固九年义务教育普及成果，全面提高义务教育的质量和水平，着力推进义务教育均衡发展。统筹规划学校布局，推进义务教育学校标准化建设。保留必要的村小学和教学点，加强农村中小学寄宿制学校建设。提高农村义务教育阶段家庭经济困难寄宿生的生活费补助标准。将义务教育阶段的孤儿寄宿生全面纳入生活补助范围。公共教育资源重点向农村、边远、贫困、民族地区和革命老区倾斜，实行县（市、区）域内城乡中小学教师编制和工资待遇同一标准，以及教师、校长交流制度，逐步取消义务教育阶段重点校和重点班。以流入地全日制公办中小学为主，保证农民工随迁子女平等接受义务教育，并研究制定接受义务教育后在当地参加升学考试的办法。完善城乡义务教育学校的资源共建共享和对口交流支援制度。实施农村义务教育学生营养改善计划。巩固民族地区义务教育普及成果，推进双语教学。提高中小学教育信息化水平。全面实施素质教育，推进课程和教学方法改革，建立国家义务教育质量基本标准和监测制度，切实减轻中小学生课业负担。提高义务教育师资队伍能力水平，加强民族地区双语教师队伍建设。

——高中阶段教育。加强政府统筹，促进普通高中和中等职业教育协调发展。推动普通高中多样化发展，促进办学体制多元化，扩大优质资源。建立普通高中家庭经济困难学生国家资助制度。大力发展中等职业教育，坚持以服务为宗旨、以就业为导向，学校教育与职业培训并举，完善产学合作机制，全面推行工学结合、校企合作、顶岗实习的职业教育人才培养模式。加强职业教育教师队伍建设，鼓励技能型人才到职业学校从教。加强中等职业教育基础能力建设，建立健全职业教育质量保障体系。实行中等职业教育农村学生、城市家庭经济困难学生和涉农专业学生免学费政策，逐步实行中等职业教育免费制度。

——普惠性学前教育。建立政府主导、社会参与、公办民办并举的办园体制，构建覆盖城乡、布局合理的学前教育公共服务体系。为家庭经济困难儿童、孤儿和残疾儿童接受学前教育提供资助。大力发展公办幼儿园，鼓励优质公办幼儿园举办分园或合作办园。鼓励社会力量举办幼儿园，积极扶持民办幼儿园特别是面向大众、收费较低的普惠性民办幼儿园发展，采取政府购买、减免租金、以奖代补、派驻公办教师等方式，引导和支持民办幼儿园提供普惠性服务。根据居住区规划和居住人口规模，充分考虑农民工随迁子女接受学前教育的需求，配套建设城镇幼儿园。逐步完善县、乡、村学前教育网络，乡镇和大村独立建园，小村设分园或联合办园，人口分散地区举办流动幼儿园、季节班等。充分利用中小学布局调整富余的校舍和教师举办幼儿园（班）。积极发展民族地区学前双语教育。加强幼儿教师队伍建设。

第二节　基本标准

加快建立健全基本公共教育服务国家标准体系。依据国家相关教育法律法规，为保障服务提供的规模和质量、明确工作任务的事权与支出责任、促进城乡区域均衡发展，制定"十二五"时期基本公共教育服务国家基本标准。

农村义务教育阶段中小学公用经费实行全国统一的基准定额。校舍建设、设备配置、师资配备、教学管理规范等具体标准，由教育部依法会同有关部门及国家标准化行政管理部门制定实施。

各省（区、市）应遵循实施国家基本标准，并可结合本地区实际情况，适当拓展基本公共教育服务范围和提高服务标准。

"十二五"时期基本医疗卫生服务国家基本标准

服务项目	服务对象	保障标准	支出责任	覆盖水平
九年义务教育				
义务教育免费	适龄儿童、少年	免学费、杂费以及农村寄宿生住宿费，免费向农村学生提供教科书；农村中小学年生均公用经费标准，普通小学不低于500元，普通初中不低于700元	中央与地方财政按比例分担	目标人群覆盖率100%，九年义务教育巩固率达到93%
寄宿生生活补助	农村家庭经济困难寄宿学生	年生均补助小学1000元，初中1250元 地方政府负责，中央财政适当补助	目标人群覆盖率100%	
农村义务教育学生营养改善	贫困地区农村义务教育学生	在寄宿生生活补助基础上，集中连片特殊困难地区每生每天营养膳食补助3元（每年在校时间按200天计）	地方政府负责，国家试点地区中央财政承担，其他地区中央财政适当补助	目标人群覆盖率100%
高中阶段教育				
中等职业教育免费	农村学生、城镇家庭经济困难学生和涉农专业学生	免学费	中央与地方财政按比例分担	目标人群覆盖率100%，使高中阶段教育毛入学率达到87%
中等职业教育国家助学金	全日制在校农村学生及城市家庭经济困难学生	资助每生每年不低于1500元，资助两年	中央与地方财政按比例分担	目标人群覆盖率100%
普通高中国家助学金	家庭经济困难学生	平均资助每生每年1500元，地方结合实际在1000—3000元范围内确定	中央与地方财政按比例分担	目标人群覆盖率100%
学前教育				
学前教育资助	家庭经济困难儿童、孤儿和残疾儿童	具体资助方式和标准由地方确定	地方政府负责，中央财政适当补助	目标人群覆盖率100%，学前一年毛入园率达到85%

第三节　保障工程

　　根据建立健全基本公共教育体系的需要，实施一批保障工程，着力加强薄弱环节，改善薄弱学校办学条件，有效缩小城乡区域间教育发展差距。

——义务教育学校标准化建设工程。完善城乡义务教育经费保障机制，改造农村义务教育阶段薄弱学校，实现城乡中小学校舍、师资、设备、图书、体育场地基本达标。

——义务教育教师队伍建设工程。实施农村义务教育学校教师特设岗位计划和中小学教师国家级培训计划，加强农村学校薄弱学科教师队伍建设，建设农村边远艰苦地区教师周转宿舍。

——中等职业教育基础能力建设工程。扶持一批优质特色中等职业学校，改善实习实训设施条件，加强"双师型"教师队伍建设。

——民族教育发展工程。支持边境县和民族自治地方贫困县高中阶段学校建设，加强民族地区双语教师培训。

——农村学前教育推进工程。重点支持中西部贫困地区建设一批乡村幼儿园。

第四章 劳动就业服务

国家建立劳动就业公共服务制度，为全体劳动者就业创造必要条件，加强劳动保护，改善劳动环境，保障合法权益，促进充分就业和构建和谐劳动关系。

> "十二五"时期，政府提供如下劳动就业公共服务：
> ◆ 为全体劳动者免费提供就业信息、就业政策咨询、职业指导和职业介绍、就业失业登记等服务；
> ◆ 为就业困难人员和零就业家庭提供就业援助；
> ◆ 为失业人员、农民工、残疾人、新成长劳动力等提供职业技能培训和技能鉴定补贴；
> ◆ 为全体劳动者免费提供劳动关系协调、劳动人事争议调解仲裁和劳动保障监察执法维权等服务。

第一节 重点任务

建立健全覆盖城乡的劳动就业公共服务体系，以高校毕业生、农村转移劳动力、城镇就业困难人员和零就业家庭为重点服务对象，全面提升就业全过程公共服务能力，努力创造平等就业机会，积极构建和谐劳动关系。

——就业服务和管理。完善并全面实施就业政策法规咨询、信息发布、职业指导和职业介绍、就业失业登记等免费服务，推进服务规范化和标准化，拓展服务功能。推进分类服务和管理，加快推行就业失业登记证实名制，尽快实现一人一证、全国通用。健全人力资源市场调查统计制度，建立全国就业信息监测制度，加强失业动态监测预警。完善就业援助政策，加大资金投入，完善税费减免、社会保险补贴、岗位补贴等办法，开发社区服务、养老服务、助残服务、交通协管、保洁、绿化等公益性岗位。加强公共就业服务网络建设，整合职业介绍和人才交流服务的公共资源，推动就业信息全国联网，提升就业创业和人才服务能力。

——职业技能培训。建立健全面向全体劳动者的职业培训制度，对城乡有就业要求和培训愿望的劳动者提供职业技能培训。对通过初次职业技能鉴定并取得职业资格证书或专项职业能力证书的，按规定给予一次性职业技能鉴定补贴。对未能升学的应届初高中毕业生等新成长劳动力普遍实行劳动预备制培训，给予培训费补贴，并对农村学员和城市家庭经济困难学员给予一定生活费补贴。加强职业技能培训经费统筹使用，提高效率和效益。加强职业技能培训能力建设，加大培训市场监管和资源整合力度，引导协调各类职业院校、培训机构有序开展职业技能培训，研究推进职业技能实训基地建设。

——劳动关系协调和劳动权益保护。全面推行劳动合同制度，着力提高小企业和农民工劳动合同签订率，扩大集体合同覆盖面。规范劳务派遣用工和企业裁员行为。全面推进实施劳动用工备案制度，加强对劳动用工的动态监管。健全企业薪酬调查和信息发布制度。完善企业工资决定机制和正常增长机制，积极稳妥推进工资集体协商工作。健全工资支付保障机制，完善最低工资和工资指导线制度，逐步提高最低工资标准。健全协调劳动关系三方机制，发挥政府、工会和企业作用。加强劳动保障监察执法力度，全面推进网格化、网络化管理，完善劳动案件办理协查制度。加强劳动人事争议调解仲裁服务体系建设，规范办案程序。建立健全重大集体劳动争议应急调处机制。

<h3 style="text-align:center">第二节　基本标准</h3>

加快建立健全劳动就业公共服务国家标准体系。依据国家劳动就业服务相关法律法规，为保障劳动就业公共服务的规模和质量、明确工作任务的事权与支出责任，制定"十二五"时期劳动就业公共服务国家基本标准。

劳动就业公共服务机构设施建设、设备配置、人员配备、服务规范等具体标准，由人力资源社会保障部依法会同有关部门及国家标准化行政管理部门制定实施。

加强劳动标准体系建设。适时修订完善工作时间、休息休假、女职工和未成年工特殊劳动保护等标准，加强劳动定额标准管理。

各省（区、市）应遵循实施国家基本标准，并可结合本地区实际情况适当提高标准。

<h3 style="text-align:center">"十二五"时期劳动就业公共服务国家基本标准</h3>

服务项目	服务对象	保障标准	支出责任	覆盖水平
就业服务和管理	有就业需求的劳动年龄人口	免费享有就业政策法规咨询、职业供求信息、市场工资指导价位信息和职业培训信息、职业指导和职业介绍、就业和失业登记等服务	地方政府负责，中央财政适当补助	目标人群覆盖率达到100%
创业服务	有创业需求的劳动年龄人口	免费享有创业咨询指导、创业培训、创业项目推介，获得创业小额担保贷款贴息地方政府负责，中央财政适当补助	为500万人次提供创业培训	
就业援助	零就业家庭和符合条件的就业困难人员	免费享有公益性岗位配置和政策指导、就业困难人员和零就业家庭认定、就业岗位即时服务、就业培训等，城镇有就业需求的家庭至少有一人就业	地方政府负责，中央财政适当补助	帮助500万就业困难人员就业和再就业，动态消除零就业家庭
职业技能培训和技能鉴定	失业人员、农村转移就业劳动力、残疾人、新成长劳动力	失业人员、农村转移就业劳动力、残疾人等享有职业技能培训补贴，符合条件的新成长劳动力享有6—12个月的补贴性劳动预备制培训；符合条件的人员享有职业技能鉴定补贴	地方政府负责，中央财政适当补助	为1亿人次提供各类职业技能培训，培训后就业率不低于60%；为7500万人次提供技能鉴定

续表

服务项目	服务对象	保障标准	支出责任	覆盖水平
劳动关系协调	存在劳动人事关系的就业人员	免费享有劳动用工备案信息查询、劳动关系政策咨询、集体协商促进等服务	地方政府负责	企业劳动合同签订率达到90%，集体合同签订率达到80%
劳动保障监察	存在劳动人事关系的就业人员	免费享有法律咨询和执法维权服务	地方政府负责	监察案件结案率达到95%以上
劳动人事争议调解仲裁	存在劳动人事关系的就业人员	免费享有劳动人事争议调解和仲裁服务	地方政府负责	劳动人事争议仲裁结案率达到90%；50%以上案件在基层调解组织解决

第三节 保障工程

按照整合、补缺、标准化的原则，因地制宜，统筹规划，加强就业、社会保险、劳动保障监察和调解仲裁等服务设施建设，形成覆盖城乡、功能齐全、布局合理、方便可及的就业服务网络，提高服务和管理的规范化、信息化、专业化水平。

——基层劳动就业和社会保障综合服务平台建设工程。全面加强县、乡两级服务设施（设备）建设，开展就业和职业技能培训、劳动关系协调、劳动保障监察和调解仲裁、人事人才、劳务输出等服务，提供社会保险参保登记、缴费、待遇核发、关系转移等经办服务。街道（乡镇）服务站、行政村（社区）服务窗口与其他公共服务设施共建共享。

——省、市（地）级人力资源市场建设工程。新建和改扩建一批省、市（地）级人力资源综合服务设施，改善综合就业和人力资源服务、劳动关系协调、劳动人事争议调解仲裁、劳动保障监察等服务的条件。

——就业失业动态监测和预警工程。建立健全覆盖全国的就业失业信息监测网络，完善就业信息统计和失业预警指标体系，开展就业需求预测，适时发布就业需求和失业预警信息。

第五章 社会保险

国家建立基本养老保险、基本医疗保险、工伤保险、失业保险、生育保险等社会保险制度，保障公民在年老、疾病、工伤、失业、生育等情况下依法从国家和社会获得物质帮助的权利。

"十二五"时期，政府提供如下社会保险服务：

◆ 职工享有职工基本养老保险，农村居民享有新型农村社会养老保险，城镇居民享有城镇居民社会养老保险；

◆ 职工享有职工基本医疗保险，农村居民享有新型农村合作医疗，城镇居民享有城镇居民基本医疗保险；

◆ 职工享有失业保险、工伤保险、生育保险。

第一节 重点任务

坚持广覆盖、保基本、多层次、可持续的方针，以增强公平性和适应流动性为重点，着力完善制度，扩大覆盖范围，逐步提高保障水平和统筹层次，建立健全覆盖城乡居民的社会保险体系。

——基本养老保险。以农民工、非公有制经济组织从业人员和灵活就业人员为重点，扩大职工基本养老保险覆盖面，将未参保集体企业退休人员全部纳入基本养老保险保障范围。推动机关事业单位养老保险制度改革。实现新型农村社会养老保险和城镇居民社会养老保险制度全覆盖，各地根据实际情况可以将两项制度合并实施。完善被征地农民基本生活保障制度，实行先保后征。实现基础养老金全国统筹，完善基本养老保险关系转移接续办法，逐步推进城乡养老保障制度有效衔接。建立健全与经济发展、工资增长和物价水平相适应的企业退休人员基本养老金正常调整机制，稳步提高新型农村社会养老保险和城镇居民社会养老保险基础养老金水平。

——基本医疗保险。扩大职工基本医疗保险制度覆盖范围，重点提高农民工、个体工商户和灵活就业人员参保率。巩固提高新型农村合作医疗参合率和城镇居民基本医疗保险参保率，逐步提高人均筹资标准和财政补助水平，鼓励有条件地区探索建立城乡统筹的居民基本医疗保险制度。全面推进基本医疗保险门诊统筹，将门诊常见病、多发病纳入保障范围，逐步提高门诊费用报销比例，基层医疗卫生机构门诊费用报销比例要明显高于医院。逐步提高医保基金最高支付限额和政策范围内住院费用报销比例，做好三项基本医疗保险待遇水平的衔接。提高儿童白血病、先天性心脏病等重大疾病医疗保障水平。探索建立重特大疾病保障机制，切实解决重特大疾病患者的因病致贫问题。完善基本医疗保险关系转移接续办法和医疗费用结算办法，全面实现统筹区域内和省内异地就医即时结算，逐步实现跨省异地就医结算。在确保基金安全和有效监管的前提下，鼓励以政府购买服务的方式，委托具有资质的商业保险机构经办各类医疗保障管理服务。

——工伤、失业和生育保险。健全预防、补偿、康复相结合的工伤保险制度，完善差别费率和浮动费率办法，适度提高待遇水平。将国有企业老工伤人员全部纳入工伤保险统筹管理。充分利用现有医疗和康复资源，加强工伤康复基地建设。完善失业保险制度，健全失业保险待遇正常调整机制，研究建立失业保险关系转移接续机制。完善生育保险制度，加强与基本医疗保险制度的衔接。以农民工、非公有制经济组织从业人员等为重点，扩大工伤、失业和生育保险覆盖面。积极探索建立农民意外伤害保障机制和覆盖城乡居民的生育保障机制。

第二节　基本标准

加快建立健全社会保险服务国家标准体系。依据国家社会保险相关法律法规，为实现社会保险制度覆盖全民，并保障参保人员待遇水平，明确工作任务的事权与支出责任，制定"十二五"时期社会保险服务国家基本标准。

社会保险服务机构设施建设、设备配置、人员配备、服务规范等具体标准，由人力资源社会保障部、卫生部依法会同有关部门及国家标准化行政管理部门制定实施。

各省（区、市）应遵循实施国家基本标准，并可结合本地区实际情况适当提高标准。

"十二五"时期社会保险服务国家基本标准

服务项目	服务对象	保障标准	支出责任	覆盖水平
基本养老保险				
职工基本养老保险	职工、无雇工的个体工商户、灵活就业人员	根据个人累计缴费年限、缴费工资、当地职工平均工资、个人账户金额、城镇人口平均预期寿命等因素确定基本养老金	用人单位缴纳一般不超过工资总额的20%，职工缴纳本人工资的8%，基金出现支付不足时由县级以上政府给予补贴	参保人数3亿人左右
新型农村社会养老保险	16周岁以上，未参加职工基本养老保险的农村居民	基础养老金不低于每人每月55元，并逐步提高标准	基础养老金由政府全额负担，个人缴费部分政府适当补贴	参保人数4.5亿人左右
城镇居民社会养老保险	年满16周岁（不含在校学生），不符合职工基本养老保险参保条件的城镇非从业居民	基础养老金不低于每人每月55元，并逐步提高标准	基础养老金由政府全额负担，个人缴费部分政府适当补贴	参保人数5000万人左右
基本医疗保险				
职工基本医疗保险	职工、无雇工的个体工商户、灵活就业人员	政策范围内住院费用支付比例达到75%左右，最高支付限额达到当地职工年平均工资的8倍左右	用人单位缴纳工资总额的6%左右，职工缴纳本人工资的2%，基金出现支付不足时由县级以上政府给予补贴	参保人数2.6亿人左右
新型农村合作医疗	农村居民政策范围内住院费用支付比例达到75%左右，最高支付限额达到当地农村居民年人均纯收入的8倍左右	个人和政府共同负担，各级财政的补助标准提高到年人均不低于360元，基金出现支付不足时由县级以上政府给予补贴	参合率稳定在90%以上	
城镇居民基本医疗保险	城镇非从业居民政策范围内住院费用支付比例达到75%左右，最高支付限额达到当地城镇居民人均可支配收入的8倍左右	个人和政府共同负担，各级财政的补助标准提高到年人均不低于360元，基金出现支付不足时由县级以上政府给予补贴	参保率稳定在90%以上	
失业、工伤和生育保险				

续表

服务项目	服务对象	保障标准	支出责任	覆盖水平
失业保险	职工	支付失业保险金、基本医疗保险费、丧葬补助金、抚恤金以及职业培训和职业介绍补贴等，失业保险金标准不低于城市居民最低生活保障标准	用人单位和职工按规定缴费，基金出现支付不足时由县级以上政府给予补贴	参保人数 1.6 亿人左右
工伤保险	职工	基金支付工伤医疗和康复、伤残、护理及工亡等待遇；用人单位支付停工留薪期的工资福利及护理待遇、5—6 级伤残津贴待遇及一次性伤残就业补助金等	个人不缴费，用人单位根据行业差别费率和行业内费率档次缴费，基金出现支付不足时由县级以上政府给予补贴	参保人数 2.1 亿人左右
生育保险	职工	基金支付生育医疗费用和生育津贴，生育津贴按职工所在用人单位上年度职工月平均工资计发	用人单位缴费，基金出现支付不足时由县级以上政府给予补贴	参保人数 1.5 亿人左右

第三节　保障工程

实施社会保险服务保障工程，改善服务设施条件，为城乡居民提供方便、快捷、高效的经办服务。

——省、市（地）级社会保障服务中心建设工程。新建和改扩建一批省、市（地）级社会保障服务设施，配置必要的设备，改善参保缴费、社会保险关系转移接续、待遇核发、社会保险档案管理、异地就医结算等经办服务条件。

——社会保障卡建设工程。逐步推行全国统一的社会保障卡，完成发放 8 亿张，覆盖 60% 以上人口，实现其在养老、医疗、工伤、失业、生育等社会保险的应用，并与就业服务、劳动关系、社会救助等信息共享。重点在国家、省、市（地）三级建设社会保障卡中心及其支持系统。

第六章　基本社会服务

国家建立基本社会服务制度，为城乡居民尤其是困难群体的基本生活提供物质帮助,保障老年人、残疾人、孤儿等特殊群体有尊严地生活和平等参与社会发展。

"十二五"时期,政府提供如下基本社会服务:

◆ 为城乡困难群体提供最低生活保障和专项救助;

◆ 为农村五保对象提供吃、穿、住、医、葬方面的生活照顾和物质帮助;

◆ 为自然灾害受灾人员提供救助;

◆ 为城市生活无着的流浪乞讨人员提供救助;

◆ 为残疾人、孤儿、精神病人等特殊群体提供福利服务;

◆ 为老年人提供基本养老服务;

◆ 为优抚安置对象提供优待抚恤和安置服务;

◆ 为城乡居民免费提供婚姻登记服务;

◆ 为身故者提供基本殡葬服务。

第一节　重点任务

着力健全以城乡最低生活保障制度为核心,以农村五保供养、自然灾害救助、医疗救助、流浪乞讨人员救助制度为主要内容,以临时救助制度为补充的社会救助体系。以扶老、助残、救孤、济困为重点,逐步拓展社会福利的保障范围,推动社会福利由补缺型向适度普惠型转变,逐步提高国民福利水平。加强优抚安置工作。

——社会救助。完善城乡最低生活保障制度,健全低保标准动态调整机制。采取多种措施提高老年人、残疾人、未成年人和重病患者的保障水平。建立低收入家庭认定体系,健全收入核查制度。加强城乡低保与最低工资、失业保险和扶贫开发等政策的衔接。将专项救助逐步延伸至低保边缘家庭,重点解决其医疗、教育、住房等方面的困难。加强医疗救助与基本医疗保险制度的衔接,逐步实行诊疗费用即时救助,降低医疗救助起付线,有条件的地方可以取消医疗救助起付线。健全自然灾害监测预警、评估调查、信息发布、应急救援和应急物资储备体系,完善救助技术标准和补助项目。完善临时救助制度。加强城市生活无着的流浪乞讨人员救助管理，加大流浪未成年人保护力度。

——社会福利。建立健全孤儿保障体系，合理确定孤儿养育标准，建立自然增长机制。拓展孤儿安置渠道，鼓励家庭养育。扩大福利机构收养能力。加强贫困和重度精神疾病患者收养和治疗服务。推动婚姻登记标准化和全国信息联网，推行婚姻免费登记。有条件的地方可向城乡基本生活困难家庭发放基本殡葬服务补贴，提供遗体运送、火化和绿色安葬等服务。加快实施免费地名公共服务。依托社区综合服务平台，为社区居民提供公益便民利民社区服务。

——基本养老服务。适应人口老龄化趋势，有条件的地方可发放高龄老年人生活补贴和家庭经济困难的老年人养老服务补贴。将符合条件的农村老人全部纳入农村五保供养范围，实行分散供养与集中供养相结合，适度提高供养标准。建立健全养老服务体系，鼓励居家养老，拓展社区养老服务功能，增强公益性养老服务机构服务能力，鼓励通过公建民营、民办公助等方式引导社会资本参与养老服务机构建设和管理运行。

——优抚安置。全面落实优抚对象各项优待政策，确保军人的抚恤优待与经济和社会发展相适应。实施残疾军人辅具改造。改善优抚设施条件，健全孤老优抚对象和重残退役军人集中供养制度。落实退役士兵安置改革各项政策，组织引导符合条件的退役士兵免费参加职业教育和技能培训。

第二节　基本标准

加快建立健全基本社会服务国家标准体系。依据国家基本社会服务相关法律法规，为保障基本社会服务的规模和质量，明确工作任务的事权与支出责任，制定"十二五"时期基本社会服务国家基本标准。

各类基本社会服务机构资质认定、设施建设、设备配置、人员配备、服务规范以及服务对象资格认定等具体标准，由民政部依法会同有关部门及国家标准化行政管理部门制定实施。

各省（区、市）应遵循实施国家基本标准，并可结合本地区实际情况适当提高标准。

"十二五"时期基本社会服务国家基本标准

服务项目	服务对象	保障标准	支出责任	覆盖水平
社会救助				
最低生活保障	家庭人均收入低于当地最低生活保障标准的城乡居民	保障标准按照能维持当地居民基本生活所必需的吃饭、穿衣、用水用电等费用确定,年均增长按国家"十二五"规划纲要确定的目标实施	地方政府负责,中央财政对困难地区适当补助	目标人群覆盖率100%
自然灾害救助	因自然灾害致使基本生活困难的人员	灾后12小时内基本生活得到初步救助	中央和地方政府共同负责	目标人群覆盖率100%
医疗救助	最低生活保障家庭、五保户以及低收入重病患者、重度残疾人、低收入家庭老年人等特殊困难群体	医疗救助起付线逐步降低或取消,政策范围内住院自负费用救助比例原则上不低于50%	地方政府负责,中央财政对困难地区适当补助	目标人群覆盖率100%
流浪乞讨人员生活救助	城市生活无着的流浪乞讨人员	免费享有临时基本食物、住处、急病救治、返乡及安置服务	县级以上政府负责目标人群覆盖率100%,城区均设有标准的救助机构	
流浪未成年人救助保护	流浪未成年人	免费享有生活照料、教育和职业培训、医疗救治、行为矫治、心理辅导、权益保护、返乡及安置等服务	县级以上政府负责	目标人群覆盖率100%,城区均设有标准的救助机构
社会福利				
孤儿养育保障	失去父母、查找不到生父母的未成年人	孤儿基本生活最低养育标准由各地按不低于当地平均生活水平的原则合理确定,机构养育标准高于散居养育标准	地方政府负责,中央财政按照一定标准给予补助	目标人群覆盖率100%,新增孤儿养育床位20万张
农村五保供养	无劳动能力、无生活来源又无法定赡养、抚养、扶养义务人,或者法定赡养、抚养、扶养义务人无赡养、抚养、扶养能力的老年、残疾或者未满16周岁的村民	不低于当地村民的平均生活水平,并根据当地村民平均生活水平的提高适时调整,由地方政府确定地方政府负责,中央财政对困难地区适当补助	目标人群覆盖率100%,集中供养能力达到50%以上	
殡葬补贴	推行火葬地区不保留骨灰者和低收入家庭身故者的家庭	不保留骨灰者骨灰撒海等服务免费;有条件的地方为低收入家庭身故者遗体运送、火化以及安葬等提供补贴	地方政府负责	使火化率提高到50%

续表

服务项目	服务对象	保障标准	支出责任	覆盖水平
基本养老服务				
基本养老服务补贴	家庭经济困难且生活难以自理的失能半失能65岁及以上城乡居民	有条件的地方根据老年人身体状况和家庭收入情况评估，确定补贴标准	地方政府负责	目标人群覆盖率50%以上
优抚安置				
优待抚恤	享受国家抚恤补助的优抚人员	不低于当地平均生活水平	中央和地方政府分级负担	目标人群覆盖率100%
重点优抚对象集中供养	孤老和生活不能自理的抚恤优待对象	不低于当地平均生活水平	中央和地方政府共同负责	目标人群覆盖率100%
退役军人安置	退役军人	自主就业的，在领取退役金后，享受扶持就业优惠政策；其他分别采取安排工作、退休、供养等方式予以安置	中央和地方政府共同负责	目标人群覆盖率100%

第三节　保障工程

按照应保尽保、应助尽助的要求，实施一批基本社会服务保障工程，提升基本社会服务水平。

——低收入家庭认定体系建设工程。结合建立收入信息监测系统，指导地方通过资源整合，加强低收入家庭收入核定工作机构及能力建设，逐步建立居民家庭经济状况核对信息系统。

——综合防灾减灾工程。重点推进国家自然灾害四级应急救助指挥系统、救灾物资储备库及综合应急避难场所等建设，加强社区减灾工作，开展防灾减灾专业人员特别是灾害信息员和志愿者队伍培训。

——孤残儿童保障服务工程。推进儿童福利机构建设，配备必要的专业救治和康复设施，培养培训2万名具有资质的孤残儿童护理员。拓展流浪未成年人保护设施功能，发挥庇护救助作用。

——养老服务体系建设工程。充分利用现有资源，加快专业化的老年养护机构和社区日间照料中心建设。增加养老床位300多万张，每千名老年人拥有养老床位数达到30张。支持有需求的失能老年人实行家庭无障碍设施改造。培养培训具有资质的专业养老服务人员。

第七章　基本医疗卫生

国家建立基本医疗卫生制度，为城乡居民提供安全、有效、方便、价廉的基本医疗卫生服务，切实保障人民群众身体健康。

"十二五"时期，政府提供如下基本医疗卫生服务：

◆ 为城乡居民免费提供居民健康档案、健康教育、预防接种、传染病防治、儿童保健、孕产妇保健、老年人保健、高血压等慢性病管理、重性精神疾病管理、卫生监督协管等国家基本公共卫生服务；

◆ 实施国家免疫规划，艾滋病和结核病、血吸虫病等重大传染病防治，农村妇女住院分娩补助、适龄妇女宫颈癌乳腺癌检查等重大公共卫生项目；

◆ 实施国家基本药物制度，基本药物全部纳入基本医疗保障药物报销目录，并实行零差率销售；

◆ 为公众安全用药提供保障，确保药品质量和安全。

第一节　重点任务

按照人人享有基本医疗卫生服务的目标要求，加快建立健全公共卫生服务体系、城乡医疗服务体系、药品供应和安全保障体系，提高基本医疗卫生服务的公平性、可及性和质量水平。

——公共卫生服务。全面实施国家基本公共卫生服务项目，逐步提高人均基本公共卫生服务经费标准。实施国民健康行动计划，根据经济社会发展水平和疾病防治工作需要，逐步增加重大公共卫生服务项目。完善重大疾病防控、计划生育、妇幼保健等专业公共卫生服务网络，提高对严重威胁人民健康的传染病、慢性病、地方病、职业病和出生缺陷等疾病的监测、预防和控制能力。完善卫生监督体系，建立食品安全标准及风险评估、监测预警、应急处置体系和饮用水卫生监督监测体系。依托县级医院实施农村院前急救网络建设。加强突发公共事件紧急医学救援能力和突发公共卫生事件监测预警、应急处理能力建设。积极发展中医预防保健服务。

——医疗服务。完善区域卫生规划。按照"大病不出县"、"小病不出社区"的要求，加强以县级医院为龙头、乡镇卫生院和村卫生室为基础的农村三级医疗卫生服务网络建设，健全以社区卫生服务为基础，社区卫生服务机构、医院和预防保健机构分工协作的城市医疗卫生服务体系。扩大城乡医院对口支援力度，推行乡村卫生服务一体化管理。加快建立分级诊疗、双向转诊和全科医生首诊制度。巩固和完善国家基本药物制度，推进基层医疗卫生机构综合改革，建立多渠道补偿机制，完善人事分配制度、考核和激励机制。积极推动公立医院改革，完善医院管理体制、法人治理机制、补偿机制和医疗机构分类管理制度。加强医疗服务监管，制定实施鼓励医疗卫生人才到基层服务的政策措施。推动形成多元化办医格局。统筹利用中西医卫生资源，加强中医（民族医）医疗服务机构能力建设，提高综合医院和专科医院中西医结合的服务能力。

——药品供应和安全保障。建立和完善以国家基本药物制度为基础的药品供应保障体系。政府办基层医疗卫生机构集中采购、统一配送、全部配备使用和零差率销售基本药物，逐步将村卫生室纳入基本药物制度实施范围，鼓励在非政府办基层医疗卫生机构实施基本药物制度，推动其他医疗机构优先使用基本药物。完善基本药物价格形成机制和调整机制，动态调整基本药物目录。鼓励提供与使用中医药。完善基本药物报销办法，逐步提高实际报销水平。全面提高国家药品标准，建立健全基本药物质量评价标准。完善药品检验检测体系，实行国家基本药物全品种覆盖抽验和全品种电子监管，提升对基本药物从生产到流通全过程追溯的能力。健全药品安全应急体系，强化快速通报和快速反应机制，完善药品不良反应监测和发布制度。

第二节　基本标准

加快建立健全基本医疗卫生服务国家标准体系。依据国家医疗卫生领域相关法律法规，为保障基本医疗卫生服务的规模和质量，明确工作任务的事权与支出责任，促进城乡区域基本医疗卫生服务均衡发展，制定"十二五"时期基本医疗卫生服务国家基本标准。

　　医疗卫生机构设施建设、设备配置、人员配备、服务规范和药品生产流通等具体标准，由卫生部、食品药品监管局、中医药局依法会同有关部门及国家标准化行政管理部门制定实施。

　　各省（区、市）应遵循实施国家基本标准，并可结合本地区实际情况适当提高标准。

"十二五"时期基本医疗卫生服务国家基本标准

服务项目	服务对象	保障标准	支出责任	覆盖水平
社会救助				
最低生活保障	家庭人均收入低于当地最低生活保障标准的城乡居民	保障标准按照能维持当地居民基本生活所必需的吃饭、穿衣、用水用电等费用确定，年均增长按国家"十二五"规划纲要确定的目标实施	地方政府负责，中央财政对困难地区适当补助	目标人群覆盖率100%
自然灾害救助	因自然灾害致使基本生活困难的人员	灾后12小时内基本生活得到初步救助	中央和地方政府共同负责	目标人群覆盖率100%
医疗救助	最低生活保障家庭、五保户以及低收入重病患者、重度残疾人、低收入家庭老年人等特殊困难群体	医疗救助起付线逐步降低或取消，政策范围内住院自负费用救助比例原则上不低于50%	地方政府负责，中央财政对困难地区适当补助	目标人群覆盖率100%
流浪乞讨人员生活救助	城市生活无着的流浪乞讨人员	免费享有临时基本食物、住处、急病救治、返乡及安置服务	县级以上政府负责	目标人群覆盖率100%，城区均设有标准的救助机构
流浪未成年人救助保护	流浪未成年人	免费享有生活照料、教育和职业培训、医疗救治、行为矫治、心理辅导、权益保护、返乡及安置等服务	县级以上政府负责目标人群覆盖率100%，城区均设有标准的救助机构	
社会福利				
孤儿养育保障	失去父母、查找不到生父母的未成年人	孤儿基本生活最低养育标准由各地按不低于当地平均生活水平的原则合理确定，机构养育标准高于散居养育标准	地方政府负责，中央财政按照一定标准给予补助	目标人群覆盖率100%，新增孤儿养育床位20万张

续表

服务项目	服务对象	保障标准	支出责任	覆盖水平
农村五保供养	无劳动能力、无生活来源又无法定赡养、抚养、扶养义务人，或者法定赡养、抚养、扶养义务人无赡养、抚养、扶养能力的老年、残疾或者未满 16 周岁的村民	不低于当地村民的平均生活水平，并根据当地村民平均生活水平的提高适时调整，由地方政府确定	地方政府负责，中央财政对困难地区适当补助	目标人群覆盖率 100%，集中供养能力达到 50%以上
殡葬补贴	推行火葬地区不保留骨灰者和低收入家庭身故者的家庭	不保留骨灰者骨灰撒海等服务免费；有条件的地方为低收入家庭身故者遗体运送、火化以及安葬等提供补贴地方政府负责	使火化率提高到 50%	
基本养老服务				
基本养老服务补贴	家庭经济困难且生活难以自理的失能半失能 65 岁及以上城乡居民	有条件的地方根据老年人身体状况和家庭收入情况评估，确定补贴标准地方政府负责目标人群覆盖率 50%以上		
优抚安置				
优待抚恤	享受国家抚恤补助的优抚人员	不低于当地平均生活水平	中央和地方政府分级负担	目标人群覆盖率 100%
重点优抚对象集中供养	孤老和生活不能自理的抚恤优待对象	不低于当地平均生活水平	中央和地方政府共同负责	目标人群覆盖率 100%
退役军人安置	退役军人	自主就业的，在领取退役金后，享受扶持就业优惠政策；其他分别采取安排工作、退休、供养等方式予以安置	中央和地方政府共同负责	目标人群覆盖率 100%

第三节　保障工程

实施一批基本医疗卫生服务保障工程，改善基础设施条件，健全服务网络，同步完善医疗卫生机构管理运行机制，为基本医疗卫生服务供给提供有力支撑。

——公共卫生服务体系建设工程。重点改善卫生监督、精神卫生、农村应急救治、食品安全等专业卫生服务机构基础设施条件，提高公共卫生服务和应急救治处置能力。

——医疗服务体系建设工程。推进基层医疗卫生机构标准化建设，提高县级医院（含中医医院）服务能力，加强省级妇儿专科医院、边远地区市（地）级综合医院、县级中医医院建设，使每个地级市都至少有一所综合医院达到三级医院水平，每个县（市、区）都至少有一所医院达到二级甲等医院水平。

——全科医生培养计划。加强以全科医生为重点的基层医疗卫生队伍建设，以三级综合医院和有条件的二级医院为临床培养基地，以社区卫生服务中心和专业公共卫生服务机构为实践基地，建设全科医生培养实训网络，通过转岗培训和规范化培训等多种途径培养15万名全科医生。

——医药卫生信息化建设工程。推进基层医疗卫生信息化建设。建设三级医院与县级医院远程医疗系统，加强公立医院信息化建设。

——药品安全保障基础设施建设工程。改善省、市（地）两级药品检验机构实验室条件，重点提升检验检测、认证检查和不良反应监测等药品安全技术支撑能力。

第八章　人口和计划生育

国家建立人口和计划生育基本服务制度，为城乡居民提供计划生育、优生优育、生殖健康以及人口和计划生育信息等服务。

"十二五"时期，政府提供如下人口和计划生育基本服务：

◆ 为育龄人群免费提供避孕药具和避孕、节育技术服务；

◆ 为符合条件的育龄夫妇免费提供再生育技术服务；

◆ 为城乡居民免费提供计划生育、优生优育、生殖健康等科普宣传教育和咨询服务；

◆ 为符合条件的计划生育家庭提供奖励扶助。

第一节　重点任务

坚持计划生育基本国策，以计划生育服务和计划生育利益导向为重点，完善人口和计划生育服务体系，保障城乡育龄人群身心健康，促进人口长期均衡发展。

——计划生育服务。创新人口和计划生育服务理念和模式。增强基层服务机构服务能力，依法拓展服务范围，加大流动服务、上门服务工作力度。加强流动人口计划生育服务管理，建立流动人口现居住地计划生育技术服务保障机制。进一步落实计划生育技术服务项目免费制度，完善避孕药具发放等的服务管理办法。推进出生缺陷一级预防工作，实行孕前优生健康检查，将免费孕前优生健康检查试点覆盖到全国 31 个省（区、市）。加强出生人口性别比偏高综合治理，广泛宣传男女平等观念，制定实施有利于女孩健康成长和妇女发展的社会经济政策，在扶贫济困、慈善救助、贴息贷款、就业安排、项目扶持中对计划生育女儿户予以倾斜。探索建立计划生育公益金制度。推进人口和计划生育信息化建设。加强人口和计划生育科普知识宣传。

——计划生育奖励扶助。继续实施和完善农村部分计划生育家庭奖励扶助制度、"少生快富"工程和计划生育特别扶助三项制度，扩大范围并建立动态调整机制。完善独生子女父母奖励制度，探索建立独生子女父母老年扶助制度和长效节育奖励制度。

第二节　基本标准

加快建立健全人口和计划生育基本服务国家标准体系。依据国家人口和计划生育相关法律法规，为保障服务提供的规模和质量，明确工作任务的事权与支出责任，制定"十二五"时期人口和计划生育基本服务国家基本标准。

计划生育服务机构设施建设、设备配置、人员配备、服务规范等具体标准，由人口计生委依法会同有关部门及国家标准化行政管理部门制定实施。

各省（区、市）应遵循实施国家基本标准，并可结合本地区实际情况适当提高标准。

"十二五"时期人口和计划生育基本服务国家基本标准

服务项目	服务对象	保障标准	支出责任	覆盖水平
计划生育服务				
技术指导咨询	育龄人群	免费获取避孕药具,免费享有查环查孕经常性服务、术后随访服务及计划生育、优生优育、生殖健康科普、教育、咨询服务	免费避孕药具支出由中央财政全额负担,其他服务由地方政府负责,中央财政适当补助	本地常住人口目标人群覆盖率100%,流动人口目标人群覆盖率达到85%
临床医疗服务	育龄夫妇	免费享有避孕和节育的医学检查、计划生育手术、计划生育手术并发症和计划生育药具不良反应的诊断、治疗	地方政府负责,中央财政适当补助	避孕节育免费服务目标人群覆盖率100%
再生育技术服务	符合条件的育龄夫妇	免费享有再生育相关的医学检查、输卵(精)管复通手术	地方政府负责,中央财政适当补助	目标人群覆盖率100%
宣传服务	城乡居民	免费获取计划生育、优生优育、生殖健康等宣传品	地方政府负责,中央财政适当补助	家庭覆盖率达到90%
计划生育奖励扶助				
独生子女父母奖励	实行计划生育、子女未满18周岁的夫妇	奖励费每对夫妇每年不少于120元	中央、地方、企事业单位共同负担目标人群覆盖率80%以上	
农村部分计划生育家庭奖励扶助	年满60周岁、只生育一个子女或两个女孩的农村计划生育家庭夫妇	奖励扶助金夫妇每人年均不低于960元	中央和地方财政按比例共同负担	目标人群覆盖率95%以上
"少生快富"	特定农牧区可生三个孩子而自愿少生一个或两个孩子,并已落实安全适宜长效节育措施的夫妇	一次性奖励每对夫妇不少于3000元中央财政负担80%,地方财政负担20%	覆盖内蒙古、海南、四川、云南、甘肃、青海、宁夏、新疆和新疆生产建设兵团所有目标人群	
计划生育家庭特别扶助	符合条件的死亡或伤残独生子女父母及节育手术并发症三级以上人员	根据不同情况,给予每人每月不低于135元、110元的扶助金;给予节育手术并发症一级、二级、三级人员适当补助	中央和地方财政按比例共同负担目标人群覆盖率90%以上	

第三节　保障工程

——实施人口和计划生育服务体系建设工程。改造部分市(地)级、县级和乡（镇）中心站基础设施，更新、增配必要的计划生育流动服务车和相关设备，提高信息化水平，使每个县和中心乡镇都有一个符合国家标准的人口和计划生育服务机构。开展人口和计划生育队伍职业化、专业化建设。

第九章　基本住房保障

国家建立基本住房保障制度，维护公民居住权利，逐步满足城乡居民基本住房需求，实现住有所居。

"十二五"时期，政府提供如下基本住房保障服务：

◆ 为城镇低收入住房困难家庭提供廉租住房或租赁补贴；

◆ 为城镇中等偏下收入住房困难家庭、新就业无房职工和城镇稳定就业的外来务工人员提供公共租赁住房；

◆ 为符合条件的棚户区居民实施住房改造；

◆ 为农村困难家庭危房改造提供补助。

第一节　重点任务

加大保障性安居工程建设力度，增加保障性住房供应，加快解决城镇居民基本住房问题和农村困难群众住房安全问题，建立健全基本住房保障制度。

——廉租住房和公共租赁住房。保障性住房实行分散配建和集中建设相结合。集中建设保障性住房，要优先安排在交通便利、基础设施齐全、公共事业完备、就业方便的区域。健全廉租住房保障方式，实行实物配租和租赁补贴相结合。多渠道筹集廉租住房房源。完善租赁补贴制度，通过发放租赁补贴增强低收入家庭在市场上承租住房的能力。重点发展公共租赁住房，逐步使其成为保障性住房的主体，并逐步实现与廉租住房统筹建设、并轨运行。面向有一定支付能力的城镇中低收入住房困难家庭，适当发展经济适用住房和限价商品住房。

——棚户区改造。全面推进城市和国有工矿棚户区、中央下放地方煤矿棚户区、国有林区棚户区和国有林场危旧房、国有垦区危房改造。稳步推进非成片棚户区、零星危旧房改造。逐步开展基础设施简陋、建筑密度大、集中连片的城镇旧住宅区综合整治，稳步实施"城中村"改造，改善基础设施条件，完善居住功能。

——农村危房改造。继续推进农村危房改造，合理确定补助对象和标准，优先帮助住房最危险、经济最贫困农户解决住房安全问题。落实建设基本要求，强化工程质量安全管理，完善档案管理和产权登记，推动农村基本住房安全保障制度建设。推进游牧民定居工程建设，提高建设质量和规范化水平。

——保障性住房管理。加快基本住房保障立法工作，做好廉租住房、公共租赁住房和经济适用住房等各类保障性住房的政策衔接。鼓励各地依法建立保障性住房投资机构。研究建立全国性和区域性个人住房贷款担保体系，支持中低收入家庭改善住房条件。建立健全多部门联动的收入（财产）和住房情况动态监管机制，制定公平合理、公开透明的保障性住房配租政策和监管程序，严格规范准入、退出管理和租费标准。加强棚户区改造项目管理，推进市政基础设施和公共服务设施配套建设。实施能力建设工程，建立健全保障性住房管理服务机构，提升住房保障管理人员素质，加强规范化管理。建立全国住房保障基础信息管理平台，促进全国住房保障业务系统互联互通。

第二节　基本标准

加快建立健全基本住房保障服务国家标准体系。依据基本住房保障有关政策规定，为保证保障性住房的供给规模和质量，明确工作任务的事权与支出责任，制定"十二五"时期基本住房保障服务国家基本标准。

基本住房保障对象的家庭收入（财产）标准、住房困难标准、租金标准和保障面积标准，由市（地）、县级政府在国家标准框架内结合当地实际确定，并实行年度动态管理。

基本住房保障管理服务机构的设施建设、设备配置、人员配备、服务规范等具体标准，由住房城乡建设部依法会同有关部门及国家标准化行政管理部门制定实施。

"十二五"时期基本住房保障服务国家基本标准

服务项目	服务对象	保障标准	支出责任	覆盖水平
廉租住房	城镇低收入住房困难家庭	享有实物配租的，人均住房建筑面积13m² 左右，套型建筑面积50m²以内，租金标准由市、县政府确定；享有租赁补贴的，租赁补贴标准由市、县政府根据当地经济发展水平、市场平均租金、家庭经济承受能力等因素确定	市、县政府负责，省级政府给予资金支持，中央给予资金补助	增加廉租住房不低于400万套，新增发放租赁补贴不低于150万户
公共租赁住房	城镇中等偏下收入住房困难家庭、新就业无房职工、城镇稳定就业的外来务工人员	单套建筑面积以40m2 左右的小户型为主，租金水平由市、县政府根据市场租金水平和供应对象的支付能力等因素确定	市、县政府负责，引导社会资金投入，省级政府给予资金支持，中央给予资金补助	增加公共租赁住房不低于1000万套
棚户区改造	符合条件的棚户区居民	实物安置和货币补偿相结合，具体标准由市、县政府确定（有国家标准的，执行国家标准）	政府给予适当补助，企业安排一定的资金，住户承担一部分住房改善费用	改造棚户区居民住房不低于1000万户
农村危房改造	居住在危房中的农村分散供养五保户、低保户、贫困残疾人家庭和其他贫困户	每户建筑面积一般控制在40—60m²，户均中央补助不低于6000元，地方补助标准自行确定	省级政府负总责，中央财政安排补助资金、省级财政给予资金支持、个人自筹等相结合	改造农村危房800万户以上
游牧民定居	未定居的游牧民	每户建筑面积不低于60m²（考虑家庭平均人口差异，内蒙古自治区户均50m²），户均中央补助3万元、户均地方配套1.6万元省级政府负总责，中央财政安排补助资金、地方财政给予资金支持、个人自筹相结合		基本完成24.6万户游牧民的定居任务

第三节　保障政策

进一步完善土地、财税、金融等政策体系，建立稳定投入机制，加大财政资金、住房公积金贷款、银行贷款的支持力度，引导社会力量参与保障性安居工程建设和运营。

——土地政策。在土地利用年度计划中要根据保障性安居工程建设需要，单独列出，做到应保尽保。依法收回的闲置土地、具备净地出让条件的储备土地和农用地转用计划指标，应优先保证保障性住房用地。

——财税政策。加大财政投入力度，完善财政投入方式。土地出让收

益用于保障性住房建设和棚户区改造的比例不低于10％。地方政府债券
优先用于保障性安居工程建设。住房公积金增值收益在提取贷款风险准备
金和管理费用后，全部用于廉租住房和公共租赁住房建设。对保障性安居
工程建设和运营给予税费优惠。其中，对廉租住房、公共租赁住房、经济
适用住房及棚户区安置住房，免收各种行政事业性收费和政府性基金。

——金融政策。支持保险资金、信托资金、房地产信托投资基金等投
资保障性安居工程建设和运营。支持符合条件的地方政府融资平台公司和
其他企业发行企业（公司）债券、上市公司债券，多渠道筹集建设资金。
鼓励商业银行按照风险可控的原则，发放公共租赁住房等保障性住房中长
期贷款。支持符合条件的省级政府以及计划单列市、省会城市、地级市政
府融资平台公司进行廉租住房、公共租赁住房和棚户区改造融资。

——价格政策。依据经济社会发展水平、保障对象的承受能力以及建
设成本等因素，合理制定、调整保障性住房价格或租金标准。

第十章 公共文化体育

国家建立公共文化体育服务制度，保障人民群众看电视、听广播、读
书看报、进行公共文化鉴赏、参加大众文化活动和体育健身等权益。

"十二五"时期，政府提供如下公共文化体育服务：

◆ 向全民免费开放基层公共文化体育设施，逐步扩大公共图书馆、
文化馆（站）、博物馆、美术馆、纪念馆、科技馆、工人文化宫、青少年
宫等免费开放范围；

◆ 为全民免费提供基本的广播电视服务和突发事件应急广播服务；

◆ 为农村居民免费提供文化信息资源共享、电影放映、送书送报送
戏等公益性文化服务；

◆ 加强文化遗产保护和综合利用；

◆ 为城乡居民参加全民健身活动提供免费指导服务。

第一节 重点任务

围绕建设社会主义核心价值体系和满足城乡居民精神文化需求的要
求，坚持公益性、基本性、均等性、便利性，建立健全公共文化服务体

系，扩大公共文化产品和服务的供给。推进全民健身公共服务体系建设。

——公益性文化。继续实施文化惠民工程，以农村基层和中西部地区为重点，加快公共文化基础设施建设。推进建立公共电子阅览室和未成年人公益性上网场所。促进城乡基层公共文化服务资源的共建共享。逐步实现公共文化场馆向全社会免费开放。推动文化科技卫生"三下乡"、"送欢乐下基层"等活动制度化，充分发挥流动文化服务车、流动电影放映车作用。广泛开展社区文化、村镇文化、校园文化、家庭文化等群众性文化活动，积极开展面向农民工和残疾人等群体的公益性文化服务。完善公益性演出补贴制度。加大对地方特色和民族特色文化的支持力度。加大文化和自然遗产、非物质文化遗产保护力度，逐步提高面向公众开放、展示的水平。

——广播影视。加强农村基层广播电视和无线发射台站建设，全面解决 20 户以下已通电自然村"盲村"广播电视覆盖。加强直播卫星平台建设，在有线网络未通达、无线网络不能覆盖的农村地区开展直播卫星公共服务。提高少数民族语言广播影视节目译制、制作、播出及传播覆盖能力。继续推进农村电影数字放映，将观看爱国主义教育影片纳入中小学教育教学计划。鼓励电影企业深入城乡社区、厂矿等开展公益放映活动。积极推进国家应急广播体系建设。加强地面数字电视建设，逐步完成地面模拟信号向数字信号的转换，不断提高无线广播电视公共服务的质量和水平。

——新闻出版。广泛开展全民阅读活动，逐步扩大基本免费或低收费阅读服务范围。继续加强农家书屋和城乡阅报栏（屏）建设，合理规划布局建设农村和中小城市出版发行网点。推进公益性数字出版产品免费下载、阅读和使用。大力扶持少数民族出版物的翻译和出版，积极开展少数民族文字书报刊赠送活动。

——群众体育。加强基层公共体育设施建设。大力推动公共体育设施向社会开放，健全学校等企事业单位体育设施向公众开放的管理制度。全面实施全民健身计划，健全基层全民健身组织服务体系，扶持社区体育俱乐部、青少年体育俱乐部和体育健身站（点）等建设，发展壮大社会体育指导员队伍，大力开展全民健身志愿服务活动。积极推广广播体操、工间操以及其他科学有效的全民健身方法，广泛开展形式多样、面向大众的群众性体育活动。建立国家、省、市三级体质测定与运动健身指导站，普及科学健身知识，指导群众科学健身。推动落实国家体育锻炼标准，加强学生体质监测，制定残疾人体质测定标准，定期开展国民体质监测。

第二节　基本标准

加快建立健全公共文化体育服务国家标准体系。依据国家文化体育相关法律法规，为保障服务的供给规模和质量，明确工作任务的事权与支出责任，促进城乡均衡发展，制定"十二五"时期公共文化体育服务国家基本标准。

各类公共文化体育设施布局、场馆建设、设备配置、人员配备、服务规范等具体标准，由文化部、广电总局、新闻出版总署、文物局和体育总局依法会同有关部门及国家标准化行政管理部门制定实施。

各省（区、市）应遵循实施国家基本标准，并可结合本地区实际情况适当提高标准。

"十二五"时期公共文化体育服务国家基本标准

服务项目	服务对象	保障标准	支出责任	覆盖水平
公益性文化服务				
公共文化场馆开放	城乡居民	公共空间设施和基本服务项目免费，全年开放时间不少于10个月	中央和地方财政按比例共同负担	除文物建筑及遗址类博物馆外，各级文化文物部门归口管理的公共文化场馆全面向社会开放
公益性流动文化服务	城乡居民	免费享有影视放映、文艺演出、图片展览、图书销售和借阅、科技宣传为一体的流动文化服务；每个乡镇每年送4场地方戏曲；每学期中小学生观看两部爱国主义教育影片	地方政府负责，中央财政适当补助	基本建立灵活机动、方便群众的公益性流动文化服务网络，保障公益性演出场次
广播影视				

服务项目	服务对象	保障标准	支出责任	覆盖水平
农村广播电视	农村居民为主	无偿提供中央第一套广播节目、中央第一套和第七套电视节目及本省第一套广播电视节目等4套以上广播和电视节目服务，逐步增加节目套数和提高播放质量	中央和地方政府共同负责	基本实现所有通电行政村和自然村村村和户户通广播电视
农村电影放映	农村居民	行政村一村一月放映一场电影，每场财政补贴200元	中央和地方财政按比例共同负担	每年放映780万场公益电影
少数民族语言广播影视	主要少数民族地区居民	通过有线、无线或卫星等方式能够收听收看到本民族语言广播影视节目	中央和地方政府共同负责	覆盖藏、维、蒙、哈、朝、壮、傣等主要少数民族地区
应急广播	城乡居民	在突发公共事件发生前后及时获得政令、信息等服务	中央和地方政府共同负责	在全国范围内基本实现分层次、分类型、全方位立体覆盖

新闻出版

服务项目	服务对象	保障标准	支出责任	覆盖水平
公共阅读服务	城乡居民	农村行政村建立农家书屋，图书不少于1500册，报刊20—30种，电子音像制品不少于100种（张），并及时更新；城市和乡镇主要街道、大专院校、居民小区等人流密集地点设公共阅报栏（屏），及时提供各类新闻和服务信息	中央和地方财政按比例共同负担	基本实现行政村村村有农家书屋，新增城乡公共阅报栏（屏）10万个，国民综合阅读率达到80%
民文出版译制	有文字的少数民族	可以获得本民族语言文字出版的、价格适宜的常用书刊、电子音像制品，政府给予出版物资助	中央和地方政府共同负责	每年选择不少于800种优秀国内外书刊、电子音像制品翻译成少数民族语言文字
盲文出版	盲人	可以获得价格适宜的盲文出版物，政府给予出版物资助	中央和地方政府共同负责	年生产盲文书刊1600种、70万册

文化遗产展示

服务项目	服务对象	保障标准	支出责任	覆盖水平
文化遗产展示门票减免	未成年人、老年人、现役军人、残疾人和低收入人群	减免参观文物建筑及遗址类博物馆的门票	中央和地方财政分别负担	目标人群覆盖率100%

续表

服务项目	服务对象	保障标准	支出责任	覆盖水平
群众体育				
体育场馆开放	城乡居民	有条件的公办体育设施（含学校体育设施）向公众开放，免费项目或有关收费标准由地方政府制定；开放时间与当地公众的工作时间、学习时间适当错开，不少于省（区·市）规定的最低时限，全民健身日免费开放，国家法定节假日和学校寒暑假期间，应当适当延长开放时间	地方政府负责，中央财政适当补助	可供使用的公共体育场地（含学校体育场地）占全国体育场地总数的比率达到53%左右
全民健身服务	城乡居民	免费享有健身技能指导、参加健身活动、获取科学健身知识等服务；免费提供公园、绿地等公共场所全民健身器材	地方政府负责，中央财政适当补助	经常参加体育锻炼人数比率达到32%以上

第三节　保障工程

实施公共文化体育服务保障工程，健全服务网络，着力改善基层文化体育设施条件，有效提升公共文化体育服务能力。

——公共文化服务体系建设工程。继续推进广播电视村村通、文化信息资源共享、国家数字图书馆推广工程、公共电子阅览室建设计划、农村数字电影放映、农家书屋、西藏新疆等边疆民族地区广播电视覆盖工程和边疆地区少数民族新闻出版工作，实施地面数字电视覆盖和直播卫星广播电视公共服务建设，新建、改扩建一批市（地）级公共图书馆、文化馆、博物馆。

——传播体系建设工程。重点加强媒体传播能力、民族文字出版和民族语言广播、文化传播渠道、国家应急广播体系建设。

——文化和自然遗产保护工程。重点支持国家重大文化和自然遗产地、全国重点文物保护单位、大遗址、中国历史文化名城名镇名村保护设施建设，推进非物质文化遗产保护利用设施建设试点。做好历史档案和文化典籍保护整理工作。

——体育基本公共服务建设工程。重点支持县级公共体育场建设，加快建设一批面向群众、贴近基层的中小型全民健身中心和灯光球场，充分利用城市绿地、广场、公园等公共场所和适宜的自然区域建设全民健身活动设施。继续实施农民体育健身工程，改善农村公共体育设施条件。

第十一章　残疾人基本公共服务

国家为残疾人提供适合其特殊需求的基本公共服务，营造残疾人平等参与的社会环境，为残疾人生活和发展提供稳定的制度性保障。

"十二五"时期，政府提供如下残疾人基本公共服务：

◆ 为符合条件的贫困残疾人参加社会保险按规定给予补贴；

◆ 为0—6岁残疾儿童免费提供抢救性康复；

◆ 为适龄残疾儿童、少年免费提供义务教育，并针对残疾学生的特殊需要适当提高补助水平；

◆ 为残疾人免费提供就业服务和就业援助；

◆ 为残疾人提供盲人阅读、聋人手语及影视字幕、特殊艺术、自强健身等公共文化体育服务；

◆ 为残疾人提供无障碍环境。

第一节　重点任务

按照平等、参与、共享的原则，以重度残疾人、农村残疾人和残疾儿童为重点，优先发展社会急需、受益面广、效益好的残疾人基本公共服务，增强供给能力，健全残疾人社会保障体系和服务体系。

——残疾人社会保障。落实和完善贫困残疾人参加社会保险保费补贴政策，提高残疾人社会保险参保率和待遇水平。逐步将符合规定的残疾人医疗康复项目纳入基本医疗保险支付范围，逐步增加工伤保险职业康复项目。着力解决好重度残疾、一户多残、老残一体等特殊困难家庭的基本生活保障问题，做好低收入残疾人家庭生活救助。有条件的地方实施贫困残疾人生活补助和重度残疾人护理补贴制度。构建辅助器具适配体系，有条件的地方对重度残疾人适配基本型辅助器具给予补贴。

——残疾人基本服务。建立健全以专业康复和托养服务机构为骨干、社区为基础、家庭为依托的社会化残疾人康复、托养服务体系。加强残疾人服务设施建设，继续实施"阳光家园"计划，实施国家重点康复工程，建立残疾儿童抢救性康复救助制度。完善残疾学生助学政策，保障残疾学生和残疾人家庭子女免费接受义务教育，逐步实行残疾学生高中阶段免费教育，推进特殊教育学校标准化建设。加大残疾人就业促进和保护力度，开展多层次残疾人职业技能培训，为农村残疾人提供实用技术培训，落实残疾人按比例就业、安置残疾人单位税收优惠、残疾人个体就业扶持等政策。公共就业服务机构和残疾人就业服务机构免费为残疾人提供有针对性的职业介绍、职业指导等就业服务。将住房困难的城乡低收入残疾人家庭优先纳入基本住房保障制度。加强针对盲人和聋人特殊需求的公共文化服务，实行公共文化体育设施对残疾人优惠开放，扩大盲人读物出版规模。加快无障碍建设和改造，推进公共设施设备和信息交流无障碍，有条件的地方为有需求的贫困残疾人家庭无障碍改造提供补助。建立健全残疾预防体系。

第二节　基本标准

加快建立健全残疾人基本公共服务国家标准体系。依据国家残疾人事业相关法律法规，为保障残疾人基本公共服务的规模和质量，明确工作任务的事权与支出责任，缩小残疾人生活状况与社会平均水平的差距，制定"十二五"时期残疾人基本公共服务国家基本标准。

"十二五"时期残疾人基本公共服务国家基本标准

服务项目	服务对象	保障标准	支出责任	覆盖水平
残疾人社会保障				
社会保险保费补贴	重度和贫困残疾人	参加城镇居民基本医疗保险、新型农村合作医疗、新型农村社会养老保险和城镇居民社会养老保险按规定享受政府社会保险费补贴	中央和地方财政共同负担	目标人群覆盖率100%

续表

服务项目	服务对象	保障标准	支出责任	覆盖水平
基本医疗保障医疗康复项目	参保残疾人	运动疗法、偏瘫肢体综合训练、脑瘫肢体综合训练、截瘫肢体综合训练、作业疗法、认知知觉功能康复训练、言语训练、吞咽功能障碍训练、日常生活能力评定等医疗康复项目纳入基本医疗保险范围	基本医疗保险基金支出	目标人群覆盖率100%
残疾人基本服务				
义务教育阶段特殊教育	适龄残疾儿童、少年	在"两免一补"基础上，针对残疾学生特殊需要，进一步提高补助水平；大中城市不能到校上学的残疾儿童、少年接受送教上门服务	中央和地方财政共同负担	学龄残疾儿童少年接受义务教育比率达到90%
残疾人教育资助	家庭经济困难的残疾儿童、青少年	义务教育、学前教育和高中阶段教育寄宿生享受生活费用和特殊学习用品、教育训练补助；高中阶段教育学费、杂费、课本费免费	中央和地方财政共同负担	义务教育和高中阶段教育资助目标人群覆盖率100%，为5.14万人次贫困残疾儿童提供学前教育训练费和生活补助
残疾儿童抢救性康复	0—6岁残疾儿童	对接受手术、辅具配置和康复训练等服务提供资助	中央和地方财政共同负担	覆盖93万人（次）左右目标人群
残疾人就业服务	城乡有就业愿望的残疾人	免费在公共就业服务机构和基层劳动就业社会保障公共服务平台享有职业介绍、职业指导等就业服务；对就业困难残疾人提供就业援助；免费在残疾人就业服务机构享有就业信息发布、残疾人职业培训等服务	地方政府负责，中央财政适当补助	实现城镇残疾人新增就业100万，为100万农村贫困残疾人提供实用技术培训
残疾人文化服务	残疾人	能够收看到有字幕和手语的电视节目，在公共图书馆得到盲文和有声读物等阅读服务	中央和地方财政共同负担	各级公共图书馆设立盲人阅览室，配置盲文图书及有关阅读设备；省市两级电视台普遍开办手语节目；影视剧和电视节目加配字幕
残疾人体育健身服务	残疾人	免费享有体育健身指导服务	中央和地方财政共同负担	建立1200个残疾人体育健身示范点，经常参加体育健身的残疾人比率达到15%以上

第三节 保障工程

针对残疾人基本公共服务的特殊性和专业性，实施残疾人基本公共服务保障工程，提升残疾人基本公共服务能力。

——残疾人康复和托养设施建设工程。建设一批残疾人康复设施，配备相应的设备和专业人员，全面开展康复医疗、功能训练、辅助器具适配、心理辅导、康复转介、残疾预防、知识普及和咨询等康复服务；支持一批示范性专业托养机构建设，实施"阳光家园"计划，增强托养服务能力。

——特殊教育学校建设工程。改扩建和新建一批特殊教育学校，添置必要的教学、生活和康复训练设施，使每个地级市和人口 30 万以上、残疾儿童少年较多的县（市、区）都至少有 1 所按国家标准建设的特殊教育学校。

第十二章 促进城乡、区域基本公共服务均等化

按照推进基本公共服务均等化和实施主体功能区规划、国家区域发展战略的要求，逐步建立城乡一体化的基本公共服务制度，健全促进区域基本公共服务均等化的体制机制，促进公共服务资源在城乡、区域之间均衡配置，缩小基本公共服务水平差距。

第一节 促进城乡基本公共服务均等化

——加强城乡基本公共服务规划一体化。涉及公共服务的各类规划，要贯彻区域覆盖、制度统筹的原则要求，以服务半径、服务人口为基本依据，打破城乡界限，统筹空间布局，制定实施城乡统一的基本公共服务设施配置和建设标准。

——推进城乡基本公共服务制度衔接。以制度统一为切入点，抓紧制定和实施统筹城乡基本公共服务制度的工作目标和阶段任务。鼓励各地开展统筹城乡基本公共服务制度改革试点，有条件的可率先把农村居民纳入城镇基本公共服务保障范围；暂不具备条件的，要注重缩小城乡服务水平差距，预留制度对接空间。

——加大农村基本公共服务支持力度。进一步加大公共资源向农村倾

斜力度，新增预算内固定资产投资要优先投向农村基本公共服务项目。制定并推行各类机构服务项目及其规范标准，提高农村基层公共服务人员专业化水平。鼓励和引导城市优质公共服务资源向农村延伸，包括充分利用信息技术和流动服务等手段，促进农村共享城市优质公共服务资源。

——以输入地政府管理为主，加快建立农民工等流动人口基本公共服务制度，逐步实现基本公共服务由户籍人口向常住人口扩展。结合户籍管理制度改革和完善农村土地管理制度，逐步将基本公共服务领域各项法律法规和政策与户口性质相脱离，保障符合条件的外来人口与本地居民平等享有基本公共服务。积极探索多种有效方式，对符合条件的农民工及其子女，分阶段、有重点地纳入居住地基本公共服务保障范围。

第二节　促进区域基本公共服务均等化

——推进落实主体功能区基本公共服务政策。对优化开发区域和重点开发区域，要根据工业化、城镇化需要，加强基本公共服务能力建设，使基本公共服务设施布局、供给规模与人口分布、环境交通相适应。对限制开发和禁止开发区域，要加大财政转移支付力度和财政投入，保障不因经济开发活动受限制而影响基本公共服务水平的提高。

——加大困难地区基本公共服务支持力度。加大对贫困地区、革命老区、民族地区、边疆地区和集中连片特殊困难地区的基本公共服务财政投入和公共资源配置力度，政府基本公共服务投资项目优先向这些地区倾斜。鼓励发达地区采用定向援助、对口支援和对口帮扶等多种形式，支持这些地区发展基本公共服务，并形成长效机制。

——建立健全区域基本公共服务均等化协调机制。加强国务院各部门与省级政府间的磋商协调，保持区域间基本公共服务范围和标准基本一致，推动相关制度和规则衔接，做好投资、财税、产业、土地和人口等政策的配套协调。健全地方政府为主、统一与分级相结合的公共服务管理体制，着力加强省级政府推进省域内基本公共服务均等化的统筹职能。适应区域一体化发展要求，完善现有各类区域协调机制，强化其促进区域内基本公共服务协作、资源共享、制度对接作用。鼓励和倡导长三角、珠三角等发达地区率先实现基本公共服务一体化。

第十三章 增强公共财政保障能力

建立与经济发展和政府财力增长相适应的基本公共服务财政支出增长机制，切实增强各级财政特别是县级财政提供基本公共服务的保障能力。

第一节 明确政府间事权和支出责任

——综合考虑法律规定、受益范围、成本效率、基层优先等因素，合理界定中央政府与地方政府的基本公共服务事权和支出责任，并逐步通过法律形式予以明确。中央政府主要负责制定国家基本公共服务标准和政策法规，提供涉及中央事权的基本公共服务，协调跨省（区、市）的基本公共服务问题，以及对各省级政府提供的基本公共服务进行监督、考核与问责。按照国家统一制度框架，省级政府主要负责制定本地区基本公共服务标准和地方政策法规，提供涉及地方事权的基本公共服务，以及对市级和县级政府提供的基本公共服务进行监督、考核与问责。市级和县级政府具体负责本地基本公共服务的提供以及对基本公共服务机构的监管。

——逐步将适合更高一级政府承担的事权和支出责任上移，增加中央和省级政府在基本公共服务领域的事权和支出责任。强化省级政府在教育、就业、社会保险、社会服务、医疗卫生等领域基本公共服务的支出责任。

第二节 完善转移支付制度

——科学设置、合理搭配一般性转移支付和专项转移支付。在明确划分各级政府基本公共服务事权和支出责任的基础上，逐步做到属于地方政府事务，其自有收入不能满足支出需求的，中央财政原则上通过一般性转移支付给予补助；属于中央委托事务，中央财政通过专项转移支付足额安排资金；属于中央地方共同事务，明确各自支出的分担比例。

——完善转移支付办法。增加一般性转移支付特别是均衡性转移支付规模和比例，加大对中西部地区转移支付力度，优先弥补禁止开发区和限制开发区的收支缺口。规范专项转移支付，充分发挥专项转移支付资金促进基本公共服务均等化的积极作用。

——加快完善省以下转移支付制度。充分发挥省级财政转移支付有效调节省内基本公共服务财力差距的功能。已实施省直管县财政改革的地区，省级政府要根据本地区实际情况，加大对县级政府的转移支付力度。没有实施省直管县财政改革的地区，省、市级政府要采取多种方式，增加对县级政府的转移支付。

第三节　健全财力保障机制

——完善公共财政预算，优化财政支出结构。各级政府要优先安排预算用于基本公共服务，并确保增长幅度与财力的增长相匹配、同基本公共服务需求相适应，推进实施按照地区常住人口安排基本公共服务支出。加快构建以政府为主导、充分体现社会公平的再分配调节机制。

——拓宽基本公共服务资金来源。继续安排中央资金，支持贫困地区和薄弱环节提高基本公共服务能力，地方各级政府特别是省级政府要安排相应资金。充分利用国际金融组织贷款等有效融资形式，拓宽政府筹资渠道，增加基本公共服务基础设施投入。加大国有资本经营预算用于基本公共服务的支出比重。扩大全国社会保障基金规模。

——提高县级财政保障基本公共服务能力。中央财政制定县级基本公共服务财力保障范围和保障标准，并根据相关政策和因素变化情况动态调整。省、市级财政要按照本行政区划内基本公共服务均等化的要求，逐步提高县级财政在省以下财力分配中的比重，帮助困难县（市、区）弥补基本财力缺口。县级政府要强化自我约束，科学统筹财力，规范预算管理。中央财政要完善县级财政保障基本公共服务的激励约束机制，根据基层工作实绩实施奖励。

第十四章　创新供给模式

在坚持政府负责的前提下，充分发挥市场机制作用，推动基本公共服务提供主体和提供方式多元化，加快建立政府主导、社会参与、公办民办并举的基本公共服务供给模式。

第一节　建立多元供给机制

——在政府实施有效监管、机构严格自律、社会加强监督的基础上，扩大基本公共服务面向社会资本开放的领域。各地区、各部门在制定规划和配置公共服务资源时，要给非公立机构留有合理空间，特别是配置新增资源时要统筹考虑由社会资本举办服务机构和提供服务。鼓励和引导社会资本参与基本公共服务设施建设和运营管理。公平开放基本公共服务准入，大力发展民办幼儿园和职业培训机构，鼓励和引导社会资本举办医疗机构和参与公立医院改制，推动社会资本兴办养（托）老服务和残疾人康复、托养服务等机构以及建设博物馆、体育场馆等文体设施。

——在实践证明有效的领域积极推行政府购买、特许经营、合同委托、服务外包、土地出让协议配建等提供基本公共服务的方式，抓紧研究制定分领域、分行业具体政策，包括规范准入标准、资质认定、登记审批、招投标、服务监管、奖励惩罚及退出等操作规则和管理办法。提供基本公共服务的民办机构，在设立条件、资质认定、职业资格与职称评定、税收政策和政府购买服务等方面，与事业单位享有平等待遇。

——充分发挥公共投入引导和调控作用，合理利用政府补贴供给方和补贴需求方的调节手段，探索财政资金对非公立基本公共服务机构的扶持，并积极采取财政直接补贴需求方的方式，增加公民享受服务的选择权和灵活性，促进基本公共服务机构公平竞争。

——提升社区基本公共服务能力，构建以社区为基础的城乡基层社会管理和公共服务平台。实施社区服务体系建设工程，以居民需求为导向，加强基层公共服务资源整合，因地制宜建设社区综合公共服务设施，行政办公、就业和社会保障、卫生计生、文化体育、科普宣传等设施加大共建共享力度。在外出就业较为集中的农村地区，要重点解决好留守家属的关爱服务，充分利用布局调整后闲置资源用于开展托老、托幼等服务。加快建设社会工作专业人才队伍，并建立专业人员引领志愿者服务的机制。

——提高基本公共服务信息化水平。积极构建国家数字化教学资源库和公共教育服务平台，加强就业、社会保险、基本社会服务、医疗卫生、人口和计划生育、保障性住房、文化体育等信息系统建设，促进信息资源整合共享。积极利用信息技术提高公共服务机构管理效率，创新服务模式和服务业态。

——逐步有序扩大基本公共服务领域对外开放，鼓励采用合资、合作等多种形式开展高水平的国际合作办医、养老以及文化体育等交流，鼓励中外合作办学。

第二节　分类推进事业单位改革

——按照政事分开、事企分开和管办分离的要求，分类推进事业单位改革。对提供公共服务的事业单位，要强化公益属性，改革和完善政府投入方式，加强监督管理。承担义务教育、公共文化、公共卫生及基层的基本医疗服务等基本公益性服务，不能或不宜由市场配置资源的事业单位，划入公益一类；承担非营利医疗等公益服务，可部分由市场配置资源的事业单位，划入公益二类。

——探索管办分离的有效实现形式，完善法人治理结构，使事业单位真正转变为独立的事业单位法人和公共服务提供主体。积极推进体制改革，完善运行机制，配套推进机构编制、国有资产管理、人事管理、收入分配、社会保险改革。

第三节　鼓励社会力量参与

——强化社会公众对基本公共服务供给决策及运营的知情权、参与权和监督权，健全基本公共服务需求表达机制和反馈机制，增加决策透明度。

——发挥各类社会组织在基本公共服务需求表达、服务供给与监督评价等方面的作用，把适合由社会承担的基本公共服务事项，以购买服务等方式交由社会组织承担。

——大力发展志愿服务，完善志愿服务管理制度和服务方式，促进志愿服务经常化、制度化和规范化，推动志愿服务与政府服务优势互补、有机融合。

——积极发展慈善事业，增强全社会慈善意识，积极培育慈善组织，完善慈善捐赠的法律法规和税收减免政策，充分发挥慈善在基本公共服务提供和筹资等方面的作用。

第十五章　规划实施

本规划确定的目标和任务，是政府对人民群众的承诺，要切实加强组织领导和统筹协调，建立健全规划实施机制，全力确保完成。

第一节　明确责任分工

本规划确定的各项指标和任务，要分解落实到国务院各有关部门和各省级人民政府。国务院各有关部门要按照职责分工，抓紧制定行业基本公共服务的具体标准，切实做好相关专项规划与本规划的衔接，并明确工作责任和进度。各省级人民政府要在国务院有关部门指导下，结合本地区实际，编制实施省级基本公共服务专项规划或行动计划，以国家基本标准为依据制定本地基本公共服务标准体系，并加强对市县级政府的绩效评价和监督问责。要建立高层次综合协调机制，协调解决规划实施中跨地区跨部门跨行业的重大问题。

各级政府要加大财力统筹，特别是中央财政和省级财政要合理确定与下级财政基本公共服务支出的分担比例，保证本规划确定的各项基本公共服务目标任务及保障工程的投入，保证本级财政承担的投入分年、足额落实到位。严格规范财政转移支付管理和使用，确保资金按时足额拨付。

第二节　加强监督问责

发展改革委要加强对规划实施情况的跟踪分析，以开展全国基本公共服务水平综合评价为重要手段，制定评价指标体系和评价方案，牵头组织开展中期评估和终期评估，并向国务院提交评估报告，以适当方式向社会公布。

国务院各有关部门和各省级人民政府要开展本行业和本地区的基本公共服务水平监测评价，注意研究新情况，解决新问题。要自觉接受同级人大、政协和人民群众的监督。积极开展基本公共服务社会满意度调查。鼓励多方参与评估，积极引入第三方评估。

完善基本公共服务问责机制，增加基本公共服务绩效考核在政府和干部政绩考核中的权重。健全基本公共服务预算公开机制，增强预算透明度。切实加强对建设工程和专项拨款使用绩效的审计、监管。建立基本公共服务设施建设质量追溯制度，对学校、医院、福利机构、保障性住房等建筑质量实行终身负责制。

3.《上海市实有人口服务和管理若干规定》（沪府令 86 号）

《上海市实有人口服务和管理若干规定》上海市人民政府令第 86 号

《上海市实有人口服务和管理若干规定》已经 2012 年 9 月 10 日市政府第 152 次常务会议通过，现予公布，自 2012 年 11 月 1 日起施行。

第一章　总则

第一条（目的和依据）

为了规范本市实有人口服务和管理，维护社会管理秩序，促进经济和社会发展，根据有关法律、法规的规定，结合本市实际，制定本规定。

第二条（适用范围）

本规定适用于本市行政区域内实有人口的服务和管理。

本规定所称实有人口，是指在本市居住的本市户籍人员、外省（自治区、直辖市）户籍人员（以下称来沪人员）。

第三条（服务和管理机制）

本市实有人口服务和管理实行市级综合协调、区级综合管理、社区具体实施的体制。

市和区（县）人民政府设立人口综合服务和管理领导小组，负责协调、指导、督促有关部门开展实有人口服务和管理工作。人口综合服务和管理领导小组办公室设在市和区（县）公安部门，负责实有人口服务和管理工作的具体实施。

发展改革、公安、人力资源社会保障、住房保障房屋管理、人口计划生育、经济信息化、卫生、教育、税务、民政、工商行政管理等部门按照各自职责，做好实有人口服务和管理的相关工作。

第四条（信息系统建设）

本市建立实有人口服务和管理信息系统。公安、人力资源社会保障、住房保障房屋管理、人口计划生育、卫生、教育、税务、民政、工商行政管理等部门按照各自职责负责相关信息的录入和更新，实现信息共享。

第五条（社区综合协管队伍）

社区综合协管队伍由乡（镇）人民政府、街道办事处负责组建，由公安派出所负责日常管理，并接受住房保障房屋管理、人口计划生育等部门的业务指导和培训。社区综合协管员根据公安、住房保障房屋管理等部门的要求，开展实有人口信息采集等工作。

乡（镇）人民政府、街道办事处也可以根据本辖区实有人口服务和管理工作需要，探索由政府购买服务、公益性社会组织具体实施的工作方式。

第二章　实有人口信息采集

第六条（信息采集制度）

本市实行实有人口信息采集制度。

实有人口信息包括实有人口的身份信息和居住信息。

第七条（信息采集的方式）

实有人口信息采集工作，采用社区综合协管员上门询问、当场填报的方式进行，社区综合协管员应当按照规范格式的信息采集表逐项填写，做到不重不漏、准确无误。

社区综合协管员上门采集信息时，必须佩戴统一制发的工作证件。

第八条（信息采集的宣传）

乡（镇）人民政府、街道办事处应当做好本辖区实有人口信息采集工作的宣传，指导和规范社区综合协管员开展信息采集工作，并将社区综合协管员的姓名、照片、证件号码、服务范围等信息在其服务区域内公示。

第九条（被采集人的权利和义务）

本市相关单位和个人应当配合社区综合协管员执行信息采集任务，如实提供相关信息。

对未经公示、未按照规定佩戴工作证件的人员，相关单位和个人有权拒绝提供信息。

第三章　居住证件相关服务和管理

第十条（居住证件办理）

来沪人员应当按照国家和本市有关规定，持有效身份证明等到现居住地的社区事务受理中心办理居住登记，领取《上海市临时居住证》；符合本市有关规定条件的，可以申领《上海市居住证》。

《上海市居住证》的办理及使用，按照《上海市居住证暂行规定》等有关规定执行。

第十一条（证照办理服务）

持有《上海市临时居住证》的来沪人员，可以在本市办理下列事务：

（一）申领机动车驾驶证、办理机动车和非机动车登记；

（二）办理港澳商务签注、边境通行证件；

（三）申请出具在沪无犯罪记录证明。

第十二条（计划生育服务）

持有《上海市临时居住证》的来沪人员，可以在本市免费享受下列计划生育服务：

（一）参加有关人口与计划生育法律知识和生殖健康知识普及活动；

（二）接受孕前优生咨询和婴幼儿早期启蒙教育咨询指导；

（三）按照国家和本市有关规定获得避孕药具，接受避孕节育检查和手术、终止妊娠手术以及计划生育手术并发症诊治等国家规定基本项目的计划生育技术服务。

第十三条（公共卫生服务）

持有《上海市临时居住证》的来沪人员，可以在本市享受下列公共卫生服务：

（一）在指定医疗机构接受实行限价收费的产前检查、住院分娩服务；

（二）同住的未成年子女接受儿童预防接种、计划免疫等传染病防治服务。

第十四条（子女教育服务）

持有《上海市临时居住证》的来沪人员，其同住的适龄子女需要在本市接受义务教育的，可以按照本市有关规定到现居住地所在区（县）教育行政部门申请就读，由区（县）教育行政部门统筹解决。

第十五条（持有《上海市居住证》人员的待遇）

持有《上海市居住证》的来沪人员，可以按照国家和本市有关规定享受子女就读、计划生育、公共卫生、社会保险、证照办理、科技申报、资格评定、考试和鉴定、相关荣誉称号评选等公共服务方面的待遇和便利。

第十六条（部门和机构的义务）

各政府部门和办理社会公共事务的机构应当通过政府网站、公告栏、服务窗口等主动告知来沪人员可以享受的服务和待遇，为来沪人员提供相关服务和便利，不得无故推诿、拖延。

各政府部门和办理社会公共事务的机构在为来沪人员提供服务时，可以查验其《上海市临时居住证》或者《上海市居住证》（以下统称居住证件）。对无居住证件或者居住证件失效的来沪人员，应当督促其及时依法办理。

第十七条（单位的义务）

本市相关单位有下列行为之一的，应当登记来沪人员的姓名以及身份证件和居住证件的种类、号码：

（一）用人单位聘用来沪人员的；

（二）职业中介服务机构为来沪人员提供职业介绍服务的；

（三）商品交易市场、超市的经营管理者为来沪人员提供设立摊位服务的。

按照本市规定由用人单位申办《上海市居住证》的，用人单位应当登记来沪人员的姓名和身份证件的种类、号码以及居住信息。

来沪人员应当根据单位的要求，出示身份证件、居住证件或者其他相关证明。

第十八条（台账备查制度）

按照本规定第十七条规定登记来沪人员信息的单位，应当建立专门台帐，存档备查，在相关部门和执法人员依法开展信息查询、调取和监督检查等工作时予以配合。

第十九条（登记义务的告知）

公安、人力资源社会保障、工商行政管理等部门在日常管理工作中，应当督促相关单位履行登记来沪人员信息的义务。

第二十条（本市户籍人员居住证件管理）

本市户籍人员居住证件的相关服务和管理，按照国家和本市的有关规定执行。

第四章 居住房屋租赁信息管理

第二十一条（居住房屋租赁信息备案）

居住房屋租赁当事人应当持有效身份证件、房地产权利证明和租赁合同等有关材料，到房屋所在地的社区事务受理中心办理居住房屋租赁信息备案。

居住房屋出租人应当依法办理纳税申报。

第二十二条（出租人的义务）

居住房屋出租人在订立租赁合同时，应当查验承租人及同住人的身份证件，并登记承租人的姓名、身份证件的种类和号码。

居住房屋出租人不得将房屋出租给无身份证件的人居住。

租赁期间，出租人应当按照租赁合同的约定，定期查看承租人使用房屋的情况，发现承租人利用租赁房屋从事违法犯罪活动的，应当及时报告公安等有关部门。

第二十三条（房地产中介服务机构的义务）

房地产中介服务机构从事居住房屋中介业务时，应当登记出租人和承租人的姓名、身份证件的种类和号码。

第二十四条（举报奖励）

本市鼓励对出租人不依法申报纳税的行为进行举报。经调查属实的，由税务部门按照规定给予举报人奖励。

第五章 法律责任

第二十五条（保密义务和违法责任）

有关单位和个人对在实有人口服务和管理中知悉的信息，应当予以保密。

任何单位和个人不得泄露或者违法查询、使用实有人口信息。出售或者非法提供相关信息构成犯罪的，依法追究刑事责任。

第二十六条（执法人员的违法责任）

执法人员有玩忽职守、滥用职权、徇私舞弊、索贿受贿等情形的，由其所在单位或者上级主管部门给予行政处分。构成犯罪的，依法追究刑事责任。

第二十七条（对违反单位登记信息规定的处罚）

用人单位、职业中介服务机构、市场和超市的经营管理者以及房地产中介服务机构违反本规定第十七条、第十八条、第二十三条规定，不按规定登记相关信息的，由公安部门责令改正，处200元以上1000元以下罚款或者警告。

第二十八条（对违反房屋租赁信息管理规定的处罚）

居住房屋出租人违反本规定第二十二条第一款、第二款规定，不按照规定登记承租人姓名、身份证件种类和号码的，或者将房屋出租给无身份证件的人居住的，由公安部门按照《中华人民共和国治安管理处罚法》第五十七条第一款规定予以处罚。

居住房屋出租人违反本规定第二十二条第三款规定，明知承租人利用出租房屋进行犯罪活动，不向公安部门报告的，由公安部门按照《中华人民共和国治安管理处罚法》第五十七条第二款规定予以处罚。

第六章　附则

第二十九条（境外人员的其他规定）

对在本市居住的外国人、无国籍人和香港、澳门特别行政区居民以及台湾居民的信息采集、居住房屋租赁信息管理，可参照本规定执行。

第三十条（施行日期）

本规定自2012年11月1日起施行。

4．上海市房屋租赁管理办法

上海市居住房屋租赁管理办法（2014）全文

第一条（目的和依据）

为了加强本市居住房屋租赁管理，规范居住房屋租赁行为，保护居住房屋租赁当事人的合法权益，促进居住房屋租赁市场的健康发展，根据《中华人民共和国合同法》、《中华人民共和国城市房地产管理法》、《上海市房屋租赁条例》和其他有关法律、法规，结合本市实际，制定本办法。

第二条（适用范围）

本办法适用于本市行政区域内的居住房屋租赁及其相关监督管理活动。

第三条（定义）

本办法所称的居住房屋租赁，是指出租人将居住房屋交付承租人居住使用，并由承租人按照双方协商确定的租金标准支付租金的行为。

第四条（原则）

居住房屋租赁应当遵循平等、自愿、合法和诚实信用的原则。

本市鼓励和支持居住房屋租赁当事人建立长期、稳定的房屋租赁关系。

第五条（管理部门）

市房屋行政管理部门是本市居住房屋租赁的行政主管部门。区、县房屋行政管理部门负责本辖区内居住房屋租赁的具体监督管理工作，业务上受市房屋行政管理部门领导。

公安部门负责居住房屋租赁的治安管理、消防管理和居住房屋租赁当事人的居住登记。

工商行政、卫生、质量技监、食品药品监督、文广影视等行政管理部门负责查处利用租赁居住房屋进行无证无照经营的行为。

本市税务、民政、人口计生、建设、规划等行政管理部门按照各自职责，协同实施本办法。

第六条（属地管理）

区、县人民政府应当将居住房屋租赁管理纳入社区综合管理的范围。乡、镇人民政府或者街道办事处应当负责协调和处理辖区内居住房屋租赁事务和纠纷，承担居住房屋租赁合同（以下简称租赁合同）登记备案工作。

居民委员会或者村民委员会应当协助做好居住房屋租赁管理工作，督促居住房屋租赁当事人遵守国家和本市有关居住房屋租赁管理的规定。

第七条（租赁当事人）

居住房屋的出租人应当是依法取得房地产权证或者其他合法权属证明的房屋所有权人，以及法律、法规规定的其他权利人。

居住房屋的承租人可以是境内外的自然人、法人或者其他组织，但法律、法规另有规定的，从其规定。

出租人不得向不能提供身份证件的自然人、不能提供营业执照或者其他批准文件的法人和其他组织出租居住房屋。

第八条（禁止出租房屋的情形）

出租的居住房屋及其附属设施应当符合消防、治安、防灾、卫生等方面的标准和要求，并具备供水、供电等必要的生活条件。

有下列情形之一的居住房屋，不得出租：

（一）属于违法建筑的；

（二）被鉴定为危险房屋的；

（三）违反规定，改变房屋使用性质的；

（四）法律、法规、规章规定不得出租的其他情形。

第九条（最小出租单位）

出租居住房屋，应当以一间原始设计为居住空间的房间为最小出租单位，不得分隔搭建后出租，不得按照床位出租。

原始设计为厨房、卫生间、阳台和地下储藏室等其他空间的，不得出租供人员居住。

第十条（最低人均承租面积和居住人数限制）

出租居住房屋，每个房间的居住人数不得超过2人（有法定赡养、抚养、扶养义务关系的除外），且居住使用人的人均居住面积不得低于 5 平方米。

前款所称居住面积，是指原始设计为居住空间的房间的使用面积。

第十一条（集中出租管理）

集中出租房屋供他人居住，出租房间达到 10 间以上或者出租房屋居住使用人达到 15 人以上的，出租人应当建立管理制度，明确管理人员，落实安全管理职责，建立信息登记簿或者登记系统，并将相关登记信息报送公安部门备案。

居住物业管理区域内的居住房屋，不得出租用作单位的集体宿舍。

第十二条（租赁合同）

居住房屋租赁，租赁当事人应当依法订立书面租赁合同。租赁合同包括下列主要内容：

（一）租赁当事人（包括居住使用人）的姓名、住所、有效身份证件的种类及号码；

（二）房屋坐落、面积、结构、附属设施和设备状况；

（三）租赁用途；

（四）房屋交付日期；

（五）租赁期限和续租；

（六）租金标准、支付方式和期限；

（七）物业服务费及水、电、煤、通讯等公用事业费的承担；

（八）房屋使用要求和维修责任；

（九）房屋返还时的状态；

（十）违约责任和争议解决方式；

（十一）租赁当事人约定的其他内容。

市房屋行政管理部门和市工商行政管理部门应当制定租赁合同示范文本，并在政府网站上公开。

第十三条（登记备案）

租赁合同订立后 30 日内，租赁当事人应当到租赁房屋所在地社区事务受理服务中心办理租赁合同登记备案，但通过房地产经纪机构订立租赁合同的，由房地产经纪机构代为办理租赁合同登记备案。

租赁合同登记备案内容发生变化、续租或者租赁关系终止的，租赁当事人应当在30日内，到原登记备案部门办理租赁合同登记备案的变更、延续或者注销手续。

第十四条（租赁信息系统）

市房屋行政管理部门应当推进建设租赁合同登记备案信息系统，实行网上登记备案，并纳入房地产市场信息系统。

第十五条（租金）

居住房屋租赁的租金标准，由租赁当事人在租赁合同中约定。承租人应当根据租赁合同约定，按时支付租金。

居住房屋租赁期限为1年或者1年以下的，租赁当事人应当在租赁合同中一次性约定租金标准；租赁期限为1年以上的，每年只能调整一次租金标准。但租赁合同中对租金标准调整另有约定的，从其约定。

租赁合同期间，出租人不得单方面提高租金标准。

出租人根据承租人的要求装修房屋或者增设附属设施、设备的，双方可以协商调整租金标准。

第十六条（租赁保证金）

出租人可以按照租赁合同约定的数额，向承租人收取租赁保证金；未约定数额的，租赁保证金不得超过2个月的租金。

第十七条（转租）

承租人可以按照租赁合同的约定转租房屋；未约定的，承租人转租房屋应当事先征得出租人的书面同意。

居住房屋转租应当符合本办法第八条、第九条、第十条的规定。

转租人违反本条第一款、第二款规定的，出租人可以解除租赁合同，收回房屋并要求赔偿损失。

居住房屋转租的，应当按照本办法第十二条、第十三条的规定订立租赁合同，并办理登记备案。

居住房屋转租后，承租人不再居住使用的，可以与出租人协商解除租赁合同，由出租人与次承租人直接订立租赁合同。

第十八条（续租）

居住房屋在租赁期间届满后继续出租的，承租人在同等条件下享有优先承租权。

租赁合同对续租已经作出约定的，从其约定。未约定的，出租人不再继续出租的，应当在租赁期间届满前1个月通知承租人；未提前1个月通知的，原租赁合同继续有效，但租赁期限为不定期。

出租人提出解除前款规定的不定期租赁合同的，应当至少提前1个月书面通知承租人。

第十九条（买卖不破租赁）

房屋租赁期间，因买卖、交换、赠与、继承等发生房屋所有权转移的，新的房屋所有权人应当继续履行原租赁合同，不得以房屋所有权已转移为由要求终止租赁合同。

第二十条（优先购买权）

房屋租赁期间，出租人出售房屋的，应当根据租赁合同约定的期限事先通知承租人；未约定的，应当至少提前3个月通知承租人，承租人在同等条件下享有优先购买权。承租人在收到通知后15日内未明确表示购买的，视作放弃优先购买权。

出租人出售房屋的，应当就出售房屋需要实地看房的时间等内容与承租人进行协商，并不得妨碍承租人对房屋的正常使用。

第二十一条（继续租赁）

承租人在房屋租赁期间死亡的，与其生前共同居住的人可以按照原租赁合同继续租赁该房屋。

第二十二条（合同解除）

居住房屋租赁期间，任何一方当事人不得擅自解除租赁合同，但租赁合同约定的解除条件成就、租赁当事人协商一致或者存在法律规定合同解除情形的除外。

承租人未按照居住房屋使用性质使用房屋的，出租人可以解除合同。

第二十三条（出租人的义务）

居住房屋的出租人应当与公安派出所签订《治安责任保证书》。

居住房屋的出租人应当履行下列义务：

（一）查验承租人及居住使用人的身份证件，并按照公安部门的要求，登记承租人的姓名、身份证件的种类和号码；

（二）督促、配合居住使用人按照国家和本市的有关规定，及时办理居住登记；

（三）向业主委员会或者物业服务企业提供承租人的联系方式，告知并督促承租人及居住使用人遵守小区业主管理规约；

（四）发现承租人及居住使用人利用承租的居住房屋从事无证无照经营的，及时报告工商行政等有关部门；

（五）负责出租房屋及其提供的设施、设备的安全，告知安全使用事项，并定期进行安全检查和维护，及时发现和排除安全隐患；

（六）配合有关部门开展对承租人及居住使用人违法违规行为的调查、制止及处罚等工作。

第二十四条（承租人的义务）

居住房屋的承租人应当履行以下义务：

（一）如实向出租人告知居住使用人的姓名、身份证件的种类和号码，并按照规定办理居住登记；增加居住使用人的，还应当征得出租人的同意，并不得违反本办法第十条第一款的规定；

（二）遵守业主管理规约，不得损害相邻业主的合法权益；

（三）不得利用承租的居住房屋从事经营活动；

（四）合理、安全使用房屋及设施、设备，不得擅自改变房屋使用性质、结构或者实施其他违法搭建行为。

第二十五条（对房地产经纪人的要求）

房地产经纪机构和房地产经纪人员应当遵守国家和本市有关居住房屋租赁管理的规定，向租赁当事人宣传房屋租赁、实有人口服务和管理等政策，并引导租赁当事人使用租赁合同示范文本。

房地产经纪机构和房地产经纪人员不得居间、代理不符合本办法规定的居住房屋租赁业务，不得对租赁当事人隐瞒真实的房屋租金等信息以赚取差价。

房地产经纪机构或者房地产经纪人员承租其居间、代理的居住房屋的，不得收取佣金。

第二十六条（代理经租）

本市鼓励专业代理经租机构接受房屋所有权人或者法律、法规规定的其他权利人的委托，以自己的名义按照委托合同的约定，出租居住房屋，获取收益。具体管理规定由市房屋行政管理部门会同相关部门另行制定。

第二十七条（业主自我管理）

业主委员会经业主大会同意后，可以根据本居住物业管理区域内的房屋租赁情况，制定相应的管理措施纳入管理规约，并可以委托物业服务企业具体实施。

居住房屋租赁当事人违反业主管理规约、损害他人合法权益的，业主委员会有权要求当事人停止侵害、消除危险、排除妨害、赔偿损失。业主对侵害自己合法权益的行为，可以依法向人民法院提起诉讼。

第二十八条（对物业服务企业的要求）

物业服务企业应当按照乡、镇人民政府或者街道办事处的要求，将居住物业管理区域内的房屋租赁情况，报送房屋所在地社区事务受理服务中心。

物业服务企业发现租赁当事人、房地产经纪机构或者房地产经纪人员有违法违规行为的，应当及时予以劝阻、制止，并报告业主委员会或者有关部门。

第二十九条（纠纷解决）

出租人、承租人、相邻业主在房屋租赁活动中发生纠纷的，应当协商解决；协商不成的，可以向人民调解委员会申请调解，也可以依法向仲裁机构申请仲裁或者向人民法院提起诉讼。符合规定条件的，可以依法向法律援助机构申请法律援助。

第三十条（已有处罚规定的处理）

违反本办法规定的行为，法律、法规已有处罚规定的，依照有关规定处理。

第三十一条（对违反治安、消防及居住登记等规定的处理）

违反本办法第八条第一款规定，出租房屋不符合治安、消防等标准和要求的，由公安部门责令改正，并可处以 1000 元以上 3 万元以下罚款。

违反本办法第十一条第一款规定，出租人未落实相应安全管理责任的，由公安部门责令改正，并可处以 1 万元以上 3 万元以下罚款；造成严重后果的，处以 3 万元以上 10 万元以下罚款。

租赁当事人、居住使用人违反其他治安管理、居住登记管理等规定的，由公安部门按照有关规定处理。

第三十二条（对违反最小出租单位、居住人数限制和最低承租面积的处理）

违反本办法第九条、第十条第一款规定，不符合最小出租单位、居住人数限制和最低人均承租面积规定的，由区、县房屋行政管理部门责令责任人限期改正；逾期不改正的，可处以 1 万元以上 10 万元以下罚款。

第三十三条（对租赁当事人未按规定登记备案的处理）

违反本办法第十三条规定，租赁当事人未在期限内办理租赁合同登记备案手续的，由区、县房屋行政管理部门责令限期改正；逾期不改正的，对个人处以 1000 元以下罚款，对单位处以 1000 元以上 1 万元以下罚款。

第三十四条（对房地产经纪机构未按规定登记备案的处理）

违反本办法第十三条第一款规定，房地产经纪机构未办理登记备案的，由区、县房屋行政管理部门责令限期改正；逾期不改正的，处以 3000 元以上 3 万元以下罚款。

第三十五条（对房地产经纪人违反经纪管理规定的处理）

违反本办法第二十五条第二款规定，房地产经纪机构和经纪人员居间、代理不符合本办法规定的居住房屋租赁业务的，由区、县房屋行政管理部门责令限期改正，并暂停房地产经纪机构的网上备案资格；逾期不改正的，对房地产经纪人员处以 1000 元以上 1 万元以下罚款，对房地产经纪机构取消网上备案资格，并处以 3 万元以上 10 万元以下罚款。

第三十六条（参照适用）

公有居住房屋转租及其监督管理，参照适用本办法。

第三十七条（施行日期）

本办法自 2011 年 10 月 1 日起施行。2004 年 8 月 30 日上海市人民政府发布的《上海市居住房屋租赁管理实施办法》同时废止。

5. 2016 国家层面上正式颁布实施《居住证暂行条例》

2016 年 1 月 1 日正式实施《居住证暂行条例》（附全文）
中华人民共和国国务院令

第 663 号

《居住证暂行条例》已经 2015 年 10 月 21 日国务院第 109 次常务会议通过，现予公布，自 2016 年 1 月 1 日起施行。

总理李克强

2015 年 11 月 26 日

居住证暂行条例

第一条　为了促进新型城镇化的健康发展，推进城镇基本公共服务和便利常住人口全覆盖，保障公民合法权益，促进社会公平正义，制定本条例。

第二条　公民离开常住户口所在地，到其他城市居住半年以上，符合有合法稳定就业、合法稳定住所、连续就读条件之一的，可以依照本条例的规定申领居住证。

第三条　居住证是持证人在居住地居住、作为常住人口享受基本公共服务和便利、申请登记常住户口的证明。

第四条　居住证登载的内容包括：姓名、性别、民族、出生日期、公民身份号码、本人相片、常住户口所在地住址、居住地住址、证件的签发机关和签发日期。

第五条　县级以上人民政府应当建立健全为居住证持有人提供基本公共服务和便利的机制。县级以上人民政府发展改革、教育、公安、民政、司法行政、人力资源社会保障、住房城乡建设、卫生计生等有关部门应当根据各自职责，做好居住证持有人的权益保障、服务和管理工作。

第六条　县级以上人民政府应当将为居住证持有人提供基本公共服务和便利的工作纳入国民经济和社会发展规划，完善财政转移支付制度，将提供基本公共服务和便利所需费用纳入财政预算。

第七条　县级以上人民政府有关部门应当建立和完善人口信息库，分类完善劳动就业、教育、社会保障、房产、信用、卫生计生、婚姻等信息系统以及居住证持有人信息的采集、登记工作，加强部门之间、地区之间居住证持有人信息的共享，为推进社会保险、住房公积金等转移接续制度，实现基本公共服务常住人口全覆盖提供信息支持，为居住证持有人在居住地居住提供便利。

第八条　公安机关负责居住证的申领受理、制作、发放、签注等证件管理工作。

居民委员会、村民委员会、用人单位、就读学校以及房屋出租人应当协助做好居住证的申领受理、发放等工作。

第九条申领居住证，应当向居住地公安派出所或者受公安机关委托的社区服务机构提交本人居民身份证、本人相片以及居住地住址、就业、就读等证明材料。

居住地住址证明包括房屋租赁合同、房屋产权证明文件、购房合同或者房屋出租人、用人单位、就读学校出具的住宿证明等；就业证明包括工商营业执照、劳动合同、用人单位出具的劳动关系证明或者其他能够证明有合法稳定就业的材料等；就读证明包括学生证、就读学校出具的其他能够证明连续就读的材料等。

未满16周岁的未成年人和行动不便的老年人、残疾人等，可以由其监护人、近亲属代为申领居住证。监护人、近亲属代为办理的，应当提供委托人、代办人的合法有效身份证件。

申请人及相关证明材料出具人应当对本条规定的证明材料的真实性、合法性负责。

对申请材料不全的，公安派出所或者受公安机关委托的社区服务机构应当一次性告知申领人需要补充的材料。

对符合居住证办理条件的，公安机关应当自受理之日起 15 日内制作发放居住证；在偏远地区、交通不便的地区或者因特殊情况，不能按期制作发放居住证的，设区的市级以上地方人民政府在实施办法中可以对制作发放时限作出延长规定，但延长后最长不得超过 30 日。

第十条　居住证由县级人民政府公安机关签发，每年签注 1 次。

居住证持有人在居住地连续居住的，应当在居住每满 1 年之日前 1 个月内，到居住地公安派出所或者受公安机关委托的社区服务机构办理签注手续。

逾期未办理签注手续的，居住证使用功能中止；补办签注手续的，居住证的使用功能恢复，居住证持有人在居住地的居住年限自补办签注手续之日起连续计算。

第十一条　居住证损坏难以辨认或者丢失的，居住证持有人应当到居住地公安派出所或者受公安机关委托的社区服务机构办理换领、补领手续。

居住证持有人换领新证时，应当交回原证。

第十二条　居住证持有人在居住地依法享受劳动就业，参加社会保险，缴存、提取和使用住房公积金的权利。县级以上人民政府及其有关部门应当为居住证持有人提供下列基本公共服务：

（一）义务教育；

（二）基本公共就业服务；

（三）基本公共卫生服务和计划生育服务；

（四）公共文化体育服务；

（五）法律援助和其他法律服务；

（六）国家规定的其他基本公共服务。

第十三条　居住证持有人在居住地享受下列便利：

（一）按照国家有关规定办理出入境证件；

（二）按照国家有关规定换领、补领居民身份证；

（三）机动车登记；

（四）申领机动车驾驶证；

（五）报名参加职业资格考试、申请授予职业资格；

（六）办理生育服务登记和其他计划生育证明材料；

（七）国家规定的其他便利。

第十四条　国务院有关部门、地方各级人民政府及其有关部门应当积极创造条件，逐步扩大为居住证持有人提供公共服务和便利的范围，提高服务标准，并定期向社会公布居住证持有人享受的公共服务和便利的范围。

第十五条　居住证持有人符合居住地人民政府规定的落户条件的，可以根据本人意愿，将常住户口由原户口所在地迁入居住地。

第十六条　居住地人民政府应当根据下列规定确定落户条件：

（一）建制镇和城区人口 50 万以下的小城市的落户条件为在城市市区、县人民政府驻地镇或者其他建制镇有合法稳定住所。

（二）城区人口 50 万至 100 万的中等城市的落户条件为在城市有合法稳定就业并有合法稳定住所，同时按照国家规定参加城镇社会保险达到一定年限。其中，城市综合承载能力压力小的地方，可以参照建制镇和小城市标准，全面放开落户限制；城市综合承载能力压力大的地方，可以对合法稳定就业的范围、年限和合法稳定住所的范围、条件等作出规定，但对合法稳定住所不得设置住房面积、金额等要求，对参加城镇社会保险年限的要求不得超过 3 年。

（三）城区人口 100 万至 500 万的大城市的落户条件为在城市有合法稳定就业达到一定年限并有合法稳定住所，同时按照国家规定参加城镇社会保险达到一定年限，但对参加城镇社会保险年限的要求不得超过 5 年。其中，城区人口 300 万至 500 万的大城市可以对合法稳定就业的范围、年限和合法稳定住所的范围、条件等作出规定，也可结合本地实际，建立积分落户制度。

（四）城区人口 500 万以上的特大城市和超大城市应当根据城市综合承载能力和经济社会发展需要，以具有合法稳定就业和合法稳定住所、参加城镇社会保险年限、连续居住年限等为主要指标，建立完善积分落户制度。

第十七条　国家机关及其工作人员对在工作过程中知悉的居住证持有人个人信息，应当予以保密。

第十八条　有下列行为之一的，由公安机关给予警告、责令改正，处200元以下罚款，有违法所得的，没收违法所得：

（一）使用虚假证明材料骗领居住证；

（二）出租、出借、转让居住证；

（三）非法扣押他人居住证。

第十九条　有下列行为之一的，由公安机关处200元以上1000元以下罚款，有违法所得的，没收违法所得：

（一）冒用他人居住证或者使用骗领的居住证；

（二）购买、出售、使用伪造、变造的居住证。

伪造、变造的居住证和骗领的居住证，由公安机关予以收缴。

第二十条　国家机关及其工作人员有下列行为之一的，依法给予处分；构成犯罪的，依法追究刑事责任：

（一）符合居住证申领条件但拒绝受理、发放；

（二）违反有关规定收取费用；

（三）利用制作、发放居住证的便利，收受他人财物或者谋取其他利益；

（四）将在工作中知悉的居住证持有人个人信息出售或者非法提供给他人；

（五）篡改居住证信息。

第二十一条　首次申领居住证，免收证件工本费。换领、补领居住证，应当缴纳证件工本费。办理签注手续不得收取费用。

具体收费办法由国务院财政部门、价格主管部门制定。

第二十二条　设区的市级以上地方人民政府应当结合本行政区域经济社会发展需要及落户条件等因素，根据本条例制定实施办法。

第二十三条　本条例自 2016 年 1 月 1 日起施行。本条例施行前各地已发放的居住证，在有效期内继续有效。

6. 上海户籍新政

上海市人民政府关于进一步
推进本市户籍制度改革的若干意见

各区、县人民政府，市政府各委、办、局：

为深入贯彻《国务院关于进一步推进户籍制度改革的意见》，加强人口综合调控和服务管理，稳步推进基本公共服务覆盖符合条件的常住人口，促进社会融合发展，现就进一步推进本市户籍制度改革提出如下若干意见：

一、明确指导思想、基本原则和工作目标

（一）指导思想

以邓小平理论、"三个代表"重要思想、科学发展观和习近平总书记系列重要讲话精神为指导，深入贯彻落实党的十八大和十八届三中、四中、五中全会精神，按照中央对上海的发展定位和严格控制特大型城市人口规模的要求，着眼于建设"四个中心"和具有全球影响力的科技创新中心的战略目标，统筹推进户籍制度改革和相关经济社会领域改革，促进人口与经济、社会、资源、环境协调发展。

（二）基本原则

1. 坚持总量调控、结构优化。统筹考虑人口与产业发展、基础设施、公共服务、城乡体系建设、资源和环境的协调发展，严格控制人口规模，综合解决人口总量、结构、布局问题。

2. 坚持积极稳妥、规范有序。立足本市实际，积极稳妥地完善落户政策，逐步建立积分落户。合理调控户籍人口机械增长，有序引导长期在沪合法稳定就业、合法稳定居住人员的落户预期和选择。

3. 坚持权责对等、梯度赋权。以"合法稳定就业、合法稳定居住"为基础，健全梯度化公共服务供给机制，发挥居住证凭证享有公共服务的主渠道作用。统筹推进户籍制度改革和基本公共服务均等化，不断完善教育、就业、社会保障、医疗卫生等配套政策。

4. 坚持公平公正、依法管理。进一步规范程序，优化流程，坚持标准公开、程序公开、结果公开，自觉接受社会监督，确保制度公平公正、操作透明、管理高效，不断提升依法执政的水平。

（三）工作目标

统一城乡户口登记制度，切实加强户籍规范管理和信息化建设。完善居住证和落户政策体系，稳步推进基本公共服务覆盖符合条件的常住人口。到 2020 年，本市基本建立与全面建成小康社会相适应，有效支撑社会管理和公共服务，依法保障公民权利，以人为本、科学高效、规范有序的新型户籍制度。全市常住人口规模控制在 2500 万以内，人口结构更加合理，人口素质进一步提升，人口布局进一步优化。

二、进一步完善落户政策

（一）完善人才落户政策。聚焦城市功能提升和转型发展需要，以"合法稳定就业、合法稳定居住"为基本条件，以能力和贡献为导向，突出人才的市场发现、认可、评价机制，进一步完善人才落户政策，优化特殊人才引进通道，做好非上海生源应届毕业生落户和留学生落户政策的平衡衔接。

（二）统一平衡投靠落户政策。加强投靠落户政策的统筹平衡，建立统一的投靠落户政策，稳妥解决历史遗留户口问题。

（三）深化完善积分落户政策。完善居住证、居住证转办常住户口、直接落户政策，在此基础上，逐步建立积分落户政策。根据综合承载能力和经济社会发展需要，以具有合法稳定就业和合法稳定住所、参加城镇社会保险年限、连续居住年限等为主要指标，合理设置积分分值。按照总量控制、公开透明、有序办理、公平公正的原则，对达到规定标准条件的人员，可以申请本市常住户口。

三、创新人口服务和管理

（一）建立统一的城乡户口登记制度。取消本市农业户口与非农业户口性质区分，统一登记为居民户口。调整并逐步完善与统一城乡户口登记制度相适应的教育、卫生计生、就业、社会保障、住房、土地及人口统计制度。

（二）进一步完善居住证制度。根据国务院发布的《居住证管理暂行条例》要求，结合本市经济社会发展需要，研究完善上海市居住证管理办法及其配套政策，进一步健全以居住证为载体的基本公共服务及便利提供机制。

（三）加强户籍规范管理。进一步完善本市落户管理办法，优化落户申请、审核、办理流程，建立统一的落户管理信息平台，形成公开透明、便民高效、监管有力的管理规范。

（四）健全实有人口登记制度。依法加强来沪人员居住登记，完善本市户籍人户分离人员登记工作，全面、准确掌握人口规模、人员结构、地区分布等情况。

（五）加强实有人口信息化建设。以实有人口信息系统为基础，进一步完善跨部门信息整合和共享，切实加强信息数据后续开发应用，实现人口信息动态监测，为加强人口服务管理、制定人口发展战略和政策提供支撑。

四、保障合法权益

（一）完善农村产权制度。加快推进农村土地确权、登记、颁证，依法保障农民的土地承包经营权、宅基地使用权。积极推进农村集体经济组织产权制度改革，维护集体经济组织和成员合法权益。坚持依法、自愿、有偿的原则，引导农业转移人口有序流转土地承包经营权。

（二）稳步扩大基本公共服务覆盖面。建立健全基本公共服务体系的基础制度，形成全市统一的基本公共服务项目清单。居住证持有人按照规定享有义务教育、社会保险、住房、基本公共卫生、计划生育、证照办理、资格评定等服务待遇。根据经济社会发展水平的提升，逐步提高服务项目的保障标准，稳步扩大基本公共服务体系的覆盖范围。

（三）加强基本公共服务平台建设。继续加强社区事务受理服务中心、社区卫生服务中心、社区文化活动中心等社区"三个中心"以及分中心的建设。根据做实基本管理单元的要求，重点在撤制镇、大型居住社区等基本公共服务资源薄弱地区和人口导入地区进行补点，提高服务可及性和便利化。

五、落实各项保障措施

（一）切实加强组织领导。各区县、各部门、各单位要充分认识户籍制度改革的重大意义，统一思想，加强领导，周密部署。发展改革、公安、人力资源社会保障、教育、规划国土资源、住房城乡建设管理、农业、卫生计生、民政、财政、综合治理、法制等部门要按照职能分工，抓紧完善相应的政策举措。各区县要建立常态化的人口调控和服务管理工作机制，明确牵头部门、完善推进监督工作机制，切实加强基层人口服务和管理队伍建设。

（二）积极做好宣传引导。户籍制度改革政策性强，社会关注程度高，各区县、各有关部门和新闻单位要把握好舆论导向，准确解读户籍制度改革及相关配套政策，合理引导社会预期，回应群众关切，凝聚各方共识，促进融合发展，为进一步推进户籍制度改革营造良好的社会环境。

（三）建立政策评估机制。适时组织开展居住证、户籍管理、公共服务等相关政策的评估，研究解决政策执行过程中出现的新情况、新问题，为加强本市人口调控和服务管理、完善公共服务政策提供科学依据。

上海市人民政府

参考文献

蔡禾、李超海、冯建华：《利益受损农民工的利益抗争行为研究——基于珠三角企业的调查》，《社会学研究》2009 年第 1 期。

蔡群等：《走近农民工》，《江苏农村经济》2007 年第 9 期。

仇立平：《职业地位：社会分层的指示器》，《社会学研究》2001 年第 3 期。

陈黎：《外来工社会排斥感探析：基于社会网络的视角》，《社会》2010 年第 4 期。

陈鹏：《公民权社会学的先声——读 T.H. 马歇尔〈公民权与社会阶级〉》，《社会学研究》2008 年第 4 期。

陈映芳：《"农民工"：制度安排与身份认同》，《社会学研究》2005 年第 3 期。

邓秀华：《农民工政治参与的主要类型分析》，《江西社会科学》2012 年第 1 期。

樊香兰、马丽：《切实关注进城农民工子女教育问题》，《中国农业教育》2008 年第 4 期。

方涛：《中国农民工社会权利状况考察报告——基于社会排斥视角的分析》，《延边大学学报》2008 年第 2 期。

龚文海：《农民工医疗保险：模式比较与制度创新——基于 11 个城市的政策考察》，《人口研究》2009 年第 4 期。

高文书：《进城农民工就业状况及收入影响因素分析——以北京、石家庄、沈阳、无锡和东莞为例》，《中国农村经济》2006年第1期。

　　国家人口计生委流动人口服务管理司：《中国流动人口生存发展状况报告》，《人口研究》2012年第1期。

　　郎友兴、谢安民：《行政吸纳与农民工政治参与的制度化建设——以浙江省乐清市L镇"以外调外"实践为例》，《理论与改革》2017年第4期。

　　卢秉利、匡立波：《农民工：亦工亦农的新阶层》，《社会主义研究》2007年第1期。

　　李浩昇：《善待与接纳：对昆山市农民工市民化经验的解读》，《人口研究》2008年第6期。

　　李俊、顾燕峰：《中国城市劳动力市场中的户籍分层》，《社会学研究》2011年第2期。

　　李培林、李炜：《近年来农民工的经济状况和社会态度》，《中国社会科学》2010年第1期。

　　李培林、田丰：《中国新生代农民工：社会态度和行为选择》，《社会》2011年第3期。

　　李强、唐壮：《城市农民工与城市中的非正规就业》，《社会学研究》2002年第6期。

　　李新伟、石玲：《城市农民工的基本权益保障研究》，《人口学刊》2006年第2期。

　　梁雄军、阮峥、林云、刘平青：《农民工自我维权的方式与机理研究——以浙闽津3省（市）1550个个体样本为例》，《新疆农垦经济》2008年第9期。

　　李志红、郭欣：《青年流动人口公共就业服务问题的分析与探讨》，《中国青年研究》2012年第7期。

　　粟潮阳，常春，纪颖：《青年流动人口对公共卫生服务的利用与满意程度调查》，《中国健康教育》2012年第6期。

　　孟庆洁、乔观民：《闲暇视角的大城市流动人口生活质量研究》，《城市发展研究》2010 年第 5 期。

孟兆敏、吴瑞君:《上海市基础教育资源工序的现状、问题及对策研究》,《上海教育科研》2013 年第 2 期。

宁越敏等:《上海人口发展趋势及对策研究》,《上海城市规划》2011年第 1 期。

彭希哲、郭秀云:《权利回归与制度重构——对城市流动人口管理模式创新的思考》,《人口研究》2007 年第 4 期。

任焰、潘毅:《跨国劳动过程的空间政治:全球化时代的宿舍劳动体制》,《社会学研究》2006 年第 4 期。

《人口研究编辑部》:《户籍制度 50 年》,《人口研究》2008 年第 1 期。

[美] 苏黛瑞:《在中国城市中争取公民权》,王春光、单丽卿译,浙江人民出版社 2009 年版。

孙中民:《从非制度化到制度化——农民工政治参与模式的变迁》,《江西社会科学》2007 年第 4 期。

上海市人口与发展研究中心课题组:《上海流动人口精神生活评估与文化建设对策》,《科学发展》2013 年第 7 期。

唐灿:《性骚扰:城市外来女民工的双重身份与歧视》,《社会学研究》1996 年第 4 期。

田丰:《城市工人与农民工的收入差距研究》,《社会学研究》2010 年第 2 期。

[英] T. H. 马歇尔、安东尼·吉登斯等:《公民身份与社会阶级》,郭忠华、刘训练编,江苏人民出版社 2008 年版。

谭深:《家庭策略. 还是个人自主?——农村劳动力外出决策模式的性别分析》,《浙江学刊》2004 年第 5 期。

王春福:《公民身份与城市外来人口公共服务的供给——基于杭州市外来人口调查的分析》,《浙江社会科学》2010 年第 11 期。

王春光:《新生代农村流动人口的社会认同与城乡融合的关系》,《社会学研究》2001 年第 3 期。

王春光：《农村流动人口的"半城市化"问题研究》，《社会学研究》2006年第5期。

王海宁、陈媛媛：《城市外来人口劳动福利获得歧视分析》，《中国人口科学》2010年第2期。

王建民：《社会转型中的象征二元结构——以农民工群体为中心的微观权力分析》，《社会》2008年第2期。

王小章：《中古城市与近代公民权的起源：韦伯城市社会学的遗产》，《社会学研究》2007年第3期。

王小章：《从"生存"到"承认"：公民权视野下的农民工问题》，《社会学研究》2009年第1期。

王蓉蓉、吴瑞君：《流动人口对居住地社会事业资源的需求及满意度分析：以上海为例》，《南京人口管理干部学院学报》2011年第2期。

吴理财：《群众基本文化需求和区域、群体性差异研究》，《社会科学家》2014年第8期。

吴炜、朱力：《宿舍劳动体制对农民工权益的影响分析——以江苏省为例》，《中国人口研究》2011年第4期。

谢桂华：《农民工与城市劳动力市场》，《社会学研究》2007年第5期。

谢建社、牛喜霞、谢宇：《流动农民工随迁子女教育问题研究》，《中国人口科学》2011年第1期。

许叶萍、石秀印：《地方剥夺：观察农民工现象的东方视角》，《学海》2011年第1期。

许传新、许若兰：《新生代农民工与城市居民社会距离实证研究》，《人口与经济》2007年第5期。

原新、韩靓：《多重分割视角下外来人口就业与收入歧视分析》，《人口研究》，2009年第1期。

严新明、童星：《从自然和社会层面看农民工的劳动保护剂社会保障》，《南京大学学报》2007年第6期。

杨宗传：《居家养老与中国养老模式》，《经济评论》2000年第3期。

叶郁，刘越，林朝镇：《已婚流动育龄妇女计生公共服务现状与需求满意度一基于在江苏部分城市进行的问卷调查田》，《南京人口管理干部学院学报》2011年第4期。

张晖、何文炯：《进城、流动与保障——农民工社会保障问题研究综述》，《浙江大学学报》2007年第2期。

章元、高汉：《城市二元劳动力市场对农民工的户籍与地域歧视——以上海市为例》，《中国人口科学》2011年第5期。

赵晔琴：《农民工：日常生活中的身份建构与空间型构》，《社会》2007年第6期。

郑广怀：《伤残农民工：无法被赋权的群体》，《社会学研究》2005年第3期。

周雪光：《基层政府间的"共谋现象"——一个政府行为的制度逻辑》，《社会学研究》2008年第6期。

后记

距离上一本书的出版，刚好 10 年。10 年间，我身处的环境发生了很大的变化，从西北边陲到东部超大型城市，从高校到党校，研究的视域也逐渐从农村转向城市。唯一没有变化的是研究对象：流动人口群体，是因为心中的那份牵挂和学术上的追求。

本书的研究写作过程历时五年之久，期间进行了 1000 户流动人口家庭的问卷调查以及 30 户抽样家庭的访谈，然后是数据的录入、分析以及访谈资料的整理，最后是全文的写作。这一过程的每一环节都得到了上海市委党校、政府部门、调查公司以及流动人口家庭等各方面的支持和配合。首先，本研究得到本人所在单位上海市委党校的大力支持，尤其是科研处全程的跟踪服务；其次，调查问卷的发放和搜集，得到了徐汇区人口办、原静安区社建办、闵行区人口办、松江区民政局及其居委会、社区民警的鼎力支持和协作；第三，调查问卷数据录入、分析和资料的整理得到了上海市一家数据调查公司的协助；第四，本研究的访谈部分得到了 30 户流动人口家庭的配合和支持；最后，本书的最终付梓得到了人民出版社的大力支持。

本书的写作，一直得到我敬爱的导师郑杭生先生的关心、指导，尽管他老人家已经离开了人世，不能亲眼见到本书的出版。本书的问卷调查设计是在与北京大学乔晓春教授、华东师范大学吴瑞君教授的多次沟通中不断完善，与他们的交流常常启发了本人的思路，开拓了本人的视野，这为调查研究的正确开展奠定了良好的开端。我的师弟华东政法大学的童潇副教授也为本书的写作提供了帮助：协助我发放和搜集问卷，参与探讨，提供方案。

本书的完成离不开我的同事陈国强老师的帮助，他从一开始便参与到本研究中，提出了很多建设性的建议，帮助修改和完善数据分析，甚至直接参与写作，对本书的最终出版给予了最直接、最有力的帮助。我的带教学生兼同事于健宁博士，也对本书提出了很好的修改意见，基于她自身良好的学术功底、丰富的调研经验及扎实的数据分析方法，帮助优化完善了本书的数据分析部分。

最后，我要特别表达对我的爱人施志新的感谢，没有他的幕后支持和付出，没有他对家庭责任更多的承担，我可能会牵制于家庭事务而无法全力以赴地投入写作。

衷心地感谢所有为本书写作及出版而提供帮助的单位和个人！

潘鸿雁

2018 年 3 月 27 日于上海市委党校